Елена
Шатохина

СЧАСТЬЕ ЗЕМНОЕ, КАРА НЕБЕСНАЯ

Роковые тайны окружения Пушкина

Москва
Вагриус
2006

УДК 882-6
ББК 84(2Рос=Рус)6-4
Ш 28

Художник Г. В. Попова

Шатохина Е.М.

Ш 28   Счастье земное, кара небесная: Роковые
тайны окружения Пушкина / Елена Шатохина. —
М.: Вагриус, 2006.— 304 с.

ISBN 5-9697-0126-2

Роман Елены Шатохиной можно отнести к
гипотетическим произведениям о жизни поэта.
Используя подлинные письма Пушкина и
его окружения, автор мастерски соединил эпи-
столярный жанр, детектив, историческую по-
весть и мелодраму. Тонкие намеки в письмах,
игра слов рисуют сюжет последнего года жизни
поэта — неожиданный и ужасный.

УДК 882-6
ББК 84(2Рос=Рус)6-4

ISBN 5-9697-0126-2

От автора

Кто Пушкина «не знает», кто не рассуждал о его судьбе! Пушкин всех касается. Автор ничем не хуже свойских толкователей, вправе иметь свою гипотезу событий. Если бы фраза не звучала так кощунственно, можно было бы написать вместо эпиграфа: «Смерть Пушкина оказалась так совершенна, что соблазняет наравне с великим произведением искусства». Соблазняла — и будет соблазнять.

Напрасно завзятый пушкинист будет искать в этом романе упорное, до запятой, следование историческим документам, а простодушный читатель — легкомысленную беллетристику, далекую от действительности. Оба ошибутся! Роман-версия — как вещь: есть у него «лицо», имеется изнанка. «Изнанка» — шершавые швы, торчащие в разные стороны нитки, то есть факты. А «лицо», как и полагается, — гладкое, затейливое, рассчитано на читателя. Так что детективный роман-версию можно было бы назвать фантазией на заданную тему, если бы не прочно оснастившие его «с изнанки» реальные обстоятельства, документы и свидетельства современников. Кстати, последние, касаясь Пушкина, становятся так ярки и художественны (как и все, что окружало гения, от писем до анекдотов), что вполне могли бы сойти за самую буйную творческую выдумку. Пушкин, как сильная вибрация, рождал вихри, невольно дразнил окружение своим гением, высвобождая в чужих душах не только «чувства добрые», но и потаенные, совсем не святого толка. Сколько противоречивых интересов боролось вблизи него! Так повелось от века и не скоро кончится: гений — щепотка раздражающей соли на чью-то рану самолюбия. Но пушкинское пространство жизни и окружение так мощно было им заряжено, что почти 200 лет кипят вокруг его смерти нешуточные страсти, и все его современники, как Ахматова и предсказывала, стали нам интересны лишь потому, что имели к Поэту хоть какое-то отношение. Он даже своей гибелью всех построил... по рангу человечности, вот что он сделал.

В этой смерти все необычно: государственные расчеты, интрига, мистика и бытовой фон смешались воедино. Сначала идет жизнь — мозаичный пестрый хаос, а потом все пестрые обломки загадочно быстро складываются в разящий меч Судьбы. Что она хотела нам сказать? И как могло случиться, что легко свершилось то, что не должно было случиться? Слишком много осталось вопросов.

«Настоящих» писем 1836 года здесь всего несколько. Остальные — плод воображения автора. О мнимых «адресатах» ряда писем скажу одно: их не было, но стоило выдумать. Что автор и сделал. А еще — о, ужас! — приписал реальным персонажам «невероятные» исповедальные признания. Но ведь, само собой, жили-были Дантес, Жуковский, Геккерен, Идалия Полетика и американец Джон Клей, между прочим, существовал и даже писал в России свои дневники. Скорее всего Пушкин и Клей встречались в свете в кругу иностранных дипломатов не раз. Конечно, это гипотеза, как и то, что в преддуэльных событиях тайно, но жарко участвовал личный секретарь Бенкендорфа, «слуга двух господ» — Павел Миллер. И таких предположений в «Избраннике» найдется немало. Без особого ущерба для «исторической правды» пришлось сочинить прикованную к инвалидному креслу подругу Идалии Полетики Зинаиду Н., закадычного друга Миллера — масона и мистика Петра Тульчицкого, служанку Гончаровых Лизу (впрочем, и такая существовала, и записочки от барышень носила, да вот беда — забыла их завещать Пушкинскому фонду). Как профессору Герасимову, пришлось по осколку черепа, по одной фразе, документу, записке «воссоздавать» письма, которые никто не писал. Иногда приходилось слегка сдвигать временные пласты этого последнего, рокового 1836 года. Версия событий обрела художественную форму. А без нее — какой же роман?

Глава I

«Затерянные в снегах»

Поверенный в делах посольства Соединенных Штатов в Санкт-Петербурге Джон Рэндольф Клей брату Джозефу на родину в Филадельфию (между 2 и 5 января 1836 года).

Я долго смеялся, братец, прочитав твой пассаж про изощренные выдумки Старого Света. Не знал, что ты знаток женских шелковых юбок! Куда тебя понесло? Зачем было спорить с кузиной Бетти? Разве женщина, оттого, что она протестантка, менее женщина? И что сказать, когда твой скромный родственник в Петербурге сам вынужден отдавать дань французским модным лавкам! Ароматная вода, помада, галстуки обходятся в немалые деньги (увы, по должности, а не ради франтовства). Моя Фанни неравнодушна к этим разорительным местам, хотя пытается уверить в обратном. Но что утешает — в меру, и не без некоторого удовольствия, и совершенно бесплатно отдаю умеренный долг другим французским жидкостям — как догадываешься, созданным для внутреннего употребления. И чем богаче в столице дом, тем разорительнее и разнообразнее игра Старого Света в сверкающих хрусталях. Чего я только не перепробовал на зимние праздники в Петербурге! Не сходили со столов французское бордо, красное, самое легкое вино, из бургонских, как и «Кло Де Вужо» и «Лафит». Дамы предпочитали шампанское — тоже большой выбор, от «Аи» до «Клико», от «Моэт» до «Сен-Пере». Любители белого нажимали на шабли и сотерн, порой — на немецкое Мозель, тоже неплохое. Но не чета французскому! Легкое на вид, такое невинное и прозрачное шабли ударяет в голову не хуже шампанского. Да, кстати, Джо, ты эту часть письма не очень оглашай, иначе завистники, чего доброго, подумают, что жизнь моя вдруг свелась к разгулу, когда это совсем не так, и никогда не было так, да и не могло быть так!

Вернемся на реальную землю, старина. Напоминаю: я не стал толще и выше. И поскольку получишь это письмо, самое худшее месяца через полтора, к лету наконец-то рассчитываю получить обещанную посылку с рубашками. А что важнее — географический атлас Гранта с картой Перу! Атлас этот мне весьма пригодится. Рад, что отец раскрыл тебе нашу «тайну» — я уже окончательно утвержден на новом месте в качестве посла. Выходит, этой осенью последний раз отмечу свой день рождения — 28-летний «юбилей» — в России. Не ждал, что задержусь здесь на целых шесть лет, пусть они пролетели незаметно. Вчера, кажется, представлялся российскому императору, а пора в обратную дорогу! Поплыву, Бог даст, следующей весной в Кронштадт на пароходе «Николай I», в чем есть, может быть, своя символика начала и конца. А там Европа, фрегат, океан и шторма, за которыми родные берега. Осталось каких-нибудь восемь, ну девять месяцев для завершения дел. Увидимся, братец! Я тоже не раз задавал себе вопрос: а каковы будут преимущества этой почетной должности в Перу? Перевесят ли обещанные блага сложности устройства жизни, меру ответственности и пр.? Джо, какое сравнение! Первое преимущество — близость родных мест, поверь мне, скитальцу, немалое благо! Нельзя сбрасывать со счетов и то, что есть выгоды и для самолюбия. Я уже не мальчишка, поднадоело слушать, когда, глядя мимо моего уха, некто небрежно тянет: э-э, мистер Клей, а где же господин посол? Где господин Джеймс Бьюкенен? Куда, мол, подевался и когда приедет?

Теперь ответы дамам. Не берусь удовлетворить их любопытство — ничего не понимаю в дамской моде. Моей Фанни писать незнакомым на эту тему неловко. Да и нет здесь моды русской! Здесь в столице от речи до платья — все французское, лишь слегка разбавленное английскими гувернантками и немецкими товарами. Если наших дам интригует рост, внешность и платье здешнего самодержца — тут я очевидец: государь как был более шести футов росту, так и остался. По-прежнему не прочь щегольнуть гвардейской формой при своем военном сложении и выправке. Он, к слову, не лишен некоторой театральности, не лишней при государевой службе. И театр любит не на шутку. Или театральных воспитанниц, что едино. (Говорят, что любит спать на железной койке и есть солдатскую кашу, но мне сдается, это отчаянное кокетство. Первое делает, чтобы спина была прямее, второе здоровее для желудка.) Человек слаб: русский царь явно гордится, что ноги у него прямые и длинные. Любит обтягивающие лосины, выгодные для парадов и парадных же портретов, коих видел я немало. Недавно узнал, что магнетический взгляд его серо-голубых, слегка навыкате глаз признан среди фрейлин и молоденьких дам, не говоря уже о театральных воспитанницах Петербурга, настоящим взглядом Василиска! Если пугливые дамы встречаются с особенным взором, то испытывают некое гипнотическое очарование — вплоть до желания полной и добровольной сдачи крепости. Не хотел бы оказаться на месте их мужей! По грубости своей протестантской натуры ничего не вижу в этих глазах, кроме хлада абсолютной власти и величественного сознания своей избранности. Но недаром говорят, что трепетная женская натура быстрее схватывает духовные эманации. Вдруг его взгляд и впрямь божественного происхождения? Я слышал, древние фараоны в Египте могли плавить золото прожигающими взорами и творить иные чудеса.

Слава создателю, наш Конгресс не просит составить интимный портрет жизни российского государя! Мою толстокожую родину такие глупости не интересуют в отличие от европейских дворов, где у императора — все родственники, где любят по-свойски совать носы в чужие постели. Такого рода сведения, как сказал знакомый дипломат, дворцовый слушок, добытый через постель, в опытных руках — момент серьезного торга, настоящего политического шантажа.

Не говори мне: Китай! И не спеши сказать: черт, да ведь Россия — настоящая Азия! Будет точнее, если скажешь: усовершенствованная Азия, незавершенная Европа. Но какая грандиозная, широкая, непохожая ни на что! Какие характеры, лица, повадки, какая пестрота и смешенье понятий на этом перекрестке двух миров!

А иной раз, братец, и пожалеешь, что моя официальная почта столь суха. То-то я бы повеселился, собирая сплетни о театральных воспитанницах и фрейлинах, к которым государь испытывает род постоянной нежности. С замужними дамами у него другая тактика, ведь он, как отец нации, провозглашает вслух добродетели семейного очага. Но одно другому никогда не мешало. Стоит ублажить мужа, и все продолжается с успехом. Знакомая фрейлина с чисто женским, но искренним негодованием отмечала, что все бы ничего, ведь любовная прихоть царя — честь для любой семьи и в первую голову — для мужа избранницы (последнему — чин и портсигары). Да вот как на грех любит Николай Павлович столкнуть за обедом или на бале двух своих фавориток и посмотреть, что из этого получится. Дамы, краснея и бледнея от охвативших их души противоречивых чувств, меряют взорами уборы и бриллианты друг друга. А он посмеивается себе в удовольствие за бокалом венгерского.

Феодализм — пестрая штука. В нем много живописных ярких черт, которые нивелирует цивилизация. Перед некоторыми русскими феноменами замираешь в тупике. Подумай на досуге, где еще встретишь в 19-м веке остатки белого рабства? И, однако, представь: не так давно один светлый русский ум из числа видных литераторов высказал мне парадоксальную мысль, что русскому человеку свобода вредна и опасна. «Почему?» — спросил я в изумлении. «Да потому, — ответил он, — что русскому человеку потребна не ваша протестантская свобода. Она ему вредна, он не знает, что с ней делать. Ему нужна не свобода, а забота о нем... по православной вере его, устройству его души и традиции быта».

Обдумывая на досуге сей пассаж, я глубоко задумался. При самодержавии русский народ лишен свободы и способности делать самостоятельный выбор. Но не похоже, что его это сильно печалит. Напротив, царя многие боготворят! Простые люди им довольны, на него уповают, готовы падать в любую грязь при появлении его коляски. Бог и царь складываются в российском уме в приятный образ Заботливого и Справедливого Отца. У русских, не знающих, что такое демократия и личная свобода, как я заметил, вообще привычка к единоначалию и централизации власти. Это чистой воды идеализм. Самое страшное при таком раскладе, что все в обществе зависит от личных черт владыки, а он — живой человек, далеко не идеал. Вторая беда, на мой субъективный взгляд, это властная и парализующая волю человека роль Русской Православной Церкви. Православие, которому свойственна та же идея центра и единоначалия, — это какой-то тормоз на пути развития этой страны. Все надеются на высший Божий суд и презирают суды реальные. Теперь сравни Россию по уровню благосостояния и развития демократии с протестантскими Англией или Германией, даже с католическими Францией или Италией, и ты получишь недвусмысленный ответ. Печально, но Россия отстает от всех прочих христианских (не православных!) стран Европы. И в то же время российской жизни нельзя отказать в своеобразии и оригинальности. Здесь всякий, на любом углу, даже простой кучер, увлеченно судит о правде, совести, добре, как завзятый пастор. Удивительная манера русских везде искать нравственную сторону жизни!

Сам понимаешь, каково мне после таких парадоксов услышать в письме наивный вопрос добрейшей миссис Скотт: «Не мог бы ты определить, Джон, что такое Россия, в двух словах?»

Твой любящий брат Д.

А.С. Пушкин, из записок о «неумолимом эгоизме» Северо-Американских Штатов, 1836 г.

«С некоторого времени Северо-Американские Штаты обращают на себя в Европе внимание людей наиболее мыслящих. Не политические происшествия тому виною: Америка спокойно совершает свое поприще, доныне безопасная и цветущая, сильная миром, упроченным географическим ее положением, гордая своими учреждениями. Но несколько глубоких умов в недавнее время занялись исследованием нравов и постановлений американских, и их наблюдения возбудили снова вопросы, которые полагали давно уже решенными. Уважение к сему новому народу и к его уложению, плоду новейшего просвещения, сильно поколебалось. С изумлением увидели демократию в ее отвратительном цинизме, в ее жестоких предрассудках, в ее нестерпимом тиранстве. Все благородное, бескорыстное, все возвышающее душу человеческую — подавлено неумолимым эгоизмом и страстью к довольству (comfort); большинство, нагло притесняющее общество; рабство негров посреди образованности и свободы; родословные гонения в народе, не имеющем дворянства; со стороны избирателей алчность и зависть; со стороны управляющих — робость и подобострастие; талант, *из уважения* к равенству принужденный к добровольному остракизму; богач, надевающий оборванный кафтан, дабы на улице не оскорбить нищеты, им втайне презираемой; такова картина Американских Штатов, недавно выставленная перед нами...

Отношения Штатов к индийским племенам, древним владельцам земли, ныне заселенной европейскими выходцами, подверглись строгому разбору наблюдателей. Явная несправедливость, ябеда и бесчеловечие американского Конгресса осуждены с негодованием; так или иначе, чрез меч и огонь, или от рома и ябеды, или средствами более нравственными, *но дикость должна исчезнуть при приближении цивилизации...*

Остатки древних обитателей Америки скоро совершенно истребятся; и пространные степи, необозримые реки, на которых сетьми и стрелами добывали они себе пищу, обратятся в обработанные поля, усеянные деревнями, и в торговые гавани, где задымятся пироскафы и разовьется флаг американский...»

Горничная сестер Гончаровых Лиза — подруге швее, из Санкт-Петербурга в Полотняный Завод, середина января 1836 г.

Дуняшка, кланяется тебе Лиза! Будь здорова! Ты, чай, забыла меня совсем, ни привета, ни ответа. Что ты мне писала про бородатого Илью, я его знать не хочу, и пусть поклоны свои не передает понапрасну, и зря надежды не воображает. Подумаешь, платок в подарок приняла на прошлую Масленицу! Вот невидаль — платок ситцевый, не шелковый же... Я и обратно могу отослать с первой оказией. Что он о себе думает, срамник! А в Петербурге меньше бородатых, только купцы и кучера. Бывают в бородках французы еще, но эти бородки у них клинышком, для красоты, маленькие и редкие. А не лопатой какой, прости Господи, или рыжим колким веником, в сплошных остях. Куда приятнее, если к тебе приступает кавалер с гладкой и чистой физиономией, с приличными ухватками. Есть тут один Петер холландец, иностранец зубатый, но здоровый, рослый такой, о нем в какой другой раз, если отпишешь, что тайну будешь беречь до могилы. Да не болтай чего лишнего и письма не читай кому зря в людской. А то и рада небось хвастать столичными новостями! Скажи им, что господа тут ходят в оперу на какого-то «Роберта Дьявола», и наши барышни с хозяйкой (она-то, похоже, опять в тягости) часто на балах до утра, не то что на Заводе, где свечки гасят в восемь вечера, спи — не хочу.

Набегаешься за день так, что сама не рада столице этой. А хорошо еще, если башмаки целые и чулки толстые, только если где прореха в обувке — пиши пропало, тут не по весне, а и зимой бывает цельными днями каша такая из мокрого снега, а вот пойдут в марте дожжищи да туман, носа не высунешь. А вид везде приличный надо иметь, тут все с подходом, говорят по-французски даже в лавках. Столица ведь, не Москва какая, не Завод наш, где все по-простому. Бережешь башмаки пуще зеницы ока, а подметки сгорают на глазах. Сообразить, в чем выйтить, иной раз трудно. Вчера барышни перебирали сундуки, так отдали две юбки, нижнюю и верхнюю, и еще кофту белую. На верхней юбке только одна махонькая дырочка, у нижней подол оторвался, а кофта целехонька, только шовчик разошелся, заштопать и зашить работы часок один. Но об этих подарках ты в девичьей никому. А то донесут наверх ихней маменьке. Скандалу не оберешься, что барышни раздают свое. Дюже нравная заводская наша барыня Наталья Ива-

новна! Ты, Дуняха, помнишь тот случай о прошлом годе со шляпкой? Когда барышни наши,
Катерина да Александра, собирали-собирали
маменьке на шляпку 350 рублей, полгода во
всем себе отказывали, а потом у француженки
заказали, да послали ей на мянины? Так она им
отписала, что шляпка дюже светлая, расфуфы-
ренная, не по возрасту, берите, мол, обратно,
не жалко! Такой вышел курьез, что барышни
день целый рыдали. Еле ту шляпку своей тетке
Катерине Ивановне пристроили. Уж она им
деньги из жалости отдала, ради такого конфуза.
Вот какие истории бывают в семействах образованных дворянских, что про наши-то толковать. У нас таких тонких чувств нету, чтобы от
подарка дорогого отворотиться, одна темнота
жадная и глупость слепая. Вот скажи, Дунь, ты
слышала от нашего повара заводского про
такие блюда, как шведская сюльта? Вроде
холодца иностранного, или «вельша рябит»,
что означает рябая англицкая крольчатина.
А что такое лубардан? То-то! Это оказалось
вроде рыбы. Мне соседский повар-француз
и попробовать давал кусочек с симпатией! Какие французы затейники! Учусь у него по-французски, хотя и сейчас многое понимаю в разго-
ворах. Без этого тоже нельзя. Отписывай мне
с первой оказией, пока санный путь хорош.

Твоя Лизка.

*Из дневника фрейлины М.К. Мердер,
среда, 5 февраля 1836 г.*

«Вчера... пришлось уехать на бал к княгине
Бутера. На лестнице рядами стояли лакеи в богатых ливреях. Редчайшие цветы наполняли
воздух нежным благоуханием. Роскошь нео-
быкновенная!

Поднявшись наверх, матушка и я очутились в великолепном саду — пред нами анфилада салонов, утопающих в цветах и зелени. В обширных апартаментах раздавались упоительные звуки музыки невидимого оркестра. Совершенно волшебный, очарованный замок. Большая зала с ее беломраморными стенами, украшенными золотом, представлялась храмом огня — она пылала.

Оставались мы в ней недолго: в этих многолюдных блестящих собраниях задыхаешься... В толпе я заметила Дантеса, но он меня не видел. Возможно, впрочем, ему было не до того. Мне показалось, что глаза его выражали тревогу — он искал кого-то взглядом и, внезапно устремившись к одной из дверей, исчез в соседней зале. Через минуту он появился вновь, но уже под руку с госпожою Пушкиною.

До моего слуха донеслось: «Уехать — думаете ли вы об этом — я не верю этому — это не ваше намерение...»

Выражение, с которым произнесены эти слова, не оставляло сомнения насчет правильности наблюдений, сделанных мною ранее, — они безумно влюблены друг в друга!

Пробыв на балу не более получаса, мы направились к выходу: барон танцевал мазурку с г-жою Пушкиной — как счастливы они казались в эту минуту!»

Идалия Полетика — подруге Зинаиде N.,
из С.-Петербурга в Баден-Баден,
суббота, 8 февраля.

Милый друг! Надеюсь, что ты уже вернулась на свою «зимнюю дачу» из Парижа с последними новостями. Как прошла твоя консультация у доктора — непременно напиши, и не забудь упомянуть, что сейчас носят в столице моды. Твой вкус и беспристрастный взгляд лучше любого модного журнала. Я в такой лихорадке от этих балов и обедов, что описать не могу. Петербург как будто взбесился, решив плясать до изнеможения и падения всех риз. Даже не могу собрать всех мыслей, потому что примерки, парикмахер, домашние дела отнимают все силы и время. Голова занята такими ничтожными пустяками и суетой, которые стыдно описывать, а ты их легко можешь вообразить. О бале у княгини Бутера, с которой мы большие приятельницы, говорят как об образце шика и верха элегантности. Он превзошел все ожидания! Даже завистники, которых всегда хватает, вынуждены снять шляпы. Княгиня Бутера — женщина со вкусом и размахом, так что результат достигнут: все пали ниц перед блестящим обществом, ароматом экзотических цветов и сияньем огней, заливших зал сплошным потоком света.

Для меня, Зинаида, бал этот был — как бал, много суеты и разных лиц, приятных и не очень. Все-таки, когда тебе не 17 лет, и даже не 25, на балы смотришь иными глазами. Но одно несомненно: ни один кавалер не мог сравняться в изяществе с милым нашим бароном Жоржем Дантесом. Я любовалась им, как будто видела впервые, — ажиотаж вокруг его красоты вовсе не выдумка и не дело случая. Нельзя было быть стройнее и наряднее в этом белом мундире, на блестящем паркете, более ловким в стремительной мазурке, чем Жорж. Он был явно в ударе и так хорош, что многие дамы откровенно шептались о его красоте. Он вновь много танцевал с Натали Пушкиной — к досаде многих, но не моей. Во-первых, мы с Жоржем хорошие друзья, а это дорогого стоит, во-вторых, я не так наивна, чтобы видеть за этим демонстрационным ухаживанием нечто большее, чем порывы молодого самолюбия, стремление получить от жизни все самое лучшее. Причем желательно — на виду у всего света. В-третьих, между нами, моя троюродная сестрица Натали, о которой я как-то писала тебе осенью, несмотря на свой рост и талию и лицо «богини», отчаянно проста, если не сказать — бестолкова, как все московские барышни, чтобы завести изящный роман во французском духе. Да у нее и духу не хватит.

Цель, конечно, Жоржем была достигнута — Амур и Психея обратили на себя общее внимание, о них шептались, их провожали глазами. Я склонна прощать Жоржу его маленькие слабости — он один в чужой стране, ему надо как-то быть в центре внимания. Что касается мадам Пушкиной, я бы солгала, если бы сказала, что она была дурно одета и нехороша собой. Белое с кремовым оттенком платье удачно оттеняло ее плечи и гладкие черные волосы. Они блестели, как лакированная крышка рояля. Боюсь, Зинаида, этот контраст матовой кожи и черных волос мадам Пушкиной стал так популярен в свете, что рыжим локонам и шиньонам блондинок просто не остается места. Многие брюнетки из зависти даже стали дополнительно чернить волосы какими-то средствами и красить седые волоски на проборе, как старуха кн. Г., которая каждое утро *создает* «исторический» голубой оттенок своим сединам... Но пусть они возрадуются — мадам Пушкиной прыгать на балах осталось недолго. Как близкой родственнице, мне доподлинно известно, что бледная нимфа уже месяцев пять, как тяжела и скачет в перерывах между обмороками из последних сил. Поэтому я смотрела на трудолюбивую Психею и беспечного Амура с легкой улыбкой, тогда как кое-кто в дамской толпе кусал губы от зависти и злобы. Согласись — как забавен свет, если смотреть на него глазами Минервы!

Джон Клей — брату Джозефу в Филадельфию,
пятница, 28 февраля.

Братец! Только что принесли от тебя письмо, где ты тревожишься о моем здоровье в эти «страшные холода». Забавно, но не встречал ни одного европейца, не говоря о южанине, который не был бы сосредоточен на российском морозе, хотя в округе найдутся страны еще холоднее. Первое, что они спрашивают, вылезая из кареты еще в Любеке: «Стоит ли в России заводить шубу на волчьем меху?», и все в таком роде. Я живу не в Сибири, заметь, и здешний холод вполне по силам европейцу. А вот сказать, что я обжился в России, «развязал тесный галстух», — это вряд ли. Хотя, надо заметить, в последние годы, к моей радости, все больше образованных людей в русском обществе проявляют интерес к Америке, невиданному ими образцу демократии. Но есть вопросы, щекотливые для обеих сторон. В обществе многие интересуются, как это такая прогрессивная страна, как Штаты, строит демократию при черном рабстве. Напрашиваются некоторые неприятные сравнения между белым и черным рабством, между нашими странами, держащими часть своего благополучия на подневольном труде. Но поскольку российское рабство имеет совсем другие формы (ведь нигде нет на земле, чтобы белый человек закабалил белого человека), я отказываюсь сравнивать. Сюда доходят веяния Европы, на которую образованная Россия смотрит ревниво и напряженно. Многие «западники» в России ждали каких-то послаблений и реформ после французских событий. Но в России все получилось с точностью до наоборот. Реакция и цензура окрепли, многих прогрессистов разочаровали смута, сопутствующая революциям, жертвы среди аристократов. Интерес к зарубежным опытам от этого не пропал, русские стараются уловить, что может для них служить образцом хотя бы в будущем, но причин особого сближения между нашими странами я не вижу. Мы безнадежно далеки друг от друга даже географически. Тут ни о какой торговле речи быть не может. Письма, и те, ты знаешь, могут идти более двух, а то и четырех месяцев, а какова будет судьба скоропортящихся товаров?

Между американцами и русскими, Джо, лежит пропасть большая, чем между англичанами и французами. Я уже говорил: коренная разница в верованиях. Мы тоже христиане, но православный человек не самостоятелен, живет надеждой на Божий суд, читай — царя на небесах. Мы нация деятельная, живая, привыкли полагаться на свои руки и не ждем милостей от природы, наместников Бога на земле, владык, которых, к счастью, никогда и не видели на американской земле. Наша протестантская церковь не столь пышна и загадочна, не напускает столько тумана, это церковь практиков и стоиков. Шаг за шагом куем мы собственное благополучие. Есть еще разница в сильном, не осознанном самими русскими, разлагающем влиянии Азии. Что это — лень? Дикие порывы души? Незнанье ни в чем меры? Презренье к законам? Трудный вопрос. Никогда не знаешь, чего ожидать от русских, живущих по своим внутренним часам и логике. Время здесь ничего не значит. Договоренности — ветер Финского залива, а настроение — все. А что самое поразительное, то и дело платишь направо и налево не за работу, а «за отношение», «за душу»!

Например, даешь слугам по 25 рублей на Пасху, именины, Новый год за то, что... пришли тебя поздравлять. Есть здесь такой дьявольский обычай! И не дай Бог забыть — нанесешь душевную рану, как говорит русская нянька, которую, к слову, я намерен увезти с собой. Добрая женщина и привязана к крошке.

Миссис Скотт в приписке все еще спрашивает о домашних делах. Скажи, давно приспособились к местной кухне. Не рискую прислать ей рецепт. В Штатах нет таких продуктов и привычки к ним. Есть, конечно, тут французский стол с мадам Клико, консомэ, страсбургским паштетным пирогом из гусиной печенки. И есть подобие английского стола даже в простой ресторации — с кровавым ростбифом и пастушьим пирогом. Только типичный русский простой стол без «schi» (густой суп из местных овощей), соленых огурцов, моченых яблок, селедки, а в праздники — разноцветной рыбьей икры, или запеченного гуся с «antonovka» (кислые, ароматные и твердые яблоки), поросенка с хреном не обходится. Или не хочешь пирогов, начиненных зайчатиной, внутренностями животных, содержимым рыбьих голов, яйцами и кашей?

И что хуже всего, это смертельно... вкусно!

Эту часть письма разрешаю зачитать вслух за обедом у пастора, пусть подумает, стоит ли кормить гостей одними крутыми яйцами и пережаренным говяжьим боком! Мне долго не избавиться от видений настоящего Лукуллова пира. Столы украшают такие изыски, как

трюфеля, жирные ост-индские устрицы во
льду, красные омары, лангусты, русские розо-
вые или белые вестфальские, громадные варе-
ные окорока, нарезанные чрезвычайно тонко,
как бумага, а потом вновь сложенные, как
цельные; крупная серо-зернистая, оранжевая
сочная и мелкая черная серебристая икра, раз-
ложенная по фарфору диковинными узорами,
а то и поданная в хрустале солидной башней,
без всякой церемонии к объему и весу, как
горка маисовой каши для негра на плантации.
Неудивительно, что стоимость такого обеда
может доходить до 100 тысяч и более, а ведь
это раз в десять больше моего годового жалованья!

Казалось бы, такое обжорство можно объяснить суровым климатом. Но особенно удивительно при зимних холодах пристрастие
русских к прохладительному оранжаду и мо-
роженому, которое употребляется на балах
в огромных количествах. Широкие праздники,
которые задают раз в год иные богачи, уносят
до 400 тысяч, это несколько богатых имений,
и, представь, из них 40, а то и 50 тысяч уходят
только на мороженое!

Такой разгул желудка кого хочешь угро-
бит и погрузит в спячку, как медведя. Разумеется, мы с Фанни живем весьма скромно
и редко приглашаем на семейные обеды, до-
вольствуясь простой, здоровой кухней. Когда
не занят по службе, я много читаю или пишу
по вечерам нечто вроде дневника о впечатле-
ниях дня. Крошка меня радует и забавляет
первыми шагами. Жаль, в день рождения милая миссис Вильсон уже не преподнесет име-
нинный кекс. Славная была старушка! Зато
дождусь я обещанного яблочного пирога от
моей дорогой женушки миссис Ф. Клей. Вот

моя Фанни подошла, нежно целует тебя и шлет привет.

До следующего письма, дорогой Джо.

Твой Д.

P.S. Решил купить литографии зимней столицы, несмотря на то что отчаянно дороги. Постараюсь привезти сцены народных гуляний. Этой зимой я сполна отдался катанию с ледяных гор на Неве и поеданию горячих немецких вафель на жутком морозном ветру (немцы держат нечто вроде маленьких трактиров вдоль прогулочных санных дорог, и там отличные вафли). Короче говоря, с наслаждением встретил еще одну русскую зиму, чтобы унести бодрое воспоминание в жаркие страны. Где еще найдешь страну, в которой жители мажут нос и щеки гусиным жиром, чтобы не отморозить? Зимой здесь весело! Хочешь знать, что такое «русские горки»? Здесь их делают ледяными склонами и насыпают поверх еще снега. Наверху стоит небольшой отапливаемый дом. Джентльмен садится на небольшие сани, держа леди перед собой, и оба они скатываются вниз со скоростью 25 миль в час! Можно на санях (от 7 рублей по городу, за городом дороже) под теплой медвежьей шкурой докатить по льду Невы до самого Кронштадта! Сверкание снега и льда, в синих, голубых, белых и фиолетовых искрах, — изумительно и ни на что не похоже. Это какой-то роскошный сон! Фейерверк вырывающегося из-под лошадиных копыт голубого, холодного огня! Помню, как в пору жениховства мы с Фанни катались на санях по снегу. Сверху была медвежья шкура. Под нею было очень жарко. С удивлением я потом узнал, что мои «жаркие» открытия ничего не стоят. Тут все только этим и занимаются!

*Екатерина Гончарова — брату в Москву
(черновик неотправленного письма),
конец января — конец февраля 1836 г.*

Любезный братец, ничего нового и интересного рассказать не могу, кроме того, что продолжающиеся праздничные балы в Петербурге — верх роскоши и элегантности. Представь огромную залу, запах живых цветов, тысячи свечей, великолепие оркестра, бесконечное кружение самых нарядных и красивых в столице пар, изумительные украшения и блеск бриллиантов, когда за окном бальной залы в такт музыке шумит вьюга! Кажется, что это сон, но сон изумительный. УВЫ, мы бываем уже далеко не на всех балах. Поздравь нас, Дмитрий, с полуокончанием бального сезона. Может быть, для кого-то он еще и продолжается, хочу я сказать, но мы, кажется, имеем все шансы засесть теперь за канву (шучу) или исключительно целыми днями кататься верхом у Бистрома, как было уже в декабре. Я тебе писала, что Таша с ноября еле ковыляет и чувствует себя скверно. Ее тошнит и она слаба в своем положении как никогда. Однако же теперь, к разгару сезона, сестрица сделала над собой героическое усилие, и мы в январе (и даст Бог — часть февраля!) проездили с ней на такие замечательные вечера, которые в Москве просто невозможно устроить за любые деньги. Потому что где же Москве взять столько молодых и красивых, элегантных кавалеров и изящных дам, среди которых, надеюсь, твои сестрицы были не последними. Таша, бедняжка, хоть и плохо себя чувствовала, старалась, как ты сам понимаешь, будучи главной и единственной нашей светской покровительницей, героически выдержать новогоднюю и рождественскую кутерьму, чтобы не лишить нас совсем удовольствия и чтобы зима не прошла зря. Ей рожать через месяца четыре, и она снова в самом жалком состоянии. И в эти дни не может быть и речи, чтобы куда-то поехать. Я молю Бога, чтобы она хоть чуть-чуть еще продержалась ради нас (зачеркнуто)...

Как ты можешь спрашивать, не надоел ли нам Петербург? Он мне, напротив, стал ужасно нравиться, и я теперь вообще не представляю другой жизни. Я так счастлива, так покойна теперь, как никогда, я даже не мечтала о таком счастье! Поэтому не устаю повторять: один Бог может вознаградить Ташу и ее мужа за все, что они для нас сделали.

И тем более обидно, что мать по-прежнему ничего не хочет для них сделать, чтобы облегчить их положение. Поскольку прошлая осень для Пушкина в Псковском его имении прошла неудачно, он не привез оттуда стихов, как рассчитывал, и эта зима оказалась нелегкой. Тем более что он хочет издавать журнал, и сейчас нужны деньги, чтобы дело пошло. Мать же делает вид, что ее совсем не тронули письма Таши, и по-прежнему дает строгие наставления и советы, которые гроша ломаного не стоят. Тетушка, хоть и ворчит и строжится, помогает куда деятельнее: придворное платье, которое она мне последний раз подарила, стоит не менее 2000 рублей, а это половина моего годового «жалованья» фрейлины. Если вспомнить, что стоят одни ливреи для наших с Сашенькой лакеев (зачеркнуто)...

Не могу и не хочу никого осуждать, но, согласись, что со стороны матери это уже нечто большее, чем непростительная беззаботность. Она плохо или совсем не представляет жизнь в Петербурге, а ведь насколько она блестяща, настолько она и дорога. Но надо же чем-то платить за удовольствия, правда? Наше «жалованье» из дома ничего толком не покрывает. Да и что могут сделать эти девять тысяч на двоих, растянутые на целый год? Мы живем у Таши, тратим только на себя (зачеркнуто), никто не требует с нас за квартиру, дрова (зачеркнуто)... Здесь одно бальное платье со скромным стразовым гарнитуром может стоить столько же (зачеркнуто)...

Братец! Я рада, что ты серьезно стал подумывать о женитьбе, но не будь таким упрямым и признай, что твоим сестрицам тоже хочется счастья и что они вполне его достойны. А если будешь упрямиться и ворчать про траты и роскошь нашей жизни, то мы тебе опять напомним статью в «Иностранном обозревателе», где черным по белому было написано, что низкий лоб есть самый верный признак не только упорства, но даже упрямства его обладателя!

Отвечаю на твой вопрос: во дворце я бываю не совсем каждый день, а только в тех случаях, когда призывают обязанности моего вензеля. Императрица по-прежнему со мной довольно ласкова. Но эти относительные успехи при дворе хотя и весьма приятны, потому что ты уже не чувствуешь себя белым медведем на петербургском паркете или только *сестрой мадам Пушкиной*, как меня представляли первый год, греть душу, конечно, не могут. Все это мимолетно, утомительно, как любые обязанности для дела, а не по искреннему желанию. Приходится уже ждать лета, чтобы все переехали на дачу — там можно много кататься верхом на свежем воздухе, чувствовать свободу, и в приятных кавалерах недостатка не будет, потому что через речку всегда останавливаются полки и устраиваются на водах балы... Конечно, как ты сам понимаешь, мы надеемся и этим летом не ударить в грязь лицом, потому что нашим умением кататься верхом многие восхищаются. В том числе и примерные молодые люди. Когда мы куда-нибудь едем, со всех сторон слышим одни комплименты, охи и ахи... иногда даже вгоняющие в краску. Меня называют «отчаянной наездницей» — но это от зависти (зачеркнуто). Не хочу кривить душой, грех было бы не воспользоваться очевидным преимуществом, не говоря просто об удовольствии от таких прогулок.

Так что за тобой, дорогой Дмитрий, весной, к подсохшим дорогам — три лошади, не забудь прислать!

Мы уже устали намекать, чтобы ты прислал и для Пушкина какую-нибудь клячу, он зря просил тебя в прошлом году Христа ради прислать хоть какую-нибудь и сказал, что не претендует на что-либо хорошее, лишь бы пристойная была. А где же до сих пор эта кляча? Верно, забрела куда-нибудь по дороге, до сих пор ее нет.

Братец, не спрашивай, что мы *делаем и что я делаю*, когда *нечего делать*... Не ругай меня, но, боюсь, тебе уже никогда не придется хвалить меня за способности к рукоделию. Я уже не могу вспомнить, когда последний раз держала иголку в руках. Я тебе прямо скажу, не краснея: я дошла до самой бесстыдной лени — когда нечего делать, ничего и не делаю. Совсем ничего!

Твоя Катя.

*Павел Миллер — Петру Тульчицкому,
из Петербурга в Москву,
суббота, 29 февраля.*

Петруша! Что я слышу из Москвы от заботливых кузин — ты вроде бросил университет и сидишь дома с какими-то колдовскими книгами! Заделался масоном и носишь скуфью! Оставь, друг: иллюминатов и мракобесов давно разогнали — и поделом. Туманный народец. Уж не заболел ли ты? Или это эпидемия московская: книги и уединение? Сказывают, мыслитель Чаадаев отказался от знакомств, так же сиднем сидит в Английском клобе полным анахоретом: газеты и книги — его единственное кушанье, дом, жена, дети и родственники. Хочешь пойти по стопам этой философской личности? Ты еще слишком молод, чтобы дышать вековой пылью! Я тоже все с бумагами, но иного рода. На них нет пыли — новешенькие и свежеиспеченные доносы и справки несутся, как тучи московских галок. Иногда бывает отчасти и весело читать измышления «верных» (это доносчиков прозвание в нашем III Отделении). Много чего умеет русское слово. Ему памятник поставить можно, только никто не догадывается.

А не хочешь ли, кстати, перебраться для научной карьеры в столицу? 8 января императорская Академия наук получила новый устав (у нас, знаешь, вообще сейчас заняты всякими новыми уставами и постановлениями, чиновничий люд плодится от этого, как блохи в собачьей подстилке!). И теперь к кафедрам истории и физико-математической прибавлена филологическая. Глядишь, у нас получишь научную степень! Заправляет всеми нововведениями любимец государя Сергей Семенович Уваров, небезызвестный автор триады народного образования — православия, самодержавия и народности. Этот сподвижник государев сделал одно доброе дело — возобновил посылать молодых ученых за границу. Больше никто не может за ним припомнить, кроме министерских отчетов в журнале, ничего путного. А вспомнился он мне не зря. Ты сам-то читал тот «Московский наблюдатель» со стихами «На выздоровление Лукулла»? Убийственная характеристика.

У нас журнал сей многие читали со злорадством, потому что никто не сомневался, что описан наш герой-министр. Все знают, что и казенные дрова крал в неимоверных количествах, и казенных слесарей употреблял в собственную работу по дому. А хуже всего, что этого лицемера нравственности народной основательно подозревают в содомистском грехе, равно как и во всех смертных грехах тоже. Кстати, среди роскоши и пресыщенности содомистов стало больше, они чрезвычайно друг друга поддерживают по цепочке, почище любого тайного общества! Еще с осени прошлого года гуляет по рукам насмешливая (100% — пушкинская) анонимная эпиграмма со строчками: «В Академии наук заседает князь Дундук... Почему он заседает? Потому что ж... есть!», прямо намекающая на противуестественные отношения Уварова и Дондукова-Корсакова. Но скверно, что власти (с подачи Уварова и иных доносчиков) прямо уверены в авторстве обоих сочинений нашего светоча. И они дело так не оставят. Дело печатания для Алекс. Серг. может пойти как нельзя хуже. Уваров-то не стал делать вид, что эпиграмма его не касается (это было бы гораздо умнее, но не на того напали!). Поскакал мелкой подлой рысью — прямиком к Дондукову, которого сам же и посадил во главе Цензурного комитета на свое место прежнее, и велел комитету назначить для Пушкина не одного, а трех-четырех цензоров! Но не удовлетворился — донес еще и моему шефу Бенкендорфу. Тот доложил царю. Царь велел объявить Пушкину строгий выговор. Наблюдение за ним и его творениями будет усилено, вплоть до самого пристального рассмотрения почты и прочего.

Я знаю доподлинно: мой начальник граф Бенкендорф уже к себе вызывал Пушкина для разговора, хотя немногого добился.

Засим прощаюсь, пересказывать остальные сплетни столичные не хочу. Что говорят у нас на службе — все пустое: сгорела каланча, нашли удушенную малютку в колодце, кто-то проворовался, кто-то спустил состояние в карты, кого-то повысили в чине. А кто-то, как мой начальник Бенкендорф, отдался в руки женщине сомнительного ума, зато склонной к спиритическим сеансам. По-моему, совершенно припадочной особе, вроде тех, что встретишь в гостиных с невероятной историей про таинственные знаки, потусторонние голоса, с рассказом о чудесном исцелении гомеопатией. Тебе легко говорить — куда я подался и где служу. Заметь: все на Руси начинается с идеальных прожектов, потом перезревает, загнивает и так далее... Наш Александр Христофорович Бенкендорф, храбрый кавалерийский генерал, хотел сначала как лучше: при нем, едва он вступил в должность шефа жандармов, брали в отделения, поверь, отличных деловых чиновников и офицеров. Сейчас — иное дело. Чем дальше в лес — больше дров. Увлеклись! Стремление Отделения влезть не только в политические, но и в семейные дела делают из него пугало. А жаль!

Некогда углы закруглять, из-за спешки пишу без турусов.

Такое письмо можно послать только с оказией, моя надежная оказия уже внизу, в карете, торопит. Вот-вот двинется в твою московскую сторону.

Не забывай, Петр, пиши.

Глава II
«Весной я болен...»

*Горничная Гончаровых Лиза — подруге
в Полотняный Завод, не позднее начала марта 1836 г.*

Дуняшка! Будь здорова! Кланяется тебе знакомая Лиза.

Получила от тебя весточку, вижу, что вам там всем одни тягости. Жаль Авдотью, что померла. Так что ты хочешь — год високосный, всех косит. У нас тут по соседству булочник померл, и сорока не было, от водянки. И здесь житье — не вареный сахар, не больно-то и сладко, да хлопот с нарядами барышень много, одни балы да гулянья. А с другой стороны, в Петербурге интересу всякого больше и веселее от разнообразия. Невский проспект какой! Не надо балу никакого и спектакля — таких нарядов понасмотришься, столько людей увидишь! Или вот как начнется после Пасхи модное гулянье в Летнем саду. Ах, Дуня, какие платья на дамах, какие зонтики, накидки, башмачки и шляпки! И все новое, сияет. А в лавках товары со всего свету! Ткани! Булавки! Шитье! Пояса! Ленты! Гребни! Конфекты! Леденцы и пастила! Как придешь, приказчик к тебе рысаком: чего желаете, барышня? И то, и это... Денежек-то не хватит. Соблазну много. К девушке честной пристают и в лавках, и на улице. А один раз мне прямо один так и предложил за деньги, сама знаешь, что. Смотри, Дуняха, рот на замок, а ключик выброси. Если про этот случай известно на Заводе станет, меня обратно отошлют, а я тебя со света сживу. Мы вот по вечерам за ворота не выходим. А пока сторожа не кричат протяжно, наши в девичьей читают глупости всякие, житейские истории с картинками про слепого Евсея и говорящую рыбу, а я выпросила из сундука у барышень нежную историю про любовь Розалии и Теодора.

Роман энтот написал знакомый наших барышень, студент московский, может, помнишь, темный брунет такой, худой с бачками, он еще по тротуару стучал, все на младшую барышню тогда поглядывал? Федор Фоминский звали. А как замуж она вышла за барина Пушкина, отписал их историю знакомства и любви и поднес нашим барышням со всем почтением к семейству, чтобы Наталье Николаевне сказывали. А барышни, посмеявшись, листочки-то упрятали. От сраму, говорят, подальше, чтобы Пушкин как есть сам сочинитель и любитель большой в шутку все обратить, не обсмеял бедного студента ни за што ни про што. А что там смешного — ничего не нахожу. Роман сей «Розалия и Теодор» — чувствительная история! Я с Рождества читаю, не могу оторваться, и все плачу и плачу, дура такая, потому что сердце нежное имею, хоть и не полагается нам такое иметь.

Каким, Дуня, прочувствованным слогом написано! «Я вознагражден буду, — Теодор говорит, — вознагражден буду за свой труд, если удастся мне иную мечтательную девицу, любви достойную, решившую по каким-нибудь побуждениям остаться навсегда в одиночестве, покорить приятной власти брака...» Чувствуешь, Дунь, какие слова, кто еще так душевно придумает? Она не игривая какая, Розалия была, а такая деликатная, скромная. И все же он девушку нежную покорил, Дуня, огненными речами, и зажили они, Теодор и Розалия, в браке, в любви и согласии. И такое между ними понимание установилось, что на свете редко встретишь. Опять же барчонок родился. Все как у людей. И в конце концов растроганный супруг говорит жене такие слова: «Благодарю тебя, Розалия, что была ты целомудренная и благородно мыслящая девица». «А я благодарю тебя, — отвечает Розалия, — за то, что ты юношеских своих сил не растерял распутством».

И что ты думаешь, дальше было, Дунь? Был у этого оженившегося Теодора друг, праздный красавец Карл. Ну не то чтобы совсем там распутный и погибший, а вволю гуляющий на холостой своей свободе. Душка такая со всех сторон, изрядный кавалер, на погибель дам и девиц. И вздумал Теодор его урезонить такими словами: «Посмотри на меня: тебе все покажется чудом. Я всегда веселее прежнего, моя любовь к Розалии не могла утомиться так, как дикая скотская страсть (это он на гуляющих девок Карловых намекает, вот срам какой!); она еще больше умножается в супружестве, я склонен к упражнениям своим и больше ощущаю в себе духа, огня и силы деятельной!»

Вот какая похвала семейственности, лучше не скажешь. Тут Карл, погуливающий по известным домам с фонарями, а в Петербурге такие места есть безо всякого стеснения и никакого сраму, усовестился и сознался, что никаких нежных чувств к своей полюбовнице не испытывал, «кроме плотского сладострастия». (Ты подумай, Дунь, как он ее все ж попользовал, а потом отрекся... Вот они, мужчины, никакой совести к женщине!) И что он с ней одно унижение терпит и все более «уподобляется скоту». Видно, зависти исполнившись к семейному раю друга, просит тут нагулявшийся вдоволь котяра Карл мужнюю жену Розалию, которую уважал за кроткий нрав и скромность, чтобы выбрала она сама ему в жены «подобную себе девицу».

Я вот думаю, Карл этот просто глаз положил на Розалию, когда ее замужнюю увидал. От зависти и азарту. Как, помнишь, Петрушка принялся зыркать на Ольгу Савватееву, кода замуж вышла да раздобрела за кучером? Да все норовил подъехать, если муж за ворота? А кода она сама на него висла в девках, не очень, чтобы привечал! Дай нам Боже, что другому гоже. А то нам не гоже, что никому не дороже.

Ну, можно было, Дуняшка, такую нравоучительную историю на дне сундука прятать?! Еще не знаю, чем история закончится, осталось страниц с дюжину-другую.

У нас есть и неприятности: у барина Пушкина мать дюже болеет. Не дай Бог, траур наденут. Ну, будь здорова, и кланяйся от меня Настюхе, прачкам, Авдотье Прохоровне и кому знаешь.

Петр Тульчицкий — Павлу Миллеру,
из Москвы в С.-Петербург, воскресенье, 1 марта.

Милый друг Павел! Получил твою укоряющую депешу. Несмотря на твой скептицизм относительно нового направления моей жизни и выбора будущности, решительно еду за границу — сначала в Германию, а потом — в Италию. Тетки уже дали согласие и благословение. А что важнее — и деньги обещали. Я теперь только жду, когда дороги подсохнут. УВЫ, не свидимся в Петербурге, еду через Польшу, потом — в сторону Бонна, и в Италию.... Там меня уже ждут. Тайные знания передаются напрямую от учителя к ученику (ты сравнил меня с китайским фокусником, снабженным цветными фонарями, благодарствую!), иного пути нет. Дар падает на тебя случайно, ты многое прозреваешь, о чем-то догадываешься, сидишь над пыльными фолиантами и рукописями, но для постижения Сокровенных Знаний, особенно в мистической практике, не миновать службы и учебы у Наставника, в кругу посвященных.

Вижу-вижу расцветшую твою ухмылку. А вот хочешь ли, скептик, пример?

Известно ли тебе, любезный Павел Иванович, про способности генерала нашего Ермолова, которого не заподозришь в дешевом шарлатанстве? Он многим воякам своим предрек судьбу еще в войну 1812 года и ни разу не ошибся. Все даты своего будущего записал в минуту священного наития. Так что ты думаешь? Сбывается, как по нотам, вплоть до орденов, ссылок царских, военных кампаний и потерь членов семьи. Он и свою дату смерти знает, давно записал и заверил подписью дату предсказания. Говорят, лежит под замком в шкатулке...

Дай Бог ему здоровья и долгие лета, но мы, современники, можем стать свидетелями окончательного феномена. Таких случаев получения Тайного и Сокрытого в минуты экстаза или после ранений, любого потрясения, история знала немало. Не буду утомлять тебя, трезвомысленника, рассказами о тайных учениях древних и Александре Македонском, большом поклоннике нумерологии и астрологии. Согласись, математические расчеты по далеким звездам, тайны судьбы, будущее стран, выверенные цифрами и специальными формулами — великая тайна, которую многие тщатся разгадать, и я, грешный, из их числа... Против судьбы не попрешь. Вот тебе еще факт. Екатерина Великая, задумавшая возведение Исаакия, умерла, когда он был возведен лишь наполовину. Павел, преисполненный ненависти к начинаниям матери, приказал остановить работы и все мраморные плиты, предназначенные для собора, использовать на возведении своего оплота — Инженерного замка. Он ему стал могилой. О нем как-нибудь скажу особо, но что он был проклят изначально, это точно. В итоге построенный наполовину собор закончили наспех, не в мраморе, а в кирпиче. Нелепый, пугающий вид кирпичной кладки на каменном основании породил злые шутки. По Петербургу загуляла эпиграмма, сочиненная флотским офицером Акимовым: «Се памятник двух царств, Обоим им приличен: На мраморном низу Воздвигнут верх кирпичный» — о «державности» правления матушки и «приземленности» царствования сына. Автор четверостишия был изобличен и жестоко наказан: ему урезали язык, вырвали ноздри и сослали в Сибирь. Уже при Александре I кирпичную кладку разобрали, а Исаакиевский собор перестроили по проекту Монферрана. Тем не менее Михайловский замок, где был задушен Павел, до их пор венчает доска, которая изначально предназначалась для фронтона Исаакия. На ней написано: «Дому твоему подобает святыня Господня в долготу дней». В конце 18-го века предсказатели — думаю, что это был знаменитый таинственный Авель! — пустили по Питеру слух, будто государь проживет столько лет, сколько букв в этом изречении. Когда, узнав о смерти Павла, народ пришел к Михайловскому пересчитывать буквы, выяснилось, что... предсказание сбылось! Зачарованная наша Россия, в ней, как нигде, случаются мистические вещи.

Но давай перенесемся к тебе. Ты не веришь в судьбу, так? Я чаю, после Царскосельского лицея, вкусив сладостных гуманитарных наук, ты и не думал быть личным секретарем у графа Александра Христофоровича в III Отделении. Однако ж Судьба сделала свой поворот для какой-то цели, которая где-то написана с минуты твоего рождения. Да, я фаталист, Павлуша. Как быть!

О Москве лучше не спрашивай. Москва наша совсем одряхлела. Черты унынья и запустения видны повсюду. Барышни наши как всегда рады любому проезжему военному кавалеру на лошади. Завидев бравого вояку, пробиваются тогда к щелям в ставнях, как одуванчики из-под разбитых деревянных тротуаров. Это все не здорово. Как чумной мор Москву лет пять назад колесом придавил, до сих пор опомниться не может. А в коридорах, прихожих у теток старые мебели ореховые точит жучок, стоят бутыли с наливкой, сидят по углам сморщенные, как засаленные подушки, арапчата, кругом сундуки, тазы, темные приживалки, согбенные странницы, и пахнет кисло. Нет, Павлуша, не житье мне здесь, уж прости. Заскучал я совсем и отжил свою Москву студенческую. Душа просит простора впечатлений и новых учителей. Пора мне уже утвердиться на своем призвании. Денег оно не даст, только сладость познания. Но на первых порах положили мне тетки изрядно — по три тысячи в месяц «на учение и лечение», и так целый год. Так что не пропаду. Кстати, пиши мне сразу уже в Бонн на городскую почту. Пока письмо твое дойдет, я уже буду там. А уж потом мой постоянный адрес получишь.

Давеча просто мистический случай произошел. Задумался я как-то, иду себе между лавками, искал по просьбе теток китайского шелку для экрана, бывший прогорел совсем от искр в камине, слышу, кто-то кричит тоненьким писклявым таким голосом в толпе: «Стой, глаз выколю! Глаз выколю!...» Следую далее — в Москве юродивых и всяких припадочных, калек с костылями и нищих, что черных галок на крестах и деревах. Галдят и галдят. И что ты думаешь — шаг шагнул, как народ закричал в ухо: «Барин!!! Барин, стой, убьет! Ах, ты, дьяволица бешеная!» Я еще ничего не разглядел, а все ж инстинкт заставил меня выставить вперед ладонь. И тут же в ту ладонь до крови вошел ржавый длинный гвоздь какой-то базарной Акулины припадочной, которым норовила она и в самом деле, не шутейно, проткнуть мне глаз! Целила-целила, а промахнулась, кривобокая.

Было бы глупо, согласись, потерять зрение в 24 года от руки прохожей московской идиотки!

Не знаю, почему и зачем я это сделал, только остановился и безмолвно положил на грязный лоб бесноватой руку свою. И припадочная остепенилась. Сразу утихла вонючая баба и тонко загнусавила: «Дай пять копеек, дай пять копеек! Пирожок хочу, пирожок хочу!» Дал ей пять копеек. И пошел домой еще в большей задумчивости. Народ темен и дик, далека наша жизнь от высоких мыслей, тонких эманаций. В Европу хочу — отрясти нашу грязь с башмаков на чистых тротуарах. Как сказал один умный человек: «Я не без грусти расстался с этим гнилым Западом, таким чистым и полным удобств, чтобы вернуться в эту многообещающую в будущем грязь милой родины...»

Да, признаться, одного не понял: чем кончится история Пушкина с Уваровым — неужели перед таким гением цензура не сделает книксена? Про Уварова и я слышал в Москве такую смехоту: едва опасно занемог богач граф Шереметев, дальний родственник его жены, владелец дворцов, дворни и сокровищ, Уваров без всякого права, только с правом жадности, немедля прискакал к одру больного опечатывать его имущество. А Шереметев-то возьми и выздоровей! Отсюда, конечно, и сатира пушкинская, описывающая сей случай в комических красках. Жаль, поэта в покое теперь не оставят.

Отпиши, чем дело кончится.

Твой Петр до гроба.

А.С. Пушкин. Из статьи «Александр Радищев».
3 апреля.

«...Время изменяет человека как в физическом, так и в духовном отношении... Моложавые мысли, как и моложавое лицо, всегда имеют что-то странное и смешное. Глупец один не изменяется, ибо время не приносит ему развития, а опыты для него не существуют».

П.А. Вяземский — А.И. Тургеневу,
из Петербурга в Париж, 8 апреля.

«Пушкин не пишет тебе потому, что умерла мать его: что все это время был он в печальных заботах, а сегодня отправляется в псковскую деревню, где будет погребена его мать»

А.В. Никитенко. Из дневника. 14 апреля.

«Пушкина жестоко жмет цензура. Он жаловался на Крылова и просил себе другого цензора... Ему назначили Гаевского. Пушкин раскаивается, но поздно. Гаевский до того напуган гауптвахтой, на которой просидел восемь дней, что теперь сомневается, можно ли пропустить в печать известия вроде того, что такой-то король скончался».

*Идалия Полетика — подруге в Баден-Баден,
не раньше 20 апреля 1836 года.*

Зинаида, ангел мой нежный, могу ли я надеяться на твое прощение; нет, я не начну письма, не смею, пока ты не отпустишь мне грех неблагодарного молчания! Я давно, еще недели две как получила с г-ном С. от тебя чудесное письмо (charmant lettre) и редкий бисер. Не могу на него налюбоваться, а между тем обстоятельства вынудили меня медлить с ответной благодарностью. Бывали ли у тебя такие дни, и даже недели, когда после затверженного урока судьба вдруг начинает нести сущий вздор? Этот вздор не смолкает, несносный. И сразу приключаются болезни у детей, не утихают весенние дожди, принося мигрень, и прислуга глупа, и нет желания наносить визиты и принимать у себя. В довершение картины — свет, как никогда, глуп и зол, близкие глухи к боли твоего сердца. Вот почему я все более учусь ценить небольшой, но верный кружок преданных душ! Парадокс: посторонние любят нас за то, какие мы есть. А не за то, какими мы должны были бы стать по замыслу родственников, для их же удобства или для ублажения гордости papa или maman. Поэтому мы чаще больше любим друзей, чем родственников!

Считаю долгом вернуться к твоему славному подарку. Ты меня просто спасла, я так устала от детей и чтения во время этих болезней, что нуждалась в разнообразии. Мне так нужны были спокойствие и медленная работа, что я сразу отважно принялась за канву. Моя «шкатулка-букетница», как называет бисерницу твоя милая Оли, всю зиму и весну стояла совершенно без дела. Теперь я ее достала и заполнила все ячейки и отделения твоим подарком. У нас венецианского бисера теперь не отыщешь — продают модный граненый, богемский. Но мне прежний больше нравился, и хотя по бумажной канве легче работать, я по-прежнему работаю по вываренной холстине английскими иголками. Они тонкие, зато ушко широкое и удобное, эластично сжимается при уколе бисеринки. Знаешь ли, что вошли у нас в моду вместо цветов вышивки en grisaille с изображением бюстов мудрецов, подражающие скульптурному рельефу, да еще с надписями золотым бисером «Sokrat» или «Aristot»? Это может показаться глупым, и, разумеется, над выпуклыми философами со сверкающими розовыми носами и желтыми, как дыня, щеками с большим удовольствием потешается все тот же милый Жорж Дантес.

Он говорит, если я когда-нибудь все-таки изваяю с помощью иглы и тонких пальчиков Сократа или Диогена, он непременно закажет у мастерицы вышить внизу ехидное изречение. С надеждой выкупить у меня изделие за любые деньги и подарить своему pater familiае, названному отцу Геккерену, большому любителю Древней Греции, заодно Рима и латыни.

Мы очень веселились, выбирая фразу для моей работы. Жоржу нравится остроумное выражение: «Не стану я придираться к нескольким пятнышкам!» На латыни, если тебя ею не мучили, звучит: «Non ego paucis offendar maculis!» При этом он мило хохочет, вспоминая многочисленные родинки, покрывающие декольте госпожи Р., ее длинную темную шею. Смеюсь вместе с ним и я, потому что нельзя смеяться более заразительно, чем Дантес, ты знаешь.

А я бы предпочла другое изречение — «Lingua est hostis hominum amicusque diaboli et feminarum» («Язык — враг людей и друг дьявола и женщин»), но боюсь, оно слишком длинно для отрезка моей меланхолии и запасов бисера. Вчера мы с Жоржем от души посмеялись над маменькой жены посла Долли Фикельмон — перезрелой мадам Хитрово, которая, как он удачно сострил, то ли сама вылезает из платья, то ли творенье умелой француженки с возмущением ее выталкивает, чтобы самому не повредиться!

Какой блестящий каламбур! И какой образ — его так и видишь! Уступить мужчине *первенство в игре* весьма приятно. Случается, мы с бароном по часу соревнуемся в поиске разящих сравнений. Смеемся и шутим, не переставая. Как он бывает мил тогда, настоящий проказливый ребенок! Не думай, что... Все это так невинно, как карты по вечерам или чай, больше для развлечения. Когда Жорж у меня — подымается маленькая буря. Настоящий смерч! Если бы я позволила, кажется, он стал бы, как невоспитанное дитя, бросаться диванными подушками и кувыркаться, как моя Лиза, на диване. Ему вечно мало места. Жорж очень подвижен и ему вечно не сидится на месте, он хочет прыгать, танцевать, вертеться. Боже, как он молод, как бывает забавен и мил! С ним я наконец-то вспомнила, что мне нет и 28 лет!

Среди его последних mots есть в запасе остроумное прозвище нашего сочинителя Пушкина — «трехбунчужный паша». Г-н Пушкин и в самом деле бывает весьма нелеп и комичен, когда, смуглый, маленький, курчавый и важный, входит в бальную залу или восседает в ложе в окружении высокой жены и ее двух еще более высоких и смуглых сестер — вылитый арапский владыка среди покорных ему наложниц. А ведь, помнится, был весьма озабочен, когда брали пару лет назад этих девиц в дом, да жена настояла. Теперь эти московские девицы в надежде сделать партию не вылезают с балов, несмотря на свой тощий кошель. И бедному Пушкину от этого мало проку, скорее — лишние хлопоты, да родство любимой жены обязывает.

Но вернусь к милому, милому Жоржу, что много приятнее. Барон Луи Геккерен, наш дипломат, названный отец Жоржа, вот-вот вернется из Парижа после долгого отпуска. Надеюсь его увидеть уже в мае, узнать последние европейские новости и сплетни о французском свете. Впрочем, досадливое опасение, что Жорж теперь будет вынужден проводить вечера с отцом, заранее отбивает у меня охоту к этим новостям. Но посмотрим. Недаром говорится: чего хочет женщина, того хочет сам Бог!

А теперь к бисерным новостям (пожалуй, стоит запомнить — недурное выражение!).

Я их собирала для тебя буквально «бусинка к бусинке», не зная, чем уж тебя в нашей разлуке развлечь. Нанижу на эту нитку немного светских сплетен, которые, быть может, разбудят твое любопытство знаменитой вышивальщицы. Все только и говорят про несравненную работу княжны Засекиной. На крышке туалетного столика натянута полотняная вышитая основа — сплошь античная сцена, а вокруг — пышная цветочная гирлянда из 24 видов бисера! А еще я слышала, княжна Ромодановская-Лодыженская при разожженном ее успехами любопытстве двора принялась вышивать лейб-медику государя и моему доброму знакомому Арендту ящик для сигар. С четырех сторон — разные времена года, вышивка редкая по своему рисунку, оригинал, а не копия по готовой основе. Лучше всего у нее, говорят, выходит зима... где работы меньше, и есть только два цвета — черный и белый. Еще и какая экономия средств!

Прости, добрый друг, за минутное злословье! Вот с твоей вышивкой сравнить ничего нельзя — твоей работы изящный букет простых анемонов на бледно-лиловом поле до сих пор, поверь, лучшее украшение моего будуара.

А вот смешная новость: пока дамы скачут по балам, многие наши мужчины с положением и в чине тайно предаются страсти. Нет, не к фараону и не к токайскому, а к... вышиванию бисером по канве! И среди них — военные и даже губернаторы. Меня в этом уверяла княгиня Бутера. Также ей сказывали, что малоросс Гоголь, автор «Ревизора», что был представлен 19 апреля (неудачная, злая история, похожая на старый анекдот о русских нравах, совсем без идеи), — чрезвычайно эксцентричная странная личность. Не только завел смеш-

ной фрак дикого брусничного цвета, весь
в блестящих разводах, но и сам тайно часами
вышивает за пяльцами при... спущенных што-
рах. Как тебе это нравится? Я все больше
убеждаюсь, что у всех сочинителей есть в природе что-то экзальтированное и донельзя
смешное. Они ничем не лучше паяцев.

Крылов, наш баснописец, мог считаться ува-
жаемым человеком, государь назначил ему из-
рядную пенсию. А он страшный моветон, не-
приличный обжора! Об этой страсти уже ходят
анекдоты. Вообрази — за раз съедает поросенка и петуха, а затем уже просто обедает пятью
блюдами. Куда бы он ни пошел, слуга носит за
ним всюду судно, кое обслуживает его основательно и добротно каждый час или два. Но нечего делать — из-за государева расположения
его в домах принимают. Да вот хоть и твой хва-
леный Пушкин! Его тоже зовут на придворные
балы, потому что жена красавица, а, например,
брат мой граф Александр Григорьевич от него
совсем не в восторге: часто видит на улице в обществе таких странных людей, как говорит,
с «настоящими разбойничьими рожами». Как
государственный человек долга и дисциплины,
человек двора, брат все недоумевает: можно ли
камер-юнкеру Пушкину, автору милой сказки
«Руслан и Людмила», уподобиться какому-то
сброду? Впрочем, Пушкин уже давно кончился
как поэт. Не я одна, все так думают, все едино-
го мнения — как и про его ужасный, желчный
характер, так и внешность — помесь тигра
с обезьяной. Пусть мы оказались в некотором
свойстве через рара, поскольку он двоюродный
дядя сестер Гончаровых, это отнюдь не повод
восхищаться им самим и его семейством.

Кстати, носят ли еще на водах эти вздутые
рукава gigot и широкие укороченные юбки?

Мне эта «окороковая мода» не очень к лицу, она идет дамам гренадерского росту.

Вот, кажется, все о милых пустяках. Надеюсь, я тебя развлекла.

Целую тебя, mon ange, нежно-нежно! Adieu!

А.Н. Гончарова — Д.Н. Гончарову,
из Петербурга в Полотняный Завод, апрель 1836 г.

«Свекровь Таши (мать Пушкина. — *Примеч. авт.*) умерла на Пасхе: давно она уже хворала, эта болезнь началась у нее много лет назад. И вот сестра в трауре, но нас это не касается, мы выезжаем с княгиней Вяземской и завтра едем на большой бал к Воронцовым.

Если ты случайно имеешь намерение послать Кате лошадь, как она тебя просила, не будешь ли ты так милостив заменить мне мою бедную Ласточку, которая, как говорят, совсем никуда не годится. Я могла бы купить здесь себе лошадь, есть по 150 и 200 рублей очень красивые, но все деньги, даровая дешевле. Прощай, нежно целую тебя, а также моих ленивых братцев...»

Приписка на отдельном листочке:

«Пришли нам, дорогой Дмитрий, три дамских седла, уздечки и все, что нужно для трех лошадей. Мы их отдадим переделать заново, и так нам будет стоить дешевле, чем купить. Сделай это, пожалуйста, даже если ты не пришлешь нам лошадей. Но не задержи».

Идалия Полетика — подруге в Баден-Баден,
25 апреля.

Зизи! Не успели высохнуть мои чернила, как уже несут от тебя письмо. Как быстро через всю Европу доходят злые сплетни! Не брани меня, что я что-то скрываю, о чем «хорошо осведомлена баронесса Р-ская и кажется — весь Баден». Ты права, куда лучше узнать об этом от меня, нежели из пустой болтовни какой-нибудь заезжей сплетницы. Никакой бомбы над моей головой не разорвалось. А вот одно недоразумение стало достоянием скучающего меж сезонами Петербурга.

Некто из подчиненных мужа — поручик Савельев, почти мальчик, вспыльчивый и самонадеянный, как все юноши его возраста, отчего-то вообразил, что ему вверено защищать мою честь. Он бывал у меня, это правда, но я и вообразить не могла таких последствий! В казармах, в ответ на какое-то двусмысленное высказывание на мой счет генерал-майора Гринвальда (начальника моего мужа, прими к сведению), мальчишка вспылил и «отстоял мою честь». В гневе не нашел ничего лучше, как... затянуть у генерала на шее шнурок от пистолета!!! Поручика чуть не повесили, спасло чудо. Вот и вся история. Догадываюсь, что теперь мое имя смешано с самыми невероятными предположениями. Нет, как ужасен, жесток, лицемерен наш свет!

Разумеется, я не сижу сложа руки, как могу, отстаиваю свою честь. Все ожидали, что я буду сидеть дома подавленная и рыдать. А я наношу визиты и принимаю друзей, как ни в чем не бывало. Не знают они, что такое воля и самообладание «рыжего беса» Idalie, как звала меня гувернантка. Но вообрази, Зинаида, мое положение! Что же еще могли решить в свете о наших отношениях с этим поручиком! Есть от чего прийти в бешенство. Глупый, глупый, несносный мальчишка! Его, разжалованного, ссылают на Кавказ под чеченские пули, может быть, на верную смерть, и еще слава Богу, что не повесили. Мне же приходится ездить по городу с деланной беспечной улыбкой, обедать с братьями и... получать свою порцию родственных уколов. Карантин сей, видно, протянется до мая. Там, глядишь, дачный воздух развеет вредные миазмы сплетен.

И кто бы мог предвидеть такую *честную глупость* в наше время? Есть же на все свои правила и тон, есть правила игры, которых стоит держаться. По долгу жены командира я принимала поручика и покровительствовала ему, но разве ему одному в мужнином полку? Ты знаешь, при казенной квартире вблизи казарм трудно не завести обычай вечернего чая для избранного круга офицеров. Трудно иной раз удержаться от роли покровительницы, советчицы и утешительницы для бедных молодых людей. Возможно, какое-то нежное слово, случайный взгляд, прикосновение, моя музыка внушили этому несчастному юноше нелепые, глупые мечты, а с ними дерзкую мысль заботиться о моей чести, когда его об этом не просили. Он и вообразил себя доблестным Белым Рыцарем из Вальтер Скотта и пошел отстаивать честь Прекрасной Дамы, дабы поразить пикой Дикого Вепря Гринвальда. Этой версии «рыцарского подвига» разрешаю и даже умоляю держаться!

А Гринвальд — тупица, грубиян и болван, каких мало. Я кусаю губы от бешенства. Даже мой Александр Михайлович, настоящая «божья коровка», который уже год с наслаждением читает *записки о Жозефине после своих полковых разводов и называет это великим произведением*, упрекнул меня, что для роли заботливой тетушки г-на Савельева 28-летняя женщина... недостаточно стара. Пойми эгоизм мужчин! Сначала они убеждают тебя в том, что — noblesse oblige, положение обязывает: их карьера, благорасположение начальства и подчиненных зависит от светской, приветливой, блестящей дипломатии жены (мой Полетика на тридцать шестом году жизни еще ротмистр, но, по секрету, ждет к осени звания полковника и даже тайно молится). Потом они уверяют в прямо противоположном — что жена ротмистра Кавалергардского полка должна быть, как жена Цезаря, вне подозрений, и ей не обязательно звать на чай бедных юношей со взором горящим, etc. Словом, моя жизнь превратилась в сущий ад. И еще находятся люди, которые готовы попрекнуть меня тем, что я так занята собой, что мне дела нет до бедных старых родителей поручика, убитых горем. Каково?!

Милая Зинаида, напрасно ты жалуешься, что живешь одними письмами. Я тебе возражу: зато ты предана сама себе, вдыхаешь чистый теплый воздух, отдыхаешь душою вдали от сплетен и глупостей! Что до твоего вопроса о *ласковой* княгине Б. — не обольщайся! Княгиня принадлежит к тем женщинам, которые охотно расточают тебе в лицо комплименты только затем, чтобы показать, что они способны судить *объективно* и злословят далеко не обо всех. Да, у нее два исключения. Это она сама и ее собеседник. Но это временное исключение, пока она говорит с тобою, а не с кем-то еще — о тебе!

Adieu, mon ange! В надежде на скорое твое письмо — твоя бедная Idalie.

Наталья Николаевна Пушкина — брату Дмитрию, 28 апреля 1836 г., Петербург.

«Дорогой Дмитрий! Получив твое письмо, я тотчас же исполнила твое распоряжение. Жуковский взялся просить о твоем деле Блудова и даже Дашкова, надо, стало быть, надеяться на успех, если за это время ты не сделал такой глупости и не подал в суд о нашем проклятом Усачевском деле в Москве, вместо того, чтобы передать его в Петербургский сенат. Тогда я могла бы обеспечить успех, так как у меня много друзей среди сенаторов, которые мне уже обещали подать свои голоса, тогда как московских я не знаю и никогда ничего не смогла бы там сделать.

Если я не писала тебе до сих пор, дорогой друг, то... я это делаю только в том случае, когда знаю, что мои письма могут быть тебе полезны. Ты не можешь пожаловаться, не правда ли, что я плохой комиссионер, потому что как только ты мне поручаешь какое-нибудь дело, я тотчас стараюсь его исполнить и не мешкаю тебе сообщить о результатах моих хлопот. Следовательно, если у тебя есть какие-то ко мне поручения, будь уверен, что я всегда приложу все мое усердие и поспешность, на какие только способна.

Теперь я поговорю с тобой о делах моего мужа. Так как он стал сейчас журналистом, ему нужна бумага, и вот как он тебе предлагает рассчитываться с ним, если только это тебя не затруднит. Не можешь ли ты поставлять ему бумаги на сумму 4500 в год, это равно содержанию, которое ты даешь каждой из моих сестер; за бумагу, что он возьмет сверх этой суммы, он тебе уплатит в конце года. Он просит тебя также, если ты согласишься на такие условия (в том случае, однако, если тебя это не стеснит, так как он был бы крайне огорчен причинить тебе лишнее затруднение), вычесть за этот год сумму, которую он заложил тебе за мою шаль. Завтра он уезжает в Москву, тогда, может быть, ты его увидишь и сможешь лично с ним договориться, если же нет, то пошли ему ответ на эту часть моего письма в Москву, где он предполагает пробыть две или три недели.

А сейчас, после того как я исполнила поручение моего мужа, перейду к поручениям моих сестер. Катинька просит тебе передать, что ты еще ничего не ответил касательно ее Любушки (лошадки. — *Ред.*), раз она здорова — отправь ее *немедленно и без отговорок*. А также и лошадей Спасского, который ждет их с нетерпением и каждый раз о них спрашивает. Впрочем, не жди лошадей Спасского, чтобы отправить Любушку, а также *всю сбрую на три дамские лошади...*

Я поручила Сашиньке, дорогой Дмитрий, попросить у тебя к тому же числу 200 рублей, если можешь их мне прислать, я тебе буду очень благодарна...»

А.С. Пушкин — Н.Н. Пушкиной,
из Москвы в Петербург, 6 мая.

«Вот уж три дня как я в Москве и все еще ничего не сделал: архива не видал, с книгопродавцами не сторговался, всех визитов не отдал... Какие бы тебе московские сплетни передать? Что-то их много, да не вспомню. Что Москва говорит о Петербурге, так это умора. Например: есть у вас некто Савельев, кавалергард, прекрасный молодой человек, влюблен он в Idalie Полетику и дал за нее пощечину Гринвальду. Савельев на днях будет расстрелян. И про тебя, душа моя, идут кой-какие толки, которые не вполне доходят до меня, потому что мужья всегда последние в городе узнают про жен своих, однако ж видно, что ты кого-то довела до такого отчаяния своим кокетством и жестокостию, что он завел себе

53

в утешение гарем из театральных воспитанниц. Нехорошо, мой ангел: скромность есть лучшее украшение вашего пола...

Однако полно врать. Пошли ты за Гоголем и прочти ему следующее: видел я актера Щепкина, который ради Христа просит его приехать в Москву прочесть Ревизора. Без него актерам не спеться. Он говорит, комедия будет карикатурна и *грязна* (к чему Москва всегда имела поползновение). С моей стороны я тоже ему советую: не надобно, чтобы Ревизор упал в Москве, где Гоголя более любят, нежели в Петербурге. На даче ли ты? Как ты с хозяином управилась? Что дети? Экое горе! Вижу, что непременно нужно иметь мне 80 000 доходу. И буду их иметь. Не даром же пустился в журнальную спекуляцию — а ведь это все равно что золотарство... очищать русскую литературу есть чистить нужники и зависеть от полиции. Черт их побери! У меня кровь в желчь превращается. Целую тебя и детей. Благословляю их и тебя. Дамам кланяюсь».

В.Ф. Одоевский — Н.Н. Пушкиной,
10 мая 1836 г., Петербург.

«Простите меня, милостивая государыня Наталья Николаевна, что еще раз буду беспокоить Вас с хозяйственными делами «Современника». Напишите, сделайте милость, Александру Сергеевичу, что его присутствие здесь было бы необходимо, ибо положение дел следующее:

1. Плетнев в его отсутствие послал мне последнюю корректуру для просмотра и для подписания к печати, что я доныне и делал, оградив себя крестным знамением, ибо не знаю орфографии Александра Сергеевича — особенно касательно больших букв, и на что я бы

желал иметь от А. С. хотя бы краткую инст-
рукцию, сие необходимо нужно, дабы бес не
радовался и пес хвостом не вертел.

2. (О пушкинской инструкции для разме-
щения статей.) 3. (О том, что Плетнев уехал на
дачу, а оригинал нуждается в корректуре,
и сам Одоевский уезжает завтра на дачу.)
4. (Вопрос: помещать ли статью Казы —
Гирея...) 5. (О том, что в типографии более нет
бумаги на «Современник»...) 6. (О том, что
Гуттенберговой типографии нужны деньги...)

Наконец 7-е, и самое важное: если Александр Сергеевич долго не приедет, я в Вас
влюблюсь и не буду давать Вам покоя».

П.Я. Чаадаев — Пушкину.
Первая половина мая. Москва.

«Я ждал тебя, любезный друг, вчера по слову Нащокина, а нынче жду по сердцу. Я пробу-
ду до восьми часов дома, а потом поеду к тебе.
В два часа хожу гулять и прихожу в 4».

А.С. Пушкин — жене,
из Москвы в Петербург, 11 мая.

«Очень, очень благодарю тебя за письмо
твое, воображаю твои хлопоты, и прошу про-
щения у тебя за себя и книгопродавцов. Они
ужасный моветон, как говорит Гоголь, т. е. хуже, нежели мошенники. Благодарю и Одоевского за его типографические хлопоты. Скажи
ему, чтоб он печатал как вздумает — порядок
ничего не значит. Что записки Дуровой? Про-
пущены ли цензурою? Они мне необходи-
мы — без них я пропал...

Вчера ужинал у князя Федора Гагарина
и возвратился в 4 часа утра — в таком добром

расположении, как бы с бала. Нащокин здесь одна моя отрада. Но он спит до полудня, а вечером едет в клуб, где играет до света. Чедаева видел всего раз. Письмо мое похоже на тургеневское — и может тебе доказать разницу между Москвою и Петербургом. Еду хлопотать по делам Современника. Боюсь, чтобы книгопродавцы не воспользовались моим мягкосердечием и не выпросили себе уступки вопреки строгих твоих предписаний. Но постараюсь оказать благородную твердость... Был я у Перовского, который показывал мне недоконченные картины Брюллова. Брюллов, бывший у него в плену, от него убежал и с ним поссорился. Перовский показывал мне «Взятие Рима Гензериком» (которое стоит «Последнего дня Помпеи»), приговаривая: заметь, как прекрасно подлец этот нарисовал этого всадника, мошенник такой. Как он умел, этот свинья, выразить свою канальскую, гениальную мысль, мерзавец он, бестия. Как он нарисовал эту группу, пьяница он, мошенник.

Ну, прощай. Целую тебя и ребят, будьте здоровы — Христос с вами».

А.С. Пушкин — жене, из Москвы в Петербург, 18 мая 1836 г.

«Жена, мой ангел, хоть и спасибо за твое милое письмо, а все-таки я с тобою побранюсь... Ты меня хочешь принудить приехать к тебе прежде 26. Это не дело. Бог поможет, «Современник» и без меня выйдет. А ты без меня не родишь. Можешь ли ты из полученных денег дать Одоевскому 500? Нет? Ну, пусть меня дождутся — вот и все.

Новое твое распоряжение, касательно твоих доходов, касается тебя, делай как хочешь;

хоть, кажется, лучше иметь дело с Дмитрием Николаевичем, чем с Натальей Ивановной. Это я говорю только в интересах мсье Дюрье и мадам Зихлер (владельцы модных магазинов. — *Примеч. авт.*), а мне все равно...

У нас в Москве все, слава Богу, смирно: бой Киреева с Яром произвел великое негодование в чопорной здешней публике. Нащокин заступается за Киреева очень просто и очень умно: что за беда, что гусарский поручик напился пьян и побил трактирщика, который стал обороняться?.. По мне, драка Киреева гораздо простительнее, нежели славный обед наших кавалергардов и благоразумие наших молодых людей, которым плюют в глаза, а они утираются батистовым платком, смекая, что если выйдет история, так их в Аничков (дворец. — *Примеч. авт.*) не позовут. Брюллов сейчас от меня. Едет в Петербург скрепя сердце; боится климата и неволи. Я стараюсь его утешить и ободрить; а между тем у меня у самого душа в пятки уходит, как вспомню, что я журналист. Будучи еще порядочным человеком, я получал уж полицейские выговоры и мне говорили: «вы не оправдали...» и тому подобное. Что же теперь со мною будет? Мордвинов будет на меня смотреть, как на Фаддея Булгарина и Николая Полевого, как на шпиона; черт догадал меня родиться в России с душою и талантом! Весело, нечего сказать. Прощай, будьте здоровы.

Целую тебя».

Домашняя записка Луи Геккерена — Жоржу Дантесу, не позднее середины мая 1836 г.

Мой мальчик, ты убежал на дежурство, и я не смог объясниться до конца в продолжение вчерашнего спора. Если ты вернешься к вечеру, увы, меня не застанешь — я должен быть с визитами, по крайней мере в пяти местах — у Нессельроде в министерстве, у его жены — в обед; отдать еще пару визитов, потом ехать на раут. После приезда предстоит наверстывать упущенные за год возможности с новыми силами. А где их взять? Я убит и раздавлен теми переменами, которые нашел в тебе. Ты обрушил на мою голову столько упреков, сколько я не выносил ни от одного живого существа за целую жизнь. К чему это braver, желание противодействия?

За ночь я несколько раз принимался писать тебе, но волнение и внутренние слезы душили меня. После мучительной бессонницы и ночного смятения я только сейчас обрел некоторые силы. Я предпочел письмо очередному словесному объяснению, когда страсти забивают смысл и суть происходящего и уводят от главного. Как говорят древние: «expressum facit cessare taciturn» — ясно выраженное не оставляет места произвольным толкованиям. Надеюсь, когда все уляжется, мы все же вернемся к нашим отрадным занятиям латынью и историей, немаловажным для твоей карьеры.

Я не могу принять ни одного твоего упрека, милый друг. Мне не хочется думать, что все молодые люди, начиная с Алкивиада, только в горестях ценят искреннюю дружбу, ум, привязанность и постоянство старшего друга. А чуть оперясь, изволят устраивать нечто вроде той вчерашней сцены ультиматумов и угроз с надеждой выклянчить полную свободу действий без всяких обязательств со своей стороны.

Изволь выслушать мою исповедь. И пусть она не покажется тебе горькой. Разве, полюбив тебя всей душой и сердцем, я перестал быть дипломатом и посланником при русском дворе, представляя короля и правительство, находясь в полной зависимости от их распоряжений и дипломатических расчетов? Ты же не капризный ребенок, чтобы легко понять: я отлучился на родину почти на год не в отпуск, а по делам. Только карьера, наши с тобой важные для будущего планы, а также некоторые денежные причины (улаживание дел с наследством родни, размещением банковских капиталов, etc.) позвали меня в Европу. Разве не пришли мы оба к обоюдному согласию, что, как ни горько расставание, в нем есть необходимая польза: мое долгое отсутствие прекратит ненужные сплетни и приучит русское общество к твоей самостоятельности (как и наоборот). И, наконец, одна из главных целей моей отлучки. Разве я не обещал, уезжая, все силы свои направить на узаконивание нашего союза? Мы тысячу раз обсуждали этот план, и что я слышал в письмах, да и по приезде: «Ты ничего для меня не сделал! Ты нарочно тянешь, придумываешь причины... Опять надо ждать, вечно ждать! Я все время только и жду!» или: «С каким лицом мне завтра явиться...» и прочие упреки.

Я, было, попробовал привести тебе все доводы. Но ты был в горячке нетерпения и жажды обвинять, поэтому не хотел слушать.

Я вовсе не *намеренно оставил тебя без денег прошедшей зимой, и у меня не было умысла заставить тебя беситься от беспомощности, чтобы ты во сто крат оценил мои усилия и щедрость.* И уж тем более у меня и в мыслях не было такой ценой ограничить тебя в свободе выбора развлечений и прочего, в надежде, как ты сказал, еще крепче привязать тебя к себе. Что за мысль! Ведь будь это так, я бы серьезно рисковал твоей любовью, которая мне дороже всего. И потом: не забывай, что ты — вся моя родня, мой избранник, друг, моя родина, моя любовь, мой идол, ради тебя я совершаю сложные перемещения и перестановки на шахматном поле судьбы, для тебя одного я предпринял это долгое путешествие, мучаясь вдали от тебя. А ведь вполне мог подать в отставку и жить в Петербурге, любой из столиц мира, не отлучаясь от тебя ни на шаг и проживая капитал. Но нет, все мои усилия направлены на то, чтобы мы вдвоем не испытывали никакой нужды и через 10, и через 20 и более лет. Ты слишком юн, чтобы понять, что такое больная, немощная старость, уход от дел, когда придется жить на ренту прожитых лет. Зато знаю я, и этого довольно для нас двоих. Ты еще поймешь и оценишь мои усилия, несколько остепенившись. Когда твое честолюбие будет разожжено не юными, а зрелыми годами и тебе захочется серьезного поприща, твой верный раб Лу придет на помощь со своими связями, кои требуют ежедневной, упорной и деятельной подпитки и немалых расходов. Не забывай: во имя тебя и с тобой я строю здание всей жизни. И когда оба мы увидим, что все расчеты складываются в стройную систему, она работает и приносит свои плоды, а до этого недалеко, я с гордостью скажу: «Exegi monumentum!..» — я памятник воздвиг!

Это не значит, что до той поры я хочу «посадить тебя на цепь своих прихотей, ограничить твою свободу». Развлекайся, цари, пируй и блистай, пока молод, лови восхищение толпы на парадах и в гостиных, ты этого достоин, как никто другой, и для чего создана молодость, как не для праздника? Но ради всех святых, не забывай, что я — твоя семья и самое любящее сердце на свете. Я не ревную, зачем?

Я и не думал устроить сыск по адресам твоего сердца. Как ты мог решить?! Я только успел тебе сказать, что меня смущают некоторые слухи, но к этому мы легко можем вернуться в любой день и час, когда ты будешь в менее воинственном настроении. Помни: мною движет забота о твоем будущем и нынешнем счастье и ничто другое. Я не скуп, а расчетлив... за нас двоих. Это не одно и то же! А потом, все же непонятно, как могло случиться, что ты вдруг «остался без средств к существованию»? Уезжая, я подписал тебе вексель и оставил наличные, итого — на год 30 тысяч. Выходит больше 2 тысяч в месяц на текущие карманные расходы, без платы за квартиру. Плюс переданные тебе с Д. рождественские деньги. Был мой подарок на день твоего рождения 2 февраля. А еще, кроме 10 тысяч назначенного в год жалованья, небольшое по твоим запросам, но все-таки служащее некоторым подспорьем, тайно назначенное тебе пособие Его Величества. А как бы ты его получил, если бы *обнаружилось*, что у тебя благодаря мне есть свободные средства? В нашем положении, друг мой, приходится учитывать все.

Все это могло обеспечить вполне сносное существование блестящего молодого человека. Ты уверяешь меня, что слова «сносное» и «блестящее» не имеют между собой ничего общего. Другие, мол, тратят много больше. Что ж! Они бездумно проживают наследные капиталы, не зная цены нажитого родными. Да и зачем мне пример русской удали — страсти к мотовству, разврату и пьянству? С чем эти Долгоруковы, Трубецкие или Гагарины останутся в 30 лет? А в 50? Есть князья, имения которых я легко бы купил без труда уже сегодня, только мне не нужна земля в России. Нашлись бы здесь и титулы, и звания, на которые я мог бы претендовать, сильно постаравшись. Но нет смысла, милый. Я и не думаю *снова мучить тебя рассказами о своей экономии и нынешних трудностях, я просто хотел обосновать смысл нашего будущего в Европе...*

Ах, мой ангел, в какую пропасть торговых объяснений толкаешь ты меня и разве этих счетов ждал я по приезде?

Ты уже неделю пренебрегаешь не только моими подарками, ты пренебрегаешь мной. Ах, Жужу! Как ты мог! Ты разбиваешь мне сердце. Заклинаю, не лукавь со мной, не делай вид, что *ты* ревнуешь и еще зол *по этой причине*. Если бы было так, я бы был счастливее всех смертных. Я не водился с итальянскими певцами, и некий месье де Грессе, известный своими грязными похождениями, вовсе не составил мне компанию на водах Спа. Как ты мог подумать и кто привез тебе эти гнусные сплетни? Даже если допустить такую игривую мысль, что я изменил тебе, уж, наверное, не эти люди с сомнительной репутацией оказались бы вместе со мной в публичных и иных местах, где нас якобы видели вместе.

Друг мой, я не хотел упрочить твою и без того бесконечную власть над моими мыслями и чувствами, поэтому умолчал об одном моем сентиментальном путешествии прошлым августом. Как ты думаешь, что я сделал в Париже при выдавшихся двух неделях свободных? Поехал в Спа? Принимал ванны? Нет, не мешкая, отправился на границу с Германией! Я отправился в тот самый городок, в ту самую жалкую гостиничку, где встретились мы с тобой в августе ровно три года назад. На сей раз царила восхитительная, ласковая, хрустальная пора без сырости и дождя. Все как будто ожидало меня для сладостных грез иллюзии нового свидания с тобой.

Я нашел это местечко вдалеке от цивилизованного мира мало изменившимся — разве хозяин еле меня узнал. А когда вспомнил, чуть ли не кинулся с объятиями, чтобы я лишний раз убедился: звонкая монета — лучший способ оставить по себе хорошую память. Я поднялся в мансарду, чтобы еще раз взглянуть на ту жалкую постель, в которой когда-то нашел тебя, такого одинокого, всеми забытого, полумертвого от жара и скверного ухода. Она была пуста, как и вся гостиница. Я долго сидел на краю скверного жесткого ложа, крытого простым крестьянским одеялом, лаская воображаемые картины первого нашего свидания. О, как дивно ты был юн, как царственно прекрасен, когда я пришел взглянуть на «опасно занемогшего офицера»! Бледный, изможденный, совсем еще мальчик с отросшими золотистыми волосами, одинокий, терзаемый не столько воспалением легких, сколько парализованный страхом неизвестности, которая ожидала тебя в далекой России. Помнишь, что ты сказал мне, едва опытный лекарь, лекарства, сиделка, бульон, обертывания и растирания, сиропы и травы, старательный уход, оплаченный все той же звонкой монетой, принесли свои плоды, и жар оставил тебя?

Ты сказал мне: «Луи! Тебя послал мне сам Господь Бог, и я никогда не забуду этого часа!»

А мне и не надо *помнить*. Эти минуты всегда со мной. Как бывает при приходе чего-то очень важного, все дальше произошло как бы само собой — моя нежность и твоя благосклонность, возвращение в Россию и наш общий кров.

Я ни в коем случае не хочу кинуть тень на твоих родных, но ты и сам понимаешь: вряд ли старания твоего свояка, добивавшегося у принца рекомендательного письма к Адлербергу, сыграли бы существенную роль в России. Если бы я не приложил к этому делу руку и не вооружил бы тебя для начала нужными письмами и деньгами, ты бы до сих пор скромно жил на жалованье российского корнета и не имел и половины тех знакомств и преимуществ, которые появились у тебя вместе с моими стараниями. Собственно, ты и сам в этом мог убедиться, пробуя занять денег у своих родственников нынешней зимой — скорее они сами нуждаются в твоей помощи и поддержке. Тогда, осенью 1833 года, я изобрел хитроумный план, и он — подведем некоторые итоги! Почему бы и нет? — ни в чем не дал осечки. Ты приехал в Россию со мною в начале сентября, и меньше чем через полгода, к январю, уже был зачислен в Гвардию офицером. Я вспоминаю об этом, потому что вчера вечером ты умудрился упрекнуть меня, что поручиком ты стал в мое-де отсутствие, без моей протекции и поддержки, значит, не так уж велики мои заслуги, если можно двигаться наверх своим путем. Милый, ты чист и наивен, но это только красит тебя. Не хотелось бы остужать твою веру в справедливость розданных судьбой наград и перечислять все скромные усилия, которые я продолжал предпринимать в направлении твоей карьеры и будучи за границей. Ты просто не видел этого, потому что не хотел замечать. И, может статься, к лучшему, чтобы окончательно не возненавидеть меня, находя по каждому случаю во мне настоящий предмет нарекания — odium, как говаривали латиняне. Так ненавидят грудь кормилицы своей мужающие воины, и в этом есть логика развития и отречения от прошлого. Я думал, что буду твоей судьбой на всех этапах твоего славного роста. Но справедливость требует, поскольку ты твердо решил пересмотреть ценность моей заботы и участия в своей судьбе, а заодно и наши отношения припомнить: с чего началась твоя успешная карьера в России, стране предубеждения, лени и взяток?

Вспомни первую осень и зиму в России, как ты робел, как боялся ее просторов, зимы, сугробов, незнакомой речи, блеска двора? Как ты отчаянно упирался, когда я заставил тебя позировать для батальной сцены большого сражения, которую как раз писал этот пройдоха во дворце. Ты говорил: это пустое! Но я настоял и позаботился, чтобы ты имел возможность предстать как бы случайно перед российским царем в самом живописном и мужественном виде Персея, и даже достал тебе не маскарадные, а настоящие латы и шлем с перьями. Ты спрятался за ширмы, едва заслышал звон царственных шпор, и чуть не погубил все дело. Но снова презренная монета сыграла свою роль — художник не забыл мои наставления и выволок тебя из-за ширм, чтобы представить государю в виде прекрасного Персея. Государь был тронут и твоей историей, и стройностью твоей фигуры, всем бравым видом юного оруженосца, потому что российский государь тщится слыть рыцарем чести и правил, и не равнодушен к образу своих офицеров во время парадов, а уж о свите царицы — речь зашла особая. Не я ли постарался, чтобы сентиментальная государыня в свой черед отметила твою дивную внешность и настояла на твоем досрочном зачислении в Гвардию, в ее собственный Кавалергардский полк?

Поправь меня, если я что-то забыл.

Не без помощи моих друзей при дворе твоя истинная биография — доблестная попытка верности французскому королю, а точнее трону, отважное служение герцогине Беррийской и прочая, прочая (в сущности, наивный демарш горстки юных и дерзких офицеров-роялистов) — удачно переплелась в изустных рассказах с твоими лучшими качествами — легким, веселым нравом, бодростью и дружелюбием. В обществе твой образ быстро оброс романтическими легендами — лучший способ добиться благорасположения двора и дам. Тайное решение императора дать тебе некий денежный пансион, ободряющее внимание императрицы, неравнодушной к молодым красивым лицам в ее полку (не говоря уже о твоем друге Трубецком) — все следствия удачной нашей кампании, а не твоей службы, которой, а propos, ты, по слухам, изрядно стал пренебрегать. Что ты давно забросил занятия русским языком, выучив всего лишь несколько фраз и приказов, необходимых в полку, я уж молчу. Пока хватает и этого, но если двигаться дальше по полковой лестнице — может и не хватить.

Более всего меня огорчает, что книги, которые я оставлял тебе для прочтения и присылал из Парижа, так и остались неразрезанные. А ведь это были книги по истории и праву. Прочти хоть модный и весьма изящно написанный роман нравов де Лакло, если не хочешь читать Монтеня! Говорю, как старший наставник, по примеру древней Греции, заботящийся о вверенной мне душе юного друга. Ты счел возможным для себя упрекнуть меня в том, что эти годы в России не принесли тебе ни твердого положения, ни денег, ни обещанного мною титула, ни звания, ни ясно обрисованного будущего. Более того: намекнув, что наше совместное житье под одной крышей снова возродит недостойные слухи, ты даже начал угрожать мне, что теперь поселишься отдельно или вернешься в свой Эльзас!

Ах, мой Жужу! Что с нами сделали два года... Что сталось с тем юным мальчиком, которому я клал на пылающий лоб холодные компрессы, что осталось от той испепеляющей нежности, с которой ты ухаживал за мной, когда я в свой черед, через год с небольшим, чуть не лишился жизни от головной лихорадки? Но на то человеку и дан опыт жизни, чтобы он, не придавая значения преходящему, сосредотачивался на главном. Я никому не отдам тебя и твою любовь. Нет ничего, что я пожалел бы для тебя, пока ты со мной. Мы пойдем по жизни и дальше, навеки соединив наши судьбы.

Теперь последнее и самое главное. Я приберег эту новость, чтобы не говорить на бегу, в пылу ссоры и тем смазать ее значение. А новость эта такова. Пока ты предавался рассеянному времяпрепровождению, завел парочку несносных друзей (мастеров поживиться за чужой счет), стаю поклонников и поклонниц, ухаживал на балах за чужими женами, как сплетничают в салонах, словом, жил полноценной жизнью молодого повесы и любимца двора, я не терял в своей отлучке ни головы, ни времени.

Тебе показалось вполне достаточным, что твой отец барон Дантес, после моих уговоров и кое-какой денежной помощи твоим любимым брату и сестре, все же подписал согласие на твое усыновление. Ты считал, этого довольно? С самого начала было ясно, что предстоит большая работа. Я писал тебе в апреле из Голландии, просил у тебя личного ходатайства для моего короля, но не хотел доверять почте остальные подробности. Только ты был причиной этой утомительной поездки и еще более утомительных хлопот, последовавших далее. Я направил тогда и твое, и свое ходатайство королю с просьбой о получении тобой нидерландского подданства. Просьба моя мотивировалась совместным проживанием с юным бароном Шарлем Дантесом и длительной заботой о нем, а также решением завещать ему свое имущество и имя. Не находя иных веских причин, я надавил на патриотизм, указав, что если тебе не дадут этого подданства, мое немалое имущество попадет в руки чужеземца, чего я, как патриот и голландский дворянин, вовсе не хотел бы для своей страны! Мне пришлось соврать и о своих годах: в Нидерландах существует закон, по которому усыновляющий должен достичь не менее 50 лет. (Пусть ты назвал меня вчера «милым стар......м Лу-Лисом», смею напомнить: мне пока только 44 года, возраст, в котором некоторые сластолюбцы российские только решаются вступить в законный брак!) Это была нужная ложь, но не последняя.

Для усыновления по нашим законам требуется прожить под одной крышей не менее 6 лет. Я вновь бросил на помощь всю свою изворотливость и ловкость ума, чтобы скрыть и закамуфлировать факт, что мы не прожили вместе и трех лет кряду, только полных два. Ради тебя я пошел на вопиющую для королевского посланника ложь: написал, что ты постоянно проживал со мной все то время, что я жил в России посланником нидерландским. А это, ненаглядный мой, самый наглый, но и самый изысканный, и самый нарядный из всех моих обманов. Ведь это на деле означает, что я взял тебя в Петербург сладостным мальчиком 11 лет. Ха-ха! Какая славная и греющая мысль. Нет, право слово, она мне нравится. Воистину, вот так — post nubila Phoebus, после туч — Феб! Ведь ты, клянусь, был дивным, дивным отроком, ослепительным для глаз знающих мужей! Уже ради картины, которая плывет сейчас перед моими глазами, стоило выдумать все это. Но оставим развлечения и вернемся к неумолимой бухгалтерии жизни.

Послушай внимательно. Я собрал со своих родственников 27 подписей для получения тобой титула и имени Геккерена (оцени подвиг старенького Лу, исколесившего свою ненастную родину вдоль и поперек!). Только ожидание согласия короля и хлопоты о тебе держали меня вдали от тебя последние месяцы в пронизанной весенними ветрами Гааге. НО 5 МАЯ — СЧАСТЛИВОЕ ЧИСЛО! КОРОЛЬ ДАЛ СВОЕ СОГЛАСИЕ — ТЕПЕРЬ ТЫ ГЕККЕРЕН! МОЯ ФАМИЛИЯ И ГЕРБ — ТВОИ ПО ПРАВУ... ЛЮБВИ. Ты нидерландский подданный и дворянин! Эту драгоценную новость я нес тебе в клюве через все страны, как орел несет птенцу необходимый корм. (Не буду вновь говорить, какие разительные и болезненные перемены я нашел по приезде.) Теперь остался только некий испытательный срок, согласно нашим законам, которые даже король обойти не может. Пользоваться всеми правами, вытекающими из нового твоего положения, ты сможешь уже через год. Что такое год — пустое! Я не собираюсь умирать, чтобы ты раньше срока испытал в этих правах острую необходимость.

Единственно, о чем я тебя прошу, моя радость, быть втрое, вдесятеро осторожнее! Надо позаботиться, чтобы за этот испытательный год ничего НЕ СЛУЧИЛОСЬ особенного. Никаких осечек в полку, громких пуншевых и ромовых историй, скандалов, и, боже спаси, дуэлей, в которых ты был бы замешан секундантом! Наследник Вильгельм Оранский женат на Анне, сестре российского государя. Они в постоянной переписке. Ты знаешь, у дурных новостей хорошие крылья. Все может долететь в Гаагу быстрее ветра. Я уже не говорю о том, что даже любое лишнее упоминание о тебе в частных письмах российского двора крайне нежелательно. Ведь по нашим законам подданный Нидерландов не имеет права служить в иностранной армии без согласия короля! Короче — нам не нужна и струйка сквозняка, которая опрокинет колоду карт.

Теперь в самом деле — последняя точка. Через год и ни секундой позже — 5 мая 1837 года — нидерландские газеты опубликуют соответствующее объявление, чтобы решение короля и министерства юстиции вступило в силу, и тогда только чье-то «законное и официальное возражение» против этого факта (а таковых не найдется) может способствовать тому, что король отменит свое решение. Разумеется, все эти подробности, а также формальный «испытательный срок» длиною в год не для ушей российского общества. Гаага от Петербурга далеко, кто будет допытываться истины! Главное, что нужно знать российскому свету и двору, — отныне ты мой приемный сын, который наконец-то усыновлен по всей форме. Новое твое гражданство, дворянство, права и обязанности, вытекающие из этого положения, мы опустим как ненужные подробности. И я намерен СЕГОДНЯ же вечером, нет, уже днем сообщить всем о решении своего короля. Кто будет входить в тонкости и проверять, что все это значит и почему? Не пройдет, клянусь, и недели, как русский царь издаст соответствующее распоряжение, и ты в полку будешь зваться бароном Георгом-Карлом Геккереном (van Heeckeren de Beverwaard). И очень скоро все узнают про 70 тысяч твоей ренты.

Доволен ли ты теперь, мой ангел?

Quod potui, feci — что мог, я сделал. Пусть кто-то сделает для тебя больше!

Твой навеки, и все же горько обиженный, одинокий Лу.

А.С. Пушкин. Май 1836 г.

Конечно, презирать не трудно
Отдельно каждого глупца,
Сердиться так же безрассудно
И на отдельного страмца...

Павел Миллер из Петербурга в Бонн,
до востребования Петру Тульчицкому,
середина мая 1836 г.

Дражайший Петруша!

Несколько дней кряду перечитывал твое последнее письмо, которое меня привело в некоторую оторопь. С каких это пор пытливые московские, а особенно университетские юноши, вкусившие отрезвляющий хлад источника науки, становятся безумными фанатиками завиральных идей о сверхъестественном способе предсказаний судеб и прочего вздору? Сие небезобидно для любой головы. Объяснись, потому что не знаю, что и думать. И где могут такому астралу серьезно учить?! Неужели в холодной и доверяющей скучным опытам химической Германии? Я никогда не поверю, что ты с твоим умом и душой отдался абстракции, синтетическим мыслям, одним словом, сделался хуже, чем какой-нибудь, прости господи, эмпирик.

А к тому же — что ты опять напал на Москву? Чудаков там полно, но я ее люблю, Москву-то нашу, толстушку и богомолку, она какая-то своя, теплая, как разношенный башмак; всегда по ноге, всегда родная. Как сказал наш великий поэт Пушкин: «В Москве не царь, в Москве — Россия». В петербургской жизни есть что-то наносное, искусственное, едва ли не болезненное. Работа моя в III Отделении секретарем у Бенкендорфа, внушившая тебе опасения, совершенно бумажная, скучная, чиновничья, требующая внимания, расторопности, что мне по летам, но порой требует усидчивости (вот это уже скучнее). Одно хорошо: *я тех «воробьев» по сторонам и углам не ловлю, это, брат, удел специальных охотников.*

Ты в ужасе от III Отделения? Все эти люди уверены, что служат на благо государства. Про себя могу сказать одно: жизнь не позволяет человеку легко получить, что он хочет. Может быть, ты мне подскажешь, *caro mio*, где бы еще найти другую службу? В свое оправдание могу сказать, что даже в темнице можно остаться человеком. Всегда найдется случай совершенно неожиданный и спасительный, чтобы это доказать. Ты прав в одном: иногда я сожалею, что, несмотря на все мое внутреннее лицейское формирование и тягу к дипломатии, суждено было пойти по другой стезе. Правда, ты забыл упомянуть о малости: где было взять покровителей для министерства иностранных дел? Протежировал мне в столице, если помнишь этого бравого вояку, мой покойный московский дядя Александр Александрович Волков, начальник корпуса жандармского и реакционер по долгу службы, разумеется. А что было делать! Старик перед смертью из последних сил постарался пристроить меня на службу в столицу. И за то спасибо, что вспомнил племянника, ведь своих детей был полон дом. Ты даже не всех Волковых знаешь — от него у меня пять кузин и три кузена, и те стеснены в обстоятельствах. Вот так не властны мы иногда в выборе судьбы. Я скучен, скучен, знаю. Но у тебя, Петруша, не забывай, в запасе — богатые тетки, а у меня таковых нету. Се проза жизни. А потом, посмотри: наше поколение дворян не имеет иной возможности прокормить себя, как пойти в чиновники или в офицеры. Наступили скучные времена, проза жизни совсем задавила *порывы души*.

Письмо мое перешлют тебе уже за границей. Но вскоре найдем способ общаться *чаще* — стада наших русских уже потянулись на лечебный «водопой» по просохшим европейским дорогам. А кто-то из студентов-оболтусов возвращается после европейской учебы в столицу. Так что письмо передать *из рук в руки с оказией* — будет сущий пустяк, дойдет оно куда скорее и *вернее*.

Я по-хорошему завидую перемене в твоей судьбе, беспечной свободе, изрядной стипендии от теток. Ты их совершенно, по-моему, загипнотизировал своим астралом. А теперь слушай продолжение той истории с князьями-дундуками, «у!-варварами» и упомянутым нашим блестящим поэтом. Во сне не приснится такая история, чем кончилось. Получает недавно Пушкин письмо из Казани от преподавателя классической французской словесности Альфонса Жобара, который 12 лет как уволен за свои протесты против злоупотребления чиновников и объявлен официально сумасшедшим. (У нас теперь это модно — в случае несогласия с властями объявлять сумасшедшими.) Однако отчаянный Жобар по-прежнему воюет с нашим российским Министерством просвещения и лично со всесильным Узваром — Уваром. Обрадованный опубликованной поэтом сатирой «К Лукуллу», узнав в ней адресат им ненавидимый, наш Жобар воскликнул: «Эврика!» и не нашел ничего лучше, как... для начала накатать восторженное письмо автору сатиры. Но и этого ему показалось мало!

Нимало, конечно, и дальше не заботясь, что для поэта, после объяснения в нашем Третьем Отделении с Бенкендорфом по велению царя, такая пропаганда сатиры опасна, неутомимый Жобар перевел «К Лукуллу» на французский и обратился теперь к самому всесильному «узвару» с ехидным письмом, предлагая ему... ознакомиться со своим переводом «просто так». От чистого сердца! Заодно пообещав министру просвещения заслать свой перевод во французские газеты для опубликования!

Представь двойное бешенство Узвара. А самому Жобару — что! Ему, как «умалишенному», нечего терять. Ну, а поэту нашему пришлось отмолчаться, сжав зубы. И что хуже — Жобар свой перевод уже пустил по Москве... Я к тому, что вся история тянется полгода и все время получает новые толчки. Конечно, от «узвара» жди теперь какой-то новой волны мутной накипи по отношению к Поэту. Как бы не было беды, ведь Уваров всесилен и мутит воду в свете и возле престола.

Жду и от тебя с первой же оказией подробного письма с накипью событий и впечатлений.

Любящий тебя Павел.

Милая, милая моя Зинаида! Не говори: «Что я могу сказать дельного в удаленности от всех событий Петербурга!..» Напротив! Твоя удаленность от света, твое неучастие в его затеях вовсе не недостаток нашего общения. Это великое его достоинство. Я говорю с тобой как с духовником, который не осудит человеческие слабости по злому умыслу, прихоти, капризу или желанию пустить интересный слух на забаву света. Прости практицизм, но зато это правда. И если есть во мне точно положительная черта — так это та, что я умею ценить верность, как никто другой. Мне нужны лишь несколько друзей — но на всю жизнь. Самых преданных! Вот тебе искренняя исповедь неутолимой моей гордости! Но ведь это не самый большой грех на свете, не так ли?

Я теперь в некотором унынии: двигаюсь, как машина, все мысли об одном, несмотря на то что начинается дачный сезон и все уже в движении и хлопотах перебираются на Острова. Зизи, едва я обрела, как теряю. Обстоятельства против меня — я теряю NN, так удачно скрасившего мой досуг этими тяжелыми месяцами (вспомни скандал с Савельевым, кажется, стоившим мне двух седых волос!). Я даже взялась за перо и написала для развлечения, больше для себя самой, чем для посторонних глаз, начало некоей любовной повести. Вот начало моей интриги: «Эти двое заботливо скрывали друг от друга все, даже счастье своих случайных встреч. Есть большая разница: быть невинно счастливой или осознать свое счастье. Она поняла, как была с ним счастлива, когда перестала видеть его. УВЫ, закончился сладостный невинный период милых поддразниваний друг друга. Все это могло когда-нибудь возобновиться, но теперь внезапные паузы и молчание мадам П. будут говорить барону Д. о потерянной невинности их частых встреч».

Кто здесь зашифрован? Вспомни самого красивого молодого человека из числа наших знакомых, о котором я не устаю говорить тебе всю весну, исписывая по три страницы кряду. И тебе не составит труда понять, кого я имею в виду. Конечно, речь о Жорже Дантесе! Кто же еще может сравниться с этим блестящим молодым человеком! И это исключительного обаяния создание стало редким гостем как раз тогда, когда я больше всего нуждаюсь в его теплой дружеской поддержке (вспомни историю с Савельевым и Гринвальдом, она еще имеет отголоски!). Ты скажешь, милый друг, что привычка зрелой замужней дамы к обществу молодого человека опасна: он слишком свободен, не стоит уповать на его постоянство. О молодости умолчим, я всего на четыре года его старше. Беда в другом: он отчаянно, непростительно хорош собой! За ним охотится столько дам!

Однако рассудим не спеша. На первый взгляд красивые мужчины — легкая добыча любой лести. Они слишком охотно внимают комплиментам и не привыкли сопротивляться восхищению. Но не всегда! Я стала большой физиономисткой и не первый раз замечаю: правильности черт, если они не достояние совершенного глупца, часто сопутствует некое тщательное и упорное, до педантизма, следование определенным правилам. А Жорж тщеславен до исступления, но он педант по части офицерских правил. И если я разгадаю механизм других жизненных правил, по которым он собирается строить карьеру в свете, у меня есть шанс обрести его как самого нежного друга... надолго. Если не навсегда! Ведь руководство умной женщины молодым человеком, начинающим в свете, так естественно и так очаровательно! Вспомни мадам Д. Сколько длилась ее связь с молодым С-ким? А роман графини Бл-овой? А увлечение твоей кузины Полины французом? Помнится, у них была разница в 15 лет и ее трое детей в придачу!

Продолжу завтра — пришла модистка с образцами шелка.

Так думала я еще вчера, строя свои пуховые замки, а сегодня днем все переменилось. Зашел с визитом старый Геккерен, и среди беседы, как бы невзначай, — а я хорошо знаю цену таким случайностям! — поинтересовался, не знаю ли я причины странной перемены в Жорже. Он-де не узнает после приезда своего мальчика, тот, похоже, совсем охладел к дому, пропадает в гостях, чего раньше за ним не водилось. Не укажу ли я на истинную виновницу этих сердечных изменений? Он уверен, что здесь замешана женщина. Слава Богу, хоть здесь я вне подозрений, как пресловутая жена Цезаря. Старый барон исключительно сильно привязан к своему приемному сыну (горе тому, кто дурно об этом думает!). Он категорически против *серьезных* увлечений Жоржа, хотя — не исключено! — имеет намерение со временем женить его на богатой наследнице. Я изо всех сил уверила его, что дорожу спокойствием и счастьем его сына на правах доброй приятельницы, поэтому всецело на стороне интересов семейства Геккеренов. Пишу — «семейства» с новым значением смысла. Барон поведал о новости, которая всколыхнет наше общество, и в первую очередь — наших дам: наш дипломат официально усыновил Жоржа и наконец-то объявил его (после двух лет неопределенного положения в России!)

наследником своего состояния, по верным слухам — изрядного! Вот это поворот!..

Не знаю, как относиться к новости, что Жорж стал вдвое знатнее и теперь богат. Я безумно рада за него, но... сохранит ли он тот же живой и милый тон? Прошедшей зимой почти без денег и без личных, теплых знакомств он тянулся к нашему семейству. Муж немало сделал, чтобы его произвели в поручики. Общими усилиями нам удалось ускорить производство. Но что такое чин поручика на фоне его нового положения? Мы знакомили Жоржа со своими добрыми друзьями, но боюсь, наши старания увянут на фоне новых перемен. Я не удивлюсь, если в скором времени отец начнет для сына настоящую охоту за княжной или иной титулованной и богатой невестой. Старый Геккерен такой *искусный* и *дальновидный дипломат*, дорогая, он может многое преодолеть, и не только предубеждение нашей спесивой знати к *новичкам, тем более к иностранцам.*

Суди сама, Зинаида, сколь призрачна химера постоянства людских положений в наше расчетливое и быстрое время. Только как сделать, чтобы Жорж женился на богатой, но глупой, некрасивой и не ревнивой особе?! Где найти такую?!

Смеюсь сквозь слезы, мой ангел. Прощай. Твоя несчастная Idalie.

Александра Гончарова — брату Дмитрию. Петербург, между 15 и 20 мая 1836 г., неотосланное письмо.

Хочу быть с тобой откровенной, дорогой Дмитрий, и дать отчет в нашей жизни. Не упрекай, что я еще реже пишу, чем Катя, а она очень редко пишет. Но ведь и ты, братец, не часто нас балуешь, так что остается снова признать, что наша семья не первый год страдает одной и той же болезнью — ленью. Я так давно не писала, что теперь приходится выбирать — с чего же начать. Таша еще не родила, но вот-вот должна родить тебе племянника или племянницу. Я почему-то не очень верю, что ты приедешь и будешь крестить — дел на Заводе, должно быть, немало. Она писала тебе, что ей очень нужны для подарка мужу на его день рождения 200 рублей. Это большой секрет, но согласись, что брать у него деньги, а потом на них покупать ему подарок не очень удобно. Сама она неважно себя чувствовала неделю назад, теперь ей стало немного лучше, но все равно есть ощущение, что она куда болезненнее переносит эту беременность, чем предыдущие.

Я знаю, что ты и сам испытываешь затруднения, но мне кажется, было бы справедливее дать Таше содержание, равное нашим. Ты прекрасно знаешь, что мать не дала за ней никакого приданого, но при случае рада попрекнуть или сказать, что никто нас не заставляет жить в дорогом Петербурге, в деревне было бы дешевле. Прости, дорогой брат, но если бы мы жили на Заводе, как она говорит, мы бы не имели и одной трети тех простых удовольствий жизни, которые сейчас имеем благодаря Тетушке, Таше и ее мужу. И потом, мне кажется несправедливым, что вопрос ставится таким образом. Разве мы не заслужили спектаклей и балов? Чем же мы так плохи? Неужели матери кажется, что мы проживаем уж такие большие деньги? Что же такое на весь год 9 тысяч на двоих девиц, бывающих в свете, если одно приличное, а не роскошное бальное платье никак не выходит меньше 500 рублей? А прислуга? Карета? Всякие мелочи, обеды?! Одним присланным вареньем и мороженой птицей — раз за год! — сыт не будешь. А так как деньги высылаются нам нерегулярно, мы часто прибегаем к помощи Таши, и уже, конечно, израсходовали, что ты прислал. Хорошо, что в семье осталось немного денег, но хватит ненадолго, и чтобы еще сэкономить, мы, как только Таша родит, двинемся на дачи.

Хочу, братец, сказать, что если содержание Сережи, переведенного в гвардию *стараниями Таши* через знакомого Бутурлина, обходится матери не менее, а то и более 10 тысяч в год, и это ей нравится, льстит ее самолюбию, что сын в Гвардии, отчего же ей не льстит, что Катя — благодаря Тетушке — фрейлина? Что мы приняты теперь в лучших домах Петербурга и у нас есть достойные и почтительные кавалеры на балах? Почему же она ничего не хочет для нас сделать?

Наши отчеты показывают тебе, что мы тратим на себя очень мало и ничего лишнего не имеем и себе не позволяем. А все бальные платья подарены исключительно Тетушкой, и мы тебе не раз писали об этом — что мы сами не сделали ни одного за полгода, а ведь к летним праздникам снова придется готовиться заранее. Не сочти меня несправедливой, я знаю, что наши семейные обстоятельства не так блестящи, и тебе самому тяжело, но пойми, что только крайняя нужда заставляет затевать такие разговоры.

Я думаю, с твоей стороны не совсем справедливо советовать Таше поехать с мужем в деревню и тем сэкономить, потому что ВСЕ, что она для нашей семьи делает, — можно сделать ТОЛЬКО в столице. Я уже не говорю о том, что

Пушкин зарабатывает деньги здесь, в Петербурге, в журналах и книгах, а не хозяйствуя в своем имении, не торгуя скотом и пшеницей...

П.Я. Чаадаев — А.И. Тургеневу.
Из Москвы в Париж. 25 мая 1836 г.

«У нас здесь Пушкин. Он очень занят Петром Великим. Его книга придется как раз кстати, когда будет разрушенное дело Петра Великого: она явится надгробным словом ему.

Вы знаете, что он издает также журнал под названием «Современник». Современник чего? XVI столетия, да и то нет? Странная у нас страсть приравнивать себя к остальному свету. Что у нас общего с Европой? Паровая машина, и только».

Неизвестный в дневнике. 26 мая.

«Пушкин все носится с Русью... Как ему не надоест?»

Идалия Полетика — барону Луи Геккерену-старшему
в записке со слугой, вечером после визита,
около 27—29 мая.

Дорогой барон! В самом деле, разве можно толком поговорить в гостиной, где полно ушей, и в лучшем случае — кто-то все время некстати входит и выходит? Еще раз сердечно благодарю вас за подарки — они так чудесны! Ваш изящный букет так роскошен, что и увянув, достоин быть засушенным и красоваться под стеклом, как картина. А письменный прибор — что за милый сувенир! — просто обязывает меня исправно использовать его как можно чаще и в ваших интересах в первую очередь. Начнем же прямо сейчас. Вы правы: как жена командира, я кое-что знаю о «промахах» Жоржа в полку. То есть ничего серьезного, разумеется. Две-три пирушки с шампанским, некое глупое пари по поводу какой-то дамы, мелкий эпизод за картами, пропуски дежурства, но все это обычное офицерское, юношеская бравада. Вы говорите, муж и я балуем Жоржа. Но его уже давно избаловала природа. Тут не нужны посредники!

Что касается вашего беспокойства, о котором вы еще раз напомнили, то, право слово, не вижу серьезного повода для вашего «ищите женщину!». Можно ответить на это в двух словах: Жоржу было так одиноко зимой, что он решил развлечься, как развлекаются *на каникулах — в смысле свободы от родительской опеки и наставлений. Все молодые люди стремятся к этому. Что он сделал в первую очередь? Стал волочиться в свете.* Но ведь это естественно — все и так давно ждали его выбора. Жорж так красив и изящен в своем парадном мундире и в любом обществе так остроумен и забавен, что многие дамские глаза давно с любопытством останавливаются на нем и следят за каждым его шагом. Все знают, что сама императрица благоволит к Жоржу и *особенно* к его другу NN, самым блестящим офицерам своей свиты, выделяет их на своих балах, ищет глазами в зале. Следуем далее: казалось бы — при чем тут внимание Ее Величества? Но она — как ребенок, который хочет нарядную игрушку. Царственная чета любит украшать свои балы самыми красивыми дамами Петербурга и самыми изысканными блистательными кавалерами, лучшими танцорами, словом — чем-то таким необыкновенно элегантным, что сделало бы домашние царские балы в Аничкове отличными от других. Из этого вывод: императрице при ее восторженном духе и умонастроении было бы приятно, если бы на ЕЕ балах происходило что-то *возвышенное*, что-то *заоблачное*. И ничего удивительного, что Жорж, бывая на таких вечерах и осознавая их *законы*, угадал! Прекрасный рыцарь нашел свою Прекрасную Даму, иными словами — лучшее украшение гостиных, по крайней мере признанное и даже прославленное собственным мужем. А именно — мадам Пушкину.

Это говорит о вкусе и большом самолюбии Жоржа. Постоянный выбор такой заметной дамы, как мадам Пушкина, в контрдансе или длинном котильоне, конечно, не укрылся от двора. О них с восторгом заговорили... Однако будем реалистами: при этом и сам Жорж стал центром внимания общества! Не танцевать же самому модному кавалеру столицы с перезрелыми княжнами Бр-скими? Или с дочерьми Тат-ева? На это было бы смешно и жалко смотреть. Так что ж случилось зимой такого особенного? Вот уж действительно, *много шуму из ничего*. О его увлечении говорили в декабре, немного в январе, но к марту злые языки уже молчали, ибо виновница слухов — прямо посреди котильонов! — вдруг исчезла. Куда? Как? А очень просто — донашивать свое дежурное и уже четвертое по счету дитя.

Но больше всех таким смехотворным обстоятельством, уверяю вас, был удручен вовсе не Жорж! Горевали две длинных и некрасивых сестрицы Гончаровы, те самые, ради которых Натали, их покровительница, предпринимает столь героические попытки, танцуя на пятом месяце до упаду. И не станем ее дружно осуждать, тем паче что Натали Пушкина — ma cousine, мы троюродные сестры, и ее несчастные сестрицы — недоразумение природы — тоже мне родственницы. Только едва я переступила их порог, как еле могла удержаться от смеха. Слышали бы вы горькие жалобы и стоны старшей мадемуазель Катрин Гончаровой (та, что желтее и длиннее): вот, они вынуждены сидеть дома и отчаянно скучать, потому что Натали уже еле ковыляет, а их, бедных, сегодня вывезти некому! Разве сама она, как фрейлина, где-то при дворе да на хорах в церкви мелькнет. Какое святое простодушие! Но оно подтверждает все мои догадки относительно их «маленькой тайны». Девам нужны женихи, и поскорее!

Увы, я не могу дать вам полный отчет обо всех приключениях зимнего сезона — я даже не завсегдатай всех балов, где блистает очаровательная мадам Пушкина. И не рискую судить об иных великосветских раутах, как рауты гр. Долли Фикельмон, где Натали принята и где уже *переодевается в кабинете хозяйки* сама императрица, что, как понимаете, больше, чем просто оказанная честь! Но вы знаете, в Петербурге можно неделями не выходить из своего кабинета и знать гораздо больше, чем самый заядлый танцор на столичных паркетах. Свежие сплетни — самая надежная визитка для гостей, без нее не входят и без такого дежурного блюда за стол не сядут. Мне кажется, милый Жорж, отчаявшись от однообразия дежурств, холода и скуки, бросил вызов нашему надменному Петербургу. Столица разжигает страсти, вызывает в молодых самолюбивых душах неосторожные болезненные порывы. Другими словами, я ищу логического объяснения поведению Жоржа... и не нахожу настоящих причин для *искреннего чувства* и серьезного увлечения. Он слишком весел и бодр, чтобы напоминать смертельно раненного стрелою Купидона. Может быть, и вам стоит отнестись к этой истории как к легкой лихорадке? Вчера еще температура, а сегодня от болезни не осталось и следа!

Глупа или умна мадам Пушкина? Свет отказывает ей в уме, у нее нет блестящего скорого разговора. Речь ее бедна и неостроумна. Но, слава создателю, ей это просто... к лицу! Говорит ли за нее сама природа? Барон, кто знает! Тайны сердца женщины велики. Особенно такой скрытной молчальницы, как Nathalie. Но, скажите на милость, какой смысл отказываться молодой, красивой женщине от блестящего, публичного поклонения ее красоте? Она может сколько угодно опускать глаза, но любопытство ее разожжено. На любом балу ей, разумеется, желателен верный, постоянный паж для приличия. Не принимать же на эту роль мужа! Тем более такого уродливого и нелюбезного, да еще и не танцующего, как г-н Пушкин... Уверена — она искренне была благодарна Жоржу за такое дежурство при своей персоне! Мне кажется, если вы чего-то опасаетесь, вам должно иметь некоторое представление об этой особе. Это настоящая московская барышня. Как водится в таких семьях, она получила воспитание отнюдь не блестящее и не получила привычки к роскоши, донашивая платья сестер, глядя, как обезумевший отец гоняется за матерью с ножом. Родное московское семейство едва держится на грани полного разорения, отец, повторяю, уж двенадцать лет как официальный сумасшедший, мать, чего вы знать не можете, развратная любительница лакеев и кучеров, известная в Москве самодурка и ханжа, с которой и родная сестра-то не хочет общаться. Злые языки договариваются до того, что подростком Натали стала свидетельницей ужасного конфуза, застав мать с истопником в откровенной позе, отчего временно потеряла дар речи! Младшие братья Натали еле пытаются устроиться на службу, не надеясь управлять остатками имения, а старший, безуспешно пытающийся что-то наладить в хозяйстве, затевающий дурацкие разорительные тяжбы, судя по всему, такой же бесхарактерный и бестолковый, как все семейство.

Правда, надо отдать должное мадам Пушкиной, как видно, поощряемой супругом: едва оперившись в столице, она самонадеянно решила, что всех своих родственников вывезет ее красота. И немало старается преуспеть в этом направлении, пользуясь знакомыми и заводя свои дамские разговоры *нежным голосом* кротости. Собирая все это в букет, говорю вам — семья занята одним: укрепить свое неопределенное и шаткое положение. Неужели же ценою карьеры Жоржа? Вам нечего опасаться «коварных планов мадам Пушкиной сбежать с Жоржем за границу». Да как вы могли подумать?! Я скорее поверю, что это семейство все еще лелеет надежду продать свою знаменитую «медную бабушку», чем посредством скандала породниться с вами!

Вы не знаете этот анекдот? Он многое объясняет. Несчастная Натали, поскольку за ней не было и несчастной тысячи приданого (Пушкин выкупил невесту у ее маменьки всего за 12 тысяч, которые к нему не вернулись), больше года безуспешно пыталась продать на переплавку многопудовую медную статую Екатерины II с задворок своего Полотняного Завода. То целиком, то на лом — пустое! Не помогли даже кроткие речи и роскошный стан мадам П. Она, конечно, писала записочки разным влиятельным селадонам и прошения чуть ли не министру финансов, да все безуспешно. «Бабушка» оказалась неподъемна даже для государственной казны. Не только 200 или 100, а и 70 тысяч не дали. (Не устаю благодарить небеса, что для меня, дочери графа Строганова, столь жалкая и унизительная роль никак невозможна!) И это далеко не все. Вы были в отъезде и, верно, не все знаете: дела ее ужасного мужа, которого терпеть не может двор, да и многие в обществе, особенно после его последних, весьма злобных и глупых, откровенно завистливых эпиграмм, крайне запутаны. Успех Пушкина упал ниже некуда, поэтический гений его совсем выдохся, государь поэмы его не одобрил, журнал «Современник», о котором Пушкин все уши прожужжал и на который поставил благополучие семейства, похоже, никак не идет, а семейство все растет.

Я даже выдам нашу семейную тайну — при условии, что в интересах обоих все останется между нами: самонадеянная Натали так забылась, что умоляла моего *papa* графа Строганова — своего двоюродного дядю — о 100-тысячном займе в рассрочку! Но такими деньгами и любящий родственников добрейший *papa* не рискнул: какая же может быть надежда, что долг скоро вернется! А еще этот пушкинский скандал с Уваровым, о котором вы уже наслышаны. Помнится, в письме к прекрасному другу нашей семьи, г-ну Сержу Уварову, сожалея об этом грубом пушкинском пасквиле в его адрес (что-то насчет Лукулла), мой *papa* остроумно заметил, что господин Пушкин, как всякий русский, владеет слишком большим количеством земель. Ему недосуг обихаживать их все, как должно, отсюда его неряшество в стихах, грубый слог и запущенная рифма... И это еще самое малое, что он мог сказать, питая по старой памяти некоторую слабость к этому господину сочинителю. Напрасно — наш негр сорвался с цепи и поставил себя по происхождению выше Уварова и иных именитых семей — и тем вооружил все знатное общество против себя. Кто такие Пушкины по сравнению со знатнейшими фамилиями? Никто. Выдумка нашего распаленного заносчивого арапа. Диво ли, что после таких бурных событий Натали в конце концов еле родила и лежит, не вставая, в горячке? (Надеюсь, что хоть эта младшая дочь ее пойдет не в своего уродливого отца, как старшая.)

Надо быть, барон, христианами. В сущности, жалкое семейство при сумасбродном самонадеянном муже! Лучше жить на бочке с порохом, чем с таким безумцем. Бедняжка Натали так молода, а видит так мало хорошего! Вы видите, как я солидарна со своими дальними родственниками! Или нет — я просто пытаюсь быть до конца объективной. Не беспокойтесь ни о чем серьезном, барон, наслаждайтесь после долгой поездки покоем в вашем уютном чудесном посольском доме. Вы знаете, как я восхищаюсь вашим первоклассным вкусом, я ни разу не видела у вас вещи второсортной или случайной. Касается ли это статуи, картины, стула, музыки или изысканных блюд. И поэтому — с радостью принимаю ваше приглашение на обед.

Преданная вам Idalie.

Барон Геккерен-старший в домашней записке Жоржу спустя два дня.

Я уходил на цыпочках сегодня утром и решил взглянуть на тебя спящего. Как же ты прекрасен! Как благороден твой бледный лоб, как чиста линия рта, как безмятежна тень длинных ресниц... О, бесконечно сладкий, моя

мука, мое терзание и мое упоение! Ты дал мне
ночью столько доказательств своих чувств, что
и божество не смогло бы дать смертному большего. Я не могу желать этого большего. Его
просто не существует. Я твой раб. Я ничто. Но,
изможденный ласками, я вновь живу, ибо воистину: ignis sanat! — огонь излечивает!

Единственно, о чем я молю Бога, и я знаю,
что это желание исполнится, чтобы нас похоронили когда-нибудь рядом и чтобы между нами не лежало никакой женщины, даже из твоей родни (так через много лет и случилось. —
Примеч. авт.), никакого ребенка или кого-либо еще...

Страсть не в том, чтобы, насладившись, за-
бывать о своем предмете, но тяжело, сладко
и горько продолжать носить его в душе, пока
сердце не заноет от муки неразрешимости. Ты
помнишь, я рассказывал о страсти императора Адриана к прекрасному Антиною? Дивный
отрок был срезан судьбой во цвете лет, он просто утонул или его утопили завистники, но император остался навсегда безутешен, и мало
того, что украсил его скульптурами всю импе-
рию, назвал созвездие его именем, основал город Антинополис и объявил любовника бес-
смертным божеством. Он сделал гораздо большее: построил его гробницу прямо перед своими глазами — в собственном дворе виллы.
Утро сияло, но в глаза била смерть. Это подвиг
настоящего мужа.

Я не римский император, даже не патри-
ций, но, не колеблясь, сделал бы для тебя то же
самое. Верю: нам суждены редкие радости,
долгие годы в любви и согласии. И все-таки,
в конце концов я хотел бы быть похоронен-
ным рядом с тобой. Обещай!

Твой Лу навеки.

Глава III

Упоительное лето, полное неожиданностей

Петр Тульчицкий — Павлу Миллеру в С.-Петербург, начало июня 1836 г.

Письмо это тебе, как повелось, доставят из рук в руки, и я уже не так боюсь за его содержимое, когда разбирают на городской почте даже посланные деньги и вкладывают обратно мятые и испачканные! Милый Павел Иванович, все гораздо серьезнее. Я писал тебе, дурачась по студенческой привычке. Теперь — правда. Я вступаю в закрытый круг посвященных лиц, коих осталось даже в Европе не так много. Они обладают таинствами древних наук и избрали меня, рекомендованного еще в Москве моим покровителем на этой стезе князем Т., в свои ученики, чтобы завершить мое посвящение после годового испытания. В мире много таинственного и кроме химических превращений. Что такое судьба человека и его злой рок? Кто может ответить на этот страшный леденящий вопрос? Как часто мы сталкиваемся с какой-то неведомой силой, которая, кажется, просто волочит нас в противоположную желаниям сторону и правит нашей судьбой помимо нашего желания! Или наоборот, как я теперь ощущаю в своей судьбе, — рок мощно влечет и помогает на какой-то высшей и одобренной неведомой силой стезе. Я человек, который не откажется от манящей попытки заглянуть в бездонный зев вечности. Мне всегда казалось, что в расчетах Господа есть точная математика, что это не набор случайных знаков, это Высшая Логика, нами не познанная. И я потщусь ее разгадать хотя бы частично. Прости, не могу сказать большего.

К счастью для нашей переписки, меня окружают доброжелательные братья, я не один, наши люди есть везде, и в Петербурге тоже, мне не надо нащупывать почтовые каналы бесперебойного с тобой общения. Никогда не подставлю тебя под опасность общения с «масоном и мистиком», ибо тебе лучше меня известна кровная ненависть власти с подачи офицерствующего Николая Павловича к мистицизму и тонким материям вообще. И кто бы знал лет шесть назад, что станет с нами! «Скромная маргаритка», как звали тебя мои сестры, теперь в сердце страшного III Ордена тьмы! Я, бутуз, увалень и «сахарный пряник», вот-вот потеряю прошлое и самого себя, растаю на пути к Светлым Таинствам.

Сохраним же глубочайшую тайну переписки. Я боюсь не за себя, а за тебя и твое место, потому что знаю, что не из мерзких соображений, а просто от безвыходности скромного положения ты принял его. Но уверен, даже в этой геенне лжи и подлого страха ты найдешь свой скромный подвиг честного человека и исполнишь долг чести. Тебя не зря зовут Павел, а меня Петр. Станем же двумя светлыми фигурами служителей истины на фоне безвременья у ворот мрака, останемся апостолами веры и в морок чумы!

Прости за выспренный слог, я теперь нахожусь в каком-то волнении и восторге, не смог удержаться.

Любящий тебя Петр.

В этот же день в дневнике Петра Тульчицкого.

...Как вор скрывает постыдную тайну своих занятий, так вынужден я под покровом ночи скрывать в течение ряда лет свои опыты и штудии от близких, дабы не напугать их и не прослыть умалишенным. Но все позади. Я в своей стихии, и чудесные открытия следуют одно за другим. Волшебный, таинственный, торжественный, непознанный мир медленно открывает мне свои заржавленные тяжелые врата! За ними — Абсолютный Свет!

Сейчас 3 часа ночи и еще темно. Спешу записать по следам свежих впечатлений. Сегодня под руководством брата Т. я впервые ставил опыты с зеркалами. Результаты поразили меня. Как мало мы знаем о тонком мире! Брат Т. поведал мне историю Месмера, состоявшего в родственном нашему эзотерическом Ордене «Братья Света». А впоследствии высший совет «Братства Луксора» даже избрал его очередным, по итогам всего века, Первопроходцем. Этой высокой чести удостаивались истинные Князья оккультных знаний. Известен случай, как Месмер вылечил зеркалами и магнетизмом слепую виртуозку-музыкантшу Марию Парадиз, но главная и скрытая часть его опытов была направлена в область вызывания душ усопших через зеркала. Он первый решил исследовать посмертные состо-

яния. Месмер решил подтвердить бытующее
и в простом народе твердое мнение, что зеркало удерживает память о материальном образе.
И добился невиданных успехов.

Чтобы пойти на такой шаг, требовалось немало знаний, сил и смелости. На карту был по-
ставлен авторитет Месмера, как обладателя
космической энергии Посвященного. Он всегда твердил братьям, что существует связь тонких миров и человеческой психики, о которой
мы даже не догадываемся. Одним словом, он
смело взялся за вызов призраков. Несколько
лет было посвящено опытам «зеркального яс-
новидения». Свой чердак в маленьком замке
он превратил в зал, напоминающий «атениум»
древнегреческих оракулов, куда жрецы от-
правлялись на разговор с духами умерших.
Овальным залом погружения в тонкий мир
духов служила темная башенная комната без
окон, с плотно затворенной дверью. На одной
из стен комнаты было закреплено большое
зеркало. Медиуму надлежало сесть в небольшое кресло на расстоянии метра от зеркала,
головой ниже его верхнего края, но под таким
углом, чтобы не видеть своего отражения. Все
стены должны были быть задрапированы черным мягким бархатом, чтобы царила тьма.
Только позади кресла на небольшом возвыше-
нии помещался небольшой светильник со све-
чой, загороженной мутным стеклом, обрабо-
танным крупным песком для рассеяния лучей.
Туманная глубина зеркала, где ничто не отра-
жалось, — вот что, по мнению Месмера, было
идеальной средой для погружения в иной, тонкий мир. Характерно, как уверяют свидетели
таинства, что призраки не приходили в зеркало сами по себе. Чтобы установить связь с их
астральными телами, зеркала было мало: при-

ходилось весь день загодя насыщать себя прижизненной субстанцией ушедших и вызываемых — рассматривать их портреты, трогать их вещи, платья, кольца, письменные приборы и тому подобное. «Связник» перед этим выдерживал голод как минимум двое-трое суток и несколько часов кряду накапливал свое экстатическое состояние. А с наступлением сумерек его отводили в «камеру видений», предлагали расслабиться, освободить свой мозг от всего, кроме мыслей об умершем, и лишь после этого начать пристально вглядываться в зеркало, вызывая дух. До начала исследований Месмер полагал, что увидят нечто в зеркале очень немногие — возможно, один из десяти, но увидели явление изображений в зеркале и даже говорили с ними трое!

Мы решили повторить опыт, и я рискнул вызвать внезапно ушедшего мейстера, которого видел еще живым в феврале прошлого года в Петербурге. Решился я на этот странный шаг не случайно: едва я пересек границу Германии, как доверенные лица мейстера передали мне его посмертный дар: собственноручно исчерканную древнюю книгу по хиромантии и нумерологии на латыни, а также портрет самого дарителя, писанный отчего-то в китайской манере. Мы начали сеанс после того, как я целый день читал его книгу с желтыми от времени страницами и разбирал пометки на полях. Ближе к вечеру мы провели ритуал. Я выпил Кубок Истины, специальный секрет настоя которого мне до сих пор неизвестен, братья начертили священный круг и произнесли нужное заклинание. С полчаса ничего не происходило. Я уже находился межу сном и явью, волнение и действие снадобья, очевидно, вершили свое дело.

В эту минуту я послал мольбу о помощи его духу, в то время как 12 братьев мерно произносили слова заклинания, окружив туманное стекло зеркала полукругом. Их эманации должны были сфокусироваться в одной намеченной точке, подобно тому, как лупа воспламеняет бумагу. Мысль моя и чувства тоже соединились в луч крайнего напряжения. И тут произошло чудо. Кровь бешено забилась в висках: зеркало стало менять свой цвет! То есть не то чтобы стекло радикально изменилось, но оно потеряло холодную гладкость, будто потекло, сменив твердую стеклянную субстанцию на вязкую, жидкую. Ощущение мое в эти минуты напоминало давно забытое детское чувство, когда я стоял на краю крутого оврага и заглядывал вниз с огромной высоты. Два чувства боролись в душе: страх от головокружения и приступ отчаянного любопытства. Инстинкт велит нам отступить перед опасностью. Но по непонятной причине мы только крепче прирастаем к месту. Здесь, у «бездны на краю», начинаем наслаждаться опасностью. Страх и желание сплетаются в непонятное и необъяснимое чувство. Это чувство пронизывает все наше существо, вселяя ложное, но сладкое ощущение невиданной свободы и власти над этим миром, жажда увидеть запредельное становится еще сильнее... Между тем зеркало подернулось легким туманом, сквозь него выступил вполне мирный и вовсе не ужасный знакомый лоб и нос, а следом — губы, подбородок, глаза и брови, уши и волосы. Это было похоже на симпатические чернила: проявлялось все не сразу, а по мере выпуклости частей и интенсивности цвета изображения. Видение минут через пять ожило. *Глаза его смотрели на меня* испытующе. Губы его были сомкнуты, но я слышал его *голос* внутри себя!

Я не могу припомнить точных слов, так велики были страх и волнение. Но смысл был однозначным. Мейстер уговаривал меня серьезно взяться за науку нумерологии. «Тайна числа Христа — вот первый ключ твоей веры!» — услышал я далекий голос. Я робко спросил, хорошо ли ему в запредельном мире. Мейстер уверил, что там, где он сейчас, все открывается без слов обширным потоком светлого знания. Ему, как никогда, хорошо. Да это я и сам видел: глаза его смотрели ясно и покойно... «Имя тебе тайное в Братстве будет Пьетро Тулли!» — сказал он перед тем, как совсем истаять. Я даже не успел спросить, что будет со мной дальше... Как все это странно, необыкновенно и невероятно! Ведь жизнь теперь придется выстраивать совершенно по-иному, старыми глазами на мир смотреть невозможно. Я — Посвященный... Все мои физические основы как будто переродились. Я ощущаю жар и холод, меня сотрясает озноб, сродни вдохновению, я совершенно не хочу есть третий день подряд.

На удивление легко преодолел сегодня в «Кожаной» книге Мастера многие колонки и выкладки на полях, которые доселе казались мне какими-то китайскими иероглифами. Потом я понял, что это вычисление точного часа смерти Иисуса нашего Сладчайшего по астрономическим расчетам, с учетом затмений и полнолуния, описанных в Библии. Набрел я и на поразительные вещи, совсем поразительные! Мейстер был вовсе не схоластиком, а в своем роде революционером в математике. Он дерзко пробовал рассчитать скорость... ангелов! Для этого, уверял он, «достаточно лишь одной малости: умножить размах их крыльев на частоту взмахов и разделить на 0,3, чтобы получить примерную оценку скорости полета». Жаль, что я никогда не смогу проверить расчеты Учителя — для этого надо увидеть Ангела! А он является не каждому.

Он, конечно, видел, потому что на полях приписал мелко: «Странно, что у Ангела — влажные крылья...» Влажные! И еще неразборчиво:

«Древн. Сист. Маг. Знаков — Лестница Истины... Гермес Трисмегистра... 72 гения управляют сферой Мира Проявленного.

Пророк устами Всевышнего глаголет: «Ангел Мой будет идти перед вами. Смотрите на него, так как он несет на себе Мое великое имя...»

Самые серьезные и, думаю, благоговейные расчеты учитель посвятил Мистериям Числа.

Он писал: «Бог наш Иисус испустил дух ровно в три часа пополудни в Страстную Пятницу, 3 апреля 33 года нашей эры. Было ему 33 года. Стало быть, дьявольское число 666 имело и весьма конкретный зловещий смысл. Но в то же время «собственное число Любви и Справедливости» Иисуса нашего Сладчайшего было — 888, число абсолютно симметричное, как с точки зрения зеркального отражения, так и его внутренней сути; нет, как такового «начала», как нет «конца», а есть...» (здесь рукопись Петра Тульчицкого, известного в Братстве как Пьетро Тулли, обрывается).

Барон Геккерен-старший в домашней записке Жоржу, начало июля 1836 г.

Милый мой мальчик! Я не смог дождаться твоего краткого наезда из лагерей, чтобы поговорить перед своим срочным отъездом в Кронштадт по таможенным и прочим делам. Я вернусь скоро, через два дня, а тебя, увы, уже не будет. Посему спешу сказать, что меня тревожит и огорчает. Я, знаешь ли, боюсь теперь уехать хотя бы ненадолго, не предупредив грядущие неприятности. Воля твоя, только усиленно распространяются слухи, что ты в полку стал вопиюще нерадив. Проще говоря — твое служебное рвение теперь равно нулю. Твои неизменные отлучки стали общим местом и уже вошли в полковые анналы, как регулярные смерти диктаторов в тацитовском жизнеописании Римской Империи.

Нет, ты видишь, я спокоен и полон юмора. Все бы ничего, если бы что-то в этом роде случилось и раз, и два. Кто среди молодых и горячих офицеров не фрондировал! Кто не желал украсить скучную полковую жизнь милыми чудачествами и бравыми попойками. Но разовые случаи — одно, а система однородных и повторяющихся на публике поступков — совсем другое. Так, иногда накапливающиеся мелочи весят больше, чем одно громкое происшествие. Ты бросаешь обществу товарищей и командирам, которые гораздо беднее тебя и не иностранцы, некий вызов. Мне сказывали, ты даже не скрываешь некоторых презрительных прозвищ театральных премьер, вроде «татарщины» и «азиатчины», прохаживаешься насчет глупости и полноты русских дам. Многие завистники уже называют тебя за глаза «заносчивым французом». Нам следует весьма осторожно шутить на этот счет, если мы хотим жить спокойно в чужой и чуждой нам среде, в которой сам же ты, однако, находишь какой-то размах и широту (в отличие от Эльзаса) для твоего задора и удали.

Но более всего меня поразила твоя выходка с генерал-майором Гринвальдом! Господи, за что?

Почему? Что он тебе сделал дурного? И кто подтолкнул тебя на эту выходку? Не могу поверить, как ты в числе трех других дежурящих офицеров, принявши любезное приглашение у него столоваться (бедный генерал, конечно, хотел сделать как лучше — сблизиться с вами, накормить тех, кто не мог отлучиться), в конце концов запустил уничтожающую эти обеды и оскорбляющую остроту, которая дошла до его ушей! Не говори ни слова. Извольь, я сам скажу тебе, в каком виде она теперь гуляет по гостиным, где все помирают со смеху, слушая этот анекдот (я и ни минуты не усомнился, что это правда: «ex ungue leonem» — узнаю льва по когтю!).

Якобы Гринвальд угощал вас, как всегда, весьма скромно, и вот однажды, когда за обедом лампово масло случайно пролилось на его говядину, ты во всеуслышанье состриил: «Гринвальд кормит нас мясом бешеной коровы, приправленной лампово маслом!» (Непереводимая игра слов: «кормить бешеной коровой» значит «морить голодом» по-французски. — *Примеч. авт.*). Неужели ты думаешь, что генерал не затаил обиду и когда-нибудь не пожалуется на тебя Его Высочеству Михаилу Павловичу? А то и императору? Он не так глуп, чтобы бежать жаловаться императрице... Положим, твои остроты нравятся и дамам, и великому князю, они его забавляют и во многом служат тебе защитой в полку, но всегда обозначен некий предел. Восхищение часто переходит в зависть и неприязнь. Боюсь, тебе однажды припомнят все. От мелочей (ты распускаешься в седле, когда до команды «вольно» еще далеко, регулярно опаздываешь на службу и т. д.) — до последней выходки. Кроме того, милый, мне донесли, что теперь, вместо того, чтобы выходить на линейку в колете и сюртуке, ты выходишь уже в... шлафроке! Куда же дальше? Этот твой шлафрок, да будет тебе известно, уже послужил предметом негодования Вел. Князя. Теперь о приятелях и сослуживцах. Многих бесит, что ты лихо садишься в свой новый экипаж после развода, когда и начальники не смеют так поступать даже на параде! Неужели правдивы сведения, что по команде «вольно» ты, бравируя, не раз закуривал на глазах у всего полка дорогую сигару и тем самым до крайности раздражал бедных офицеров и скромных ротмистров, у которых нет и синенькой, чтобы купить позолоченный ножичек для такой сигары?

Я опасаюсь, что теперь достаточно ничтожного повода, пылинки — и всплывут все сорок замечаний, числящихся за тобой в полку. Ты хочешь всем сказать, что теперь ты богат?

Нет, не стоит oleum addere camino, подливать масла в огонь (тем более лить его на говядину Гринвальда!). Я не зря всегда преуменьшал свои капиталы, чтобы не вызвать в людях жадность, зависть и их спутника — гнев. Тихая скромность — это не «привилегия гробов», как ты изволил давеча сострить, а осторожная оглядка среди чужой толпы. И зачем нам с тобою эта fama ciamosa, крикливая молва?

Не говори, что я докучлив, как осенняя муха, я буду жужжать, как твоя мать, отец, опекун и старший брат вместе взятые. Ибо люблю тебя и хочу тебе блага!

Твой Лу.

Екатерина Гончарова — брату Дмитрию
из Петербурга в Полотняный Завод, 14 июля.

«На днях мы предполагаем выехать в лагеря в Красное Село на знаменитые фейерверки, которые там будут: это, вероятно, будет великолепно, так как весь гвардейский корпус внес сообща 70 тысяч рублей. Наши острова еще очень мало оживлены из-за маневров: они кончаются 4 (августа), и тогда начнутся балы на водах и танцевальные вечера, а сейчас у нас только *говорильные* вечера, на них можно умереть со скуки....

Таша посылает тебе второй том «Современника». (...) Наши лошади хотят есть, их никак не уговоришь; а так они совершенно очаровательны, все ими любуются, и когда мы пускаемся крупной рысью, все останавливаются и нами восхищаются, пока мы не скроемся из виду. Мы здесь слывем превосходными наездницами... Все восторгаются прекрасными амазонками...»

Софи Карамзина — брату А. Карамзину,
из Царского Села в Баден-Баден, 24 июля.

«...Вышел второй номер «Современника». Говорят, что он бледен и в нем нет ни одной строчки Пушкина (которого разбранил ужасно и справедливо Булгарин, как светило, в полдень угасшее. Тяжко сознавать, что какой-то Булгарин, стремясь излить свой яд на Пушкина, не может ничем более его уязвить, как говоря правду!)».

Ал. Карамзин — А. Карамзину,
из Царского Села в Баден-Баден, 25 июля 1836 г.

«...Не верь Софии в том, что она тебе говорит о «Современнике», он превосходно составлен: правда, Пушкин ничего не написал, но там есть очень хорошие статьи дядюшки (Петра Вяземского. — *Примеч. авт.*) и Одоевского. Пушкин собирается выпустить новый роман...»

101

Идалия Полетика — подруге, 20—28 июля.

Что значит «я все еще прихрамываю»? Выгони этого мозольного оператора. Зизи, не пренебрегай лечением! Как можно! Заезжай к Девилю. Он успешно лечил женскую половину семейства Коршей. Что касается зубика Оли — у нас все в один голос говорят о заезжем поляке, который утишает зубную боль магнетической силой и прикосновением заговоренного камня. Не знаешь, что и думать, может статься, он шарлатан? Но в болезни, как в любви, все средства хороши. Может быть, приложить на щеку спиртовой компресс? Или полоскание? Хотя пока это письмо доковыляет до вас, вы уже забудете вспоминать о болезнях.

Дорогой друг, не упрекай меня за меланхолию. Ты на юге жалуешься на временное ненастье, а у нас нет лета вообще. Два месяца дождей, холодного ветра и сырости! Я такого не упомню. И вообрази, у нас напасть болезней. Я сама была прикована к моему ангелочку из-за его горлышка больше трех недель, потом заболела Лиза, и так я жила одна-одинешенька во всем Петербурге. Все разъехались. Двор маневрировал: то в Царском Селе, то в Петергофе. Гвардия и муж тоже маневрировали на... маневрах. Короче говоря, пока Строгановы путешествовали по Европе, почти весь июнь и половину июля я исправно просидела в уголке с книгой. Не смейся — просидела, как старуха! Ты скажешь: «Не узнаю свою Идали» и будешь права. Это какое-то наваждение, морок ничегонеделанья, в котором, однако же, есть своя польза и время для размышлений. Я вновь с наслаждением, упиваясь каждой строчкой, перечитала «Опасные связи»

Шодерло де Лакло. Это блестящее и глубокое произведение искушенного ума. Я бы даже сказала — это целое руководство к действию в умелых руках какой-нибудь современной маркизы де Мертей, с поправкой на наши куда более грубые нравы и более скромные обстоятельства, ибо откуда же взяться такому кавалеру, как Вальмон? От скуки я стала сравнивать себя и знакомых с персонажами и, знаешь ли, обнаружила немало сходства. В жизни есть пружины универсальные...

Ах, прости! Вернусь к письму назавтра утром, пришел кучер за распоряжениями, собираемся завтра на дачи. Если не отложим как всегда...

26 июля.

...Простилась с тобой на день, а оказалось — на целую неделю. Я уже на дачах, куда давно приползли из столицы многие кареты и омнибусы, и все давно устроились, а мы только что! Но теперь и я наслаждаюсь летом за городом — пишу письмо у открытого в сад окна. Слышен запах цветов, кажется, что лип, и я вдыхаю аромат, деля счастье свежего утра с одной тобой, о мой бесценный друг, мой нежный дневник чувств!

Кавалергардский полк после учений разместился рядом, в Новой Деревне. И, как только полк и наши блестящие офицеры, отрада дам, вернулись, словно по волшебству засияло солнце, стих ветер и стало чудесно. Теперь все в хлопотах по случаю первых балов на местных водах. Не уверена, что поеду. Балы для женщины лишены очарования, когда нет личного интереса. Мой бывший роман с «постоянным» Ланским, о котором ты вдруг упомянула, чтобы меня утешить, давно не только вошел в свою колею, но даже успел из нее выйти... еще зимой. Кажется, наш Петр Петрович с досады (или по приказу) куда-то уезжает. И надолго. Но что мне до того? Нет ничего смертельнее для чувства, чем привычка. Прав Жорж Дантес: «привычка — это деревня души, перемены — ее столица». Мой ум и душа никогда не были серьезно заняты Л-ским, пусть все твердили наперебой: «Ах, посмотрите: Петр Петрович такой добрый, настоящая душка, честнейший человек! И как привязан к Идалии...» Женщине с развитыми чувствами мало иметь в постоянных пажах «честного, доброго малого». Ей нужен достойный противник; завоевание дамы потребует от него всех сил сердца, а более — ума, энергии, самолюбия, жажды сражения и жара! Я говорю военными терминами? Но ведь любовь — это и есть поединок с краткими перерывами на отдых.

Между тем судьба продолжает испытывать мое терпение. Как я и опасалась, с приездом старшего барона Геккерена Жорж стал появляться у нас все реже и реже. Положим, теперь он на учениях, но даже младшие офицеры имеют возможность отлучаться и ездят куда вздумается. Отчего же он забыл мои вечера? Мне показалось, что к маю наши отношения достигли какой-то новой точки близости и задушевности. Как-то мы болтали с Жоржем — он охотно рассказал мне о своих сестрах в Эльзасе. (Не знала я, что он так близок к своему семейству!) А ведь некоторые щекотливые подробности случайным собеседникам не доверишь. Мы оба начали вспоминать детство и милое отрочество. Я тоже, признаться, разоткровенничалась.

Знаешь ли ты, Зизи, хотя я всегда была сообразительным и хорошеньким ангелочком на вид, на деле я была отчаянным бесенком. Меня умывали и шнуровали с утра и учили вести себя прилично. На этом были сосредоточены все усилия воспитательниц. Мои же уходили на то, чтобы всегда и везде чувствовать себя в центре внимания. Болезненное самолюбие и чувство незаслуженной обиды всегда сопровождали меня, как проклятие. И это самолюбие и властность были ненасытны. Никто не мог взять в толк, отчего я рвала и била все парижские дорогие куклы, которые мне присылали путешествующие и подолгу живущие за границей *papa* и *maman*, оставив меня на руках гувернанток. Никто не мог понять, что с «этим рыжим дьяволенком» делать, отчего это происходит. Я засыпала чистым ангелом с детскою молитвой на устах, а просыпалась настоящим бесом. Никто не знал, и я не могла никому объяснить, что моя детская душа буквально сгорала от жажды любви и признания моих мелких успехов и побед. Оценить меня было некому. Я хотела постоянства, а мы все время переезжали, и как назло, стоило мне привязаться к кому-то, как тут же исчезали те люди, к которым я привыкла — кучера, няньки и гувернантки, повара и горничные. Чувство неуверенности и страх за свое будущее все время терзали детское сердце. Постоянно на руках чужих людей, я боялась одиночества, боялась спать в темной комнате. Меня тут же наказывали за крик. Но это не прибавило мне уверенности в завтрашнем дне. Были и еще обстоятельства, томившие мой ум и воображение. И как раз Жорж это очень хорошо понял. У них в Эльзасе стабильность и семейственность — это святое. «Мой дом — моя крепость» там очень понимают. Французская семья — это клан и броня, где один за всех, все — за одного. Там и в маленьком замке чувствуешь себя вполне защищенным от бурь житейских. Хотя их жизнь, признал Жорж, пожалуй, показалась бы в Петербурге просто наискучнейшей. Что касается перепадов самолюбия и детских злых поступков, то и тут Жорж, со свойственной ему редкой чувствительностью, нашел верные слова:

— Как видна здесь ваша гордая душа, Идали! Я недавно сам был готов ни с того ни с сего порубить саблей подарок близкого человека только потому, что он вывел меня из себя мелочностью, придирками и отчаянной скупостью. Или все, или ничего! — вот, Идали, наш с вами общий девиз! Судьба может играть, строить гримасы, но мы оба знаем, что достойны большего!..

И эта фраза сказала о Жорже все. Глубина его притязаний, его гордыня открылись мне только теперь. Он может многого достичь. Я вижу его скорее дипломатом или сановником, чем военным. Живой, подвижный, остроумный Дантес и... скучные учения, приказы, разводы, казармы — как-то не укладывается в голове.

Надо сказать, в этот вечер он был прекрасен как никогда. Хороши были в свете заката его мягкие золотые волосы, тонкий, как у девушки, стан, хороши были глаза, шея, нежная кожа рук... Как он все-таки молод! Ведь ему только минуло 24 года! Неясные мечтания колыхнулись у меня в душе. Я чувствовала себя юной и легкой. Жизнь будто только начиналась.

Тебе никогда не хотелось иметь украшение, которого ни у кого нет? Даже не носить, а просто любоваться по вечерам на его блеск и сияние? Просто знать, что оно у тебя есть среди дешевых и доступных всему свету побрякушек, и испытывать от этого невиданное счастье, почти экстаз, понимая, что эта редкость — твоя и в любой момент может наполнить сердце гордым удовлетворением? Не надо тебе объяснять, *кого* я хотела бы иметь в своей домашней шкатулке. Итак, после нежного сближения я весьма некстати задала вопрос Жоржу о зимних балах и вдруг почувствовала, как краска заливает мне шею: я боялась его ответа! Не влюблена ли я? Это невозможно, и все же... Но то, что произошло дальше, и вообразить было невозможно! Дантес не ответил, а потом посмотрел на меня, щуря свои такие синие, «вечерние», ведь днем они голубые, красивые глаза, и слегка улыбаясь. Лицо у него оставалось вполне спокойным. Знаешь, он еще как умеет, когда хочет, быть глассен, леденяще холодным. В такие минуты он похож на безупречную статую, оставаясь все таким же прекрасным.

— Вы, Idalie, кажется, изволите читать «Les liaisons dangereuses» Choderlo de Laclos?» — спросил он, кинув взгляд на канапе. — Я ее сам недавно взял почитать у одной дамы и верно говорю, эта книга создана для вас.

— Почему же для меня? — воскликнула я.

Понимаешь ли, я сама об этом думала последние дни.

Но всегда неприятно узнать, что кто-то читает в твоей душе, как в открытой книге. И все же чувство щекочущей радости от того, что не кто-нибудь, а ОН понимает меня, оказалось сильнее. Такая игра была мне впору, по руке, как родная перчатка. Ты скажешь, это противоестественное сочетание: страх и радость.

Нимало! Уверяю тебя: если и есть настоящие чувства, только те, что волнуют нас до головокружения, как на краю пропасти, в которых соединены небо и ад.

— Вам, Идали, как женщине незаурядной, сильной волей и характером, изящной и остроумной француженке по крови, — продолжал Жорж, — в этом ничтожном и грубом русском обществе, полном карикатурных персонажей, не хватает жара страстей. Вы задыхаетесь без них! А в этой книге истинных страстей как раз предостаточно!..

Уж не хочет ли он вежливо отгородиться от «моих страстей», предоставляя мне... самой ими распоряжаться! — мелькнуло у меня в голове. Мне эта любезная отстраненность совсем не понравилась. Слово за слово, от предпочтений в любви дошло дело и до его зимнего увлечения мадам Пушкиной... Мы заспорили о ее прелестях. И вдруг неожиданно возбужденный (и стократ похорошевший!) Жорж говорит, что объясниться с помощью слов — дело трудное и не всегда благодарное. Тонкий намек куда предпочтительнее... «И где же прикажете искать этот намек?» — спросила я, решив идти до конца.

«Да нет ничего проще, он в этой любимой вами книге! Найдите письмо славного месье Вальмона, откройте страницу двадцать вторую, читайте со слов: «Чтобы быть прелестной...»

Я еле дождалась, когда он уйдет, чтобы жадно накинуться на указанную страницу.

Все это было тем более странно, что в полку моего Полетики кавалергарды презирают чувствительные французские романы. А если и читают между учениями и парадами модные книги, то лишь затем, чтобы поддержать разговор с дамами в обществе. Но этот роман Жорж почему-то знал хорошо. Может статься, набирался по нему опыта? Вдруг использовал изящный слог де Лакло для осады какой-нибудь конкретной нежной крепости? Я знаю, офицеры тихонько крадут образчики для своих нежных записок из самых модных изящных романов. К тому же Дантес однажды со смехом мне признался, что французский литературный язык — не его конек, как и дамские романы. Одним словом — загадка!

Я открыла после его ухода книгу на указанной странице и начала читать. Тайна его сердца, мнимая или существующая, была как на ладони. Не знаю, Зинаида, располагаешь ли ты теперь «Опасными связями» под рукой, но послушай, что говорит блистательный и дерзкий похититель женских сердец, избалованный победами, как сам Дантес, месье Вальмон маркизе де Мертей, пытаясь объяснить, почему он добивается любви какой-то не блистательной, *верной своему мужу, скромной и недоступной госпожи де Турвель:*

«Чтобы быть прелестной, ей достаточно быть самою собой... Вы говорите, что лицо ее лишено выражения? А что ему выражать, пока сердце ее ничем не затронуто? Да, конечно, у нее нет лживой ужимки наших кокеток. Она не умеет прикрывать заученной улыбкой пустоту какой-нибудь фразы, и хотя у нее отличнейшие зубы, она смеется лишь тому, что ее действительно забавляет. В особенности же надо видеть, как при малейшем намеке на похвалу или ласковое слово небесное лицо ее вспыхивает трогательным смущением непритворной скромности! Она недотрога, она набожна, и на этом основании вы считаете ее холодной и бездушной? Я держусь совершенно иного мнения. Сколько же надо иметь самой изумительной чувствительности, чтобы распространять ее даже на мужа... Вы знаете, как недотроги боятся сделать смелый шаг (тут, Зизи, я, пожалуй, пропущу у Лакло описание случайного объятия этой парочки)... С этой минуты жестокое волнение сменилось у меня сладостной надеждой. Эта женщина станет моею. Я отниму ее у мужа, который только оскверняет ее. Я бы дерзнул отнять ее у самого Бога, которого она так возлюбила! Поистине я стану тем божеством, которого она предпочтет...»

Куда уж откровеннее! Но я совсем не узнала в этом портрете мадам Пушкину, поистине — как мужчины бывают глупы, когда волочатся за женщиной, и что только не напридумывают для возбуждения чувств. Куда мадам Пушкиной до изящной француженки Турвель! Их сходство разве что в том, что обе молятся... Эта мысль меня мало утешила. Я с четверть часа сидела без движения, ошеломленная, удивленная, униженная. Можешь представить, какой удар по самолюбию я испытала! Передо мной точно открылись двери в неведомую раньше комнату. А я еще уверяла себя, что наши отношения с Жоржем — это нечто особенное, совершенно отдельное!

Когда мое негодование остыло, я поняла: у такой гордой и самолюбивой натуры, как у Жоржа, основа движения вперед — испепеляющая навязчивая idée fixe. Достижение этой цели равно жизни или смерти, потому что таким натурам кажется, что с этой целью связано их главное утверждение в глазах общества, что победа — это жизнь, а поражение — смерть! Дурного здесь нет, это так естественно, я слишком хорошо знаю молодых людей его возраста и круга, чтобы предположить... Короче говоря — если бы однажды случилось обладание Натали, Жорж СРАЗУ БЫ ЕЕ ЗАБЫЛ. А так получается — она его дразнит и доводит до исступления именно своей недоступностью. В этой ситуации есть один выход, но... пока молчу.

Зинаида, увы! Никогда не отправлю это письмо! Я вновь — третий раз кряду! — вынуждена отложить его. Ждем к ужину гостей. Зато завтра исправлюсь особенным образом — постараюсь завершить письмо хоть какими-то свежими светскими новостями, которые сейчас услышу от свояченицы и братьев.

27 июля.

...Поистине, утро вечера мудренее. Я встала в бодром и хорошем настроении и прямо в утреннем капоте заканчиваю свой недельный труд, письмо тебе, похожее на роман. А вот тебе, изволь, наши светские и прочие новости, о которых шла вчера речь за ужином.

Во-первых, все только и говорят о блестящем Петергофском празднике (ты помнишь, что 1 июля день рождения императрицы?), где было большое гулянье, парад и фейерверк, потом говорили о начавшемся еще в мае строительстве железной дороги из С.-Петербурга в Царское Село и Павловск. Император очень ее поддерживает. К сентябрю будет, говорят, открыта часть пути. Говорили о скандале с Дубельтом и пансионерками театрального училища, а также его немыслимых взятках и тратах на девиц. А еще государь, по-моему, уезжает куда-то на юг, но главная новость — наконец-то обнаружились следы исчезнувшего

Дантеса, который, сказывают, регулярно отлучается из своей летней полковой избы. Следы его славного скакуна, как и следовало ожидать, ведут на дачу Карамзиных, где пропадают Натали и ее сестры. Нет, надо все-таки съездить к ним и узнать самой. Откладываю все сплетни до пятницы.

28 июля.

...Прошел еще один длинный летний день. И знаешь что? Я снова пребываю в некоторой оторопи! Декорации пьесы совсем переменились. События развиваются стремительно! Судя по всему, я буду все лето забавляться чужой постановкой, которая грозит стать гвоздем сезона. Возможности сидеть в первых креслах нет и не предвидится. Чтобы каждый день видеть действующих лиц на сцене и слышать обменные реплики, пришлось бы сесть верхом на лошадь. Такой жертвы принести не могу. Признаться, я лошадей боюсь. Так и кажется, что улетишь куда-нибудь из седла на повороте, как птичка. Не стану тебя интриговать: только за обедом узнала — на дачах Каменного острова сбилась настоящая «веселая банда» наездниц из старой девы Софи Карамзиной, «двух длинных граций» Гончаровых (младшая, превозмогая страдания после родов, исправно тащится за ними в коляске) и, конечно, принца этого кружка — моего героя Жоржа Дантеса.

Девицы чуть ли не ежедневно по нескольку часов гарцуют с ним и парой-тройкой других молодых людей, в том числе братьев Софи, в романтических аллеях, садах и рощах. Жорж, *как ни в чем не бывало*, снова возобновил свои демонстрации и по-прежнему увивается вокруг Натали. Ее сестры — смешные ста-

112

тистки по краям сцены. Но самая старшая и страшная Екатерина, похожая на темную южную княжну длинной талией и смуглой кожей, уже не хочет оставаться на вторых ролях и пожирает глазами Дантеса. Душераздирающая сцена, как сказывают! Настоящий спектакль. Но более всего я удивлена, что Натали, едва оправившись от тяжелых родов, так быстро очнулась для прогулок и флирта. Боюсь, мне многое придется пересмотреть из сказанного ранее об этой истории.

Кстати, Зизи, ты никогда не задумывалась об отличии между красивыми женщинами и отмеченными обществом — модными? Модной быть гораздо выгоднее! Они заметнее. Мадам Пушкина — безусловно, модная женщина. У нас опять вернулась мода на ангелов и мадонн. Это последнее веянье, навязанное такими немолодыми романтиками, как Вяземский, а больше — томным Жуковским и его последователями, чахоточными юношами-поэтами. На балу у нее вид страдающего ангела, от которого вот-вот отлетят последние силы. Она как будто есть и как будто ее нет. В то же время она успевает много танцевать, что никак не вяжется с этим ангельским видом. Ее называют кружевной душой, имея в виду, что сквозь нее просачиваются слова и люди (что не совсем так, разумеется, и далеко не так, в этих сетях-кружевах *иногда* задерживаются нужные люди). Казалось бы, по здравому рассудку — все это, воспетое поэтами, годится разве для лечения на водах и для немецкого длинного скучного стиха про бледную луну и деву. Однако гончаровская купеческая хватка дает о себе знать и просится наружу. Говорят, что своими кокетливыми приемами она довела даже... скажем так: наш

Номер Первый, любящий *изящные формы на сцене*, тоже не прочь капнуть на образ Пушкиной-поэтши сентиментальную слезу, и даже секретно, о чем ходят во дворце кой-какие слухи, заказывал художнику ее миниатюру. Но это еще, может быть, преувеличено, как и то, что он любит проезжать под ее окнами, а после делает замечания, что у нее шторы отчего-то спущены!

А говоря откровенно, хороши в ней только рост, зубы, уши и волосы.

И самое поразительное, что вся родня, от мужа до сестер, от приятелей мужа до тетки Загряжской, не понимая, что неприлично хвалить свой товар, как будто сговорились на каждом углу петь хором осанну Натали. На каждый бал ее *одевают со всей тщательностью, изыском и по последней моде, как одалиску в гареме, отправляющуюся очаровывать самого Гаруна аль-Рашида... Думаю, все не без умысла, а с целью увлечь окончательно общественное мнение и извлечь из этой выставки какую-то пользу.*

Дошло до того, что я от многих юношей в полку, которые и в глаза Натали не видели, слышу, что они готовы жизнь отдать за «чистейший прелести чистейший образец». Какая экзальтация, сколько в ней фальши и воспаленного молвой воображения.

Вот как эти дела делаются и каков результат! Я вчера заезжала под вечер к ним на дачу буквально на минутку. Благо была основательная надежда не столкнуться там с ужасным Пушкиным, что, кажется, теперь занят только своим журналом. Между нами: я уверена, что нет ни одной светской женщины, которая бы не тяготилась таким положением. Муж — homme de lettres — литератор! Помилуй Боже!

Зато всей женской части семейства можно пользоваться плодами известности Пушкина. Мои кузины Гончаровы весьма возбуждены и не скрывают радости от летнего времяпрепровождения. Они обещали мне открыть секреты возрождения бальных платьев. Нового не открыли ничего. На хорошую крепкую основу атласного корсета нашивается новый верх из дымки или кружев. Была бы только хорошая основа корсета! Вот ее неизменно поставляет «душке Натали» из своих гардеробов все та же вездесущая старуха, тетка Загряжская (она меня недолюбливает, ума не приложу — за что?).

Посмотрела на туалет. Вижу: раньше шили на совесть. Крепко! И швы, будешь смеяться, все целы.

После родов наша героиня, наша «мадонна» и все еще «верная жена г-жа Турвель» не очень крепка (у нее все та же скучная грудница), но вижу — потихоньку начинает готовиться к сезону летних балов. Знаменитую на весь Петербург тонкую талию она — к огромному своему везению — сохранила. Не знаю, какая ей охота исправно рожать каждые девять месяцев. Как можно этого избежать, каждая светская женщина знает.

Недавно Гончаровы с кавалерами, среди которых был и Жорж, побывали на даче княгини Бутера, возвращаясь с прогулки. Кавалеры много пили, а дамы развлекались. На дачах все хором теперь говорят, что посадка в седле моих троюродных Гончаровых хороша, как у англичанок. Невольно позавидуешь здоровому деревенскому воспитанию. Московские барышни единственное, что хорошо умеют — ездить верхом, выучившись на своем Полотняном Заводе. Какие там были развлечения? Лошади да сад. Москва не зря совсем опустилась во мнении Петербурга. Стареет, дряхлеет и беднеет. Я уверена, что Гончаровы мазали затертые бальные башмаки мелом, смотрели из окон, не проедет ли мимо какой-нибудь офицер, и читали Байрона под подушкой, тайком от маменьки. Я видела затрепанные наставления, по которым это трио, как по молитвеннику, жило на Полотняном Заводе. Московское набожное лицемерие — величайшая глупость, каких свет не видывал!

Один пример из «молитвенника Гончаровых» мне врезался в память (ослабь корсет для смеха):

«Никогда не имей тайны от той, кого господь дал тебе вместо матери и друга теперь, а со временем, если будет муж, то от него!» (Тут я спешу заметить тебе, что наивная до глупости Натали все пересказывает мужу — видишь ли, они так *договорились* — не иметь тайн друг от друга!). Второе правило: «Не осуждай никогда никого ни голословно, ни мысленно, а старайся найти если не оправдание, то его хорошие стороны, могущие возбудить жалость...» Вот отчего разговор Гончаровых скучен, и это называется «хорошим воспитанием».

После таких глупых домашних наставлений, что дали им вместо приданого, не удивляюсь, что самая красивая из трех была вынуждена выскочить за первого встречного. И кто ж ее просватал за нашего сочинителя Пушкина? Сват — под стать свадьбе. Мерзкий волосатый бретер, уложивший насмерть 11 человек! Как говорит мой муж, втайне также питающий страсть к экарте и фараону, это был первый московский карточный шулер — Федор Толстой-Американец! Ну, тот, что женат на цыганке и показывает всем желающим свою татуировку на седалище в задних комнатах московских игорных клубов.

Кто видел, говорят, что такое во сне не приснится — развратно и гадко. Дикари начертали ему на неприличных местах несмываемые чернильные сношения в разнообразных животных позах! И он еще может привести эти жуткие сцены мускулами в движение! По-моему, это скандал, если такой человек сватает. Я бы от срама молчала или божилась, что это не так. А Гончаровым хоть бы что, главное, что «американец» — граф. Так что ж, что граф? Понятно, впрочем, что для купеческих внучек титул многое значит. Это от бедности, Зизи. Отсутствие денег укрощает человека. (Этот мой бон мот особенно понравился Жоржу, он так смеялся!)

Да все в Петербурге знают: если хочешь взять невесту без претензий и небогатую, поезжай в Москву. Там много купеческих дочек Гончаровых. Но в столице выйти замуж без приданого этим девам почти невозможно. Натали тут напрасно из кожи вон лезет, намечая то одну партию для них, то другую. Напрасный труд! Однако поскольку папа принял в этих девах участие на правах двоюродного дядюшки (по линии Загряжских), и мне пришлось немало повозиться с сестрами Натали, да и с ней самой по части дамских советов. Их вопросы меня смешили, наивность изумляла! Но девы оперились быстро и вот — результат. Кстати, еще об одном синем чулке. Софи Карамзина все еще жива чужими страстями, совсем постарела и тайком курит, предлагая некоторым девам присоединиться к отраве одиночества и злобы. Я за независимость, но в известных пределах приличия. И к этой модной гадости (говорят, англичанки вовсю дымят с мундштуками) отношусь с отвращением. К тому же от папирос зубы желтеют. Между делом сообщаю тебе, что не так давно существовал план выдать эту старую дымящую деву за Жуковского. Помнится, с этой идеей носилась мадам Пушкина, которая всех любит *устраивать*. Какая-то странная мода в молодые года заниматься, как купеческая сватья, *чужим* счастьем, не находишь? Впрочем, я же говорю — это все Москва-салопница, сваха и сплетница.

Вот и все дачные светские новости. Кроме еще одной. Кажется, и жена брата, моя свояченица Натали, урожденная Кочубей, от которой я теперь каждый раз узнаю все новости кружка, зачастила к Карамзиным не просто так. Мне кажется, а ты знаешь, я редко в таких вещах ошибаюсь, — с некоторых пор один из симпатичных младших братьев Софи — ее *отношение*. А ведь он моложе ее на десяток лет! Я, право, даже не знаю, что и сказать. Этот кружок испаряет какие-то отравляющие миазмы летней скуки и дурных романов.

Знаешь, я, наверное, все же решусь купить что-то из мебели Гамбса. Дорого, *а что делать! Гостиная нуждается в некотором обновлении.*

Целую тебя, милая Зизи, и подряд всех твоих милых девочек — Оли, Катиш и Алину.

Твоя бедная, болтливая Idalie.

Наталья Николаевна Пушкина — брату Дмитрию. Июль 1836 г. Каменный остров.

«Я не отвечала тебе на последнее письмо, дорогой Дмитрий, потому что еще не совсем поправилась после родов. Я не говорила мужу о брате Параши, зная, что у него совершенно нет денег.

Теперь я хочу немного поговорить с тобой о моих личных делах. Ты знаешь, что пока я могла обойтись без помощи из дома, я это делала, но сейчас мое положение таково, что я считаю даже своим долгом помочь моему мужу в том затруднительном положении, в котором он находится. Несправедливо, чтобы вся тяжесть содержания моей большой семьи падала на него одного. Вот почему я вынуждена, дорогой брат, прибегнуть к твоей доброте и великодушному сердцу, чтобы умолять тебя назначить мне *с помощью матери* содержание, равное тому, какое получают сестры. И если это возможно, чтобы я начала получать его до января, то есть с будущего месяца. Я тебе откровенно признаюсь, что мы в таком бедственном положении, что бывают дни, когда я не знаю, как вести дом, голова у меня идет кругом. Мне очень не хочется беспокоить мужа всеми своими мелкими хозяйственными хлопотами, и без того я вижу, как он печален, подавлен, не может спать по ночам, и, следственно, в таком настроении не в состоянии работать, чтобы обеспечить нам средства к существованию.

Для того чтобы он мог сочинять, голова его должна быть свободна. И стало быть, ты легко поймешь, дорогой Дмитрий, что я обратилась к тебе, чтобы ты помог в моей крайней нужде. Мой муж дал мне столько доказательств своей деликатности и бескорыстия, что будет совершенно справедливо, если я со своей стороны постараюсь облегчить его положение. По крайней мере содержание, которое ты мне назначишь, пойдет на детей, а это уже благородная цель. Я прошу у тебя этого одолжения без ведома моего мужа, потому что если бы он знал об этом, то, несмотря на стесненные обстоятельства, в которых он находится, помешал бы мне это сделать. Итак, ты не рассердишься, дорогой Дмитрий, за то, что есть нескромного в моей просьбе, будь уверен, что только крайняя необходимость придает мне смелость докучать тебе...

Не забудь про кучера: я умоляю (брата) Сережу уступить мне своего повара, пока он ему не нужен, а как только он вернется на службу, если он захочет снова иметь его, я ему тотчас же его отошлю...»

Николай I графу А.Х. Бенкендорфу,
внутренняя записка. Лето 1836 г.

Милый друг Александр Христофорович! Знаю, как ты загружен, однако желал бы иметь на неделе отчеты о денежных делах двух интересующих меня лиц — по разным совершенно причинам, как понимаешь. А именно: генерал-майора Л.В. Дубельта и Пушкина, сочинителя. Все, граф, слухи, слухи... На досуге — после маневров. Не слишком длинно, дорогой А. Х.!

Джон Клей — брату в Филадельфию, июль 1836 г.

Я только что получил твое письмо, которое разошлось с моим по пути. Какая досада! Значит, не скоро получу атлас Гранта и рубашки. Здесь тоже не привыкли спешить с почтой и новостями, потому и дороги плохие. Зато воры скоры. Поздравь: меня ограбили вчера на Дворцовой площади в девять вечера! Я шел пешком от Английской набережной, благо до моей квартиры рукой подать. Что значит продвигаться без кареты и слуги, когда город на дачах. Вытащили кожаный английский кошелек с 250 рублями и визитками, да еще украли часы, подарок отца (ему пока не говори, я что-нибудь придумаю). А ведь было совсем светло — летом в Петербурге небеса белесы и от этого все видно бывает даже в полночь. Меня не спасла даже близость дворцовых часовых. Обчистили ювелирно и быстро. Один зажал рот, другой — руки, третий лазил по карманам. Нет, право, черт знает что такое!

Я, конечно, очень польщен, что вы зачитываетесь описанием России в моем исполнении и что милая миссис Смит продолжает интересоваться «страной медведей и диких лесов», а заодно спрашивает, чем питаются «белые рабы»? Скажи ей, что русские крестьяне по-прежнему неохотно сажают картошку, насаждаемую местным правительством, чувствуя какой-то подвох в этой небогатой и бесполезной пище. Года два назад был даже какой-то картофельный бунт. Но послушай, Джо, просвети любезную даму, что все-таки я живу в цивилизованном обществе.

Другое дело, что Россия похожа на описанные мной снежные горки. Наверху европейский, уютный и даже с роскошью убранный домик, внизу — непредсказуемое, с поворотами и коварными склонами азиатство. Городское общество строго разделено на классы: одни очень бедны, другие очень богаты. Середины нет, и это-то худо! Иностранцу среднего класса, такому как я, здесь трудно быть на равных с первыми, со вторыми — невозможно. Средства мои тут весьма ограниченны, разбогатеть даже не мечтаю. Годовой мой доход был и есть в 2000 долларов, что равно всего 10 000 рублей по курсу, которые я получаю в банке Штиглица. Эти деньги, поверь, в Петербурге ничто. Здесь хорошие актеры зарабатывают раз в пять больше!

Сейчас жалованье мое должно быть увеличено, но не настолько, чтобы генерально изменить положение вещей. При двойном, получается, обмене с долларов на голландские гульдены, а с гульденов на рубли, я и так много теряю. А что остается, того едва хватает на наем квартиры, прислугу и карету. Прибавь обеды, шитье парадного мундира (самое меньшее — 250 рублей), ламповое масло, визитные карточки, а теперь еще новые расходы по содержанию увеличивающегося семейства (второй маленький Клей, кажется, уже на подходе). А надо держать определенный тон. И не только в смысле одежды — снять приличную карету для выезда на прием обойдется не меньше 25 рублей. В высшем свете, куда я вхож через посольские балы и приемы, в том числе дворцовые, точно расчерчено, что позволено, а что нет. Иностранца все время ждут подвохи. Посол наш Бьюкенен одевался, как пастор, и на него при дворе оглядывались: что за темное чучело? Французов в круглых шляпах гнал от двора папа нынешнего императора. Это сейчас они осмелели и даже носят элегантные бородки. Понять работу светского механизма во всех тонкостях, черт подери, мне никогда не удастся. Какой-то маскарад. Ты помнишь, что я тебе рассказывал о визите во дворец? Мне тогда показалось, что я попал на какое-то театральное представление. Чего стоили несколько дюжин обожаемых царем кавалергардов, хрупких, разного роста юношей 18—19 лет, одетых по форме, в ботфортах и при шпагах, настолько длинных, что они чуть не волочились за ними по полу. Однако они уже тем хороши для царя, что полк Кавалергардский держал его сторону на Сенатской площади, а он этого не забыл. Надо было им всем быть, как император, шестифутовыми, чтобы выдержать такую сбрую. Здесь любят всякие маскарады, не только строевые. Кого я там только не видел на балах и в каких только одеяниях — турецких, сказочных, библейских! Но более всего на этих маскарадах нарядов шутов. Не знаю, почему они так популярны у русских. На бальных маскарадах бывает даже императрица с фрейлинами под масками. Все друг друга узнают. Это нетрудно, но делают вид, что это не так, чтобы кокетничать, интриговать и говорить с улыбкой вещи, которые в лицо без маски не скажешь. Вполне куртуазно, скажешь ты, — и промахнешься. Грубость и лоск смешаны воедино. Любое частное свежеполученное письмо охотно дается списывать знакомым и может гулять по рукам в нескольких экземплярах, а то и зачитываться вслух, как газета! Стиль этих писем, писанных большей частью по-французски, чрезвычайно выспренный, с длинными предложениями, явно рассчитан на посторонние уши. Но что характерно! Говорят, стоит дворянину перейти на свой родной русский язык (мне его учить негде, когда в салонах и учреждениях везде по-французски), на котором он еще не привык писать и читать, как он меняет тон и становится самим собой. Поэтому, очевидно, есть и другие письма, писанные прямо и без выкрутасов. Да что же я забыл сказать! Здесь и дневники дают друг другу читать. Эта важная духовная часть жизни русского общества — Слово вообще, и само собой — книги, письма и дневники. В то же время все дурные стороны бытия — осложненные роды, скандальные сватовства, подложные завещания, адюльтеры, внебрачные беременности, ссоры между мужьями и женами, французская болезнь, вещи заведомо интимные и личные — все это жадно, вслух, то есть прилюдно, обсуждается в углах гостиных. Никто не приглушает голос. Леди могут сказать такое!

Но опять же, Боже избавь джентльмена сказать леди невпопад какую-то неосторожную вещь. Какие сделает глаза! Сколько жеманства и притворства! Например, нельзя поднимать медицинские темы жизни тела. Или, Боже избавь, упомянуть о разложении трупа животного или о чем-то таком, вполне происходящем за окном гостиной. А уж про девиц разговор особый. Русская мисс даже не имеет права на свою собственную визитку, до того бесправна и несамостоятельна. Ею все время руководит дама старшего возраста: что сказать, как сесть, куда посмотреть. Оттого девицы здесь совершенно не знают жизни. Не дай Боже подъезжать к девам на балу. По наивной глупости или по неписаным правилам милая мисс может истолковать твои слова как посягательство на ее честь и сделать историю. Или хлопнется в обморок, или призовет старших родственников в свидетели и все такое. Дело может и до дуэли дойти! Здесь дуэли, представь, еще имеют место, несмотря на наличие университетов, опытов с электричеством, паровой машины, пароходов и попыток наладить железнодорожное движение.

Все это для меня, простого парня из Нового Света, — китайские церемонии. Но только решишь держать ухо востро, не проходит дня — убеждаешься в обратном: опасно вести себя излишне церемонно и холодно. Заподозрят в умысле и подлом, тайном расчете. Дальше уже не знаешь, что и думать про русскую душу. Ах, эта загадочная ame russe! При случае русский — душа нараспашку вывалит тебе всю подноготную про себя, жену, тестя, брата и свояченицу, будет клясться в вечной привязанности. Через минуту уже дуется на тебя и смотрит косо... Русские — азартные картежники, почем зря закладывают имения, живут в долг, любят выпить и закусить, иные отчаянные взяточники, другие содержат по пять артисток по квартирам, не считая жены и официальной любовницы. Все охочи до крайностей. Объединяет все случаи одно правило: чем больше связей и денег, тем меньше внимания обращается на законы и приличия. Помню, как-то я попал с помощью приглашения леди Хейтсбери, жены тогдашнего английского посла, в гости к княгине Юсуповой (богатейшая и знатнейшая фамилия России). И не то меня поразило, что княгиня молода и красива, а князь ей полная противоположность, хоть и не стар, а что на фамильных портретах князь и его мать были изображены... совершенно голыми! Князь вел себя как толстый, веселый расшалившийся мальчишка. Много проказничал и пел тонким фальцетом, а после плотного обеда о двенадцати блюд почему-то полез целоваться на брудершафт и все пытал, можно ли доплыть до Америки, если сесть на пароход в южной части России, в Крыму, и плыть дальше через Геную... От Юсуповых поехал я тогда на большой дворянский маскарад в полдвенадцатого ночи. А маскарад был в пользу пострадавших от холеры москвичей. Веселились совсем не в трауре. Вернулся в полтретьего ночи. С тех пор я участник какого-то нарядного, шумного, блестящего и глупого маскарада. Исключение — по-прежнему салон австрийского посланника Карла Людвига Фикельмона, и был до последнего времени салон лорда Хейтсбери. Ничего лишнего. Одни образованные и живые люди, умный разговор, общество образованных людей, первоклассных мыслителей, дипломатов и литераторов. К сожалению, не всегда могу поддержать разговор и скромно прячусь в тень. Жизнь Франции, вообще Европы, где я не имел счастья долго жить и путешествовать, как многие из посетителей салона, недоступна мне, а здесь живо обсуждается.

Я тебе говорил как-то, что имел удовольствие познакомиться у гр. Фикельмона с одним из самых ярких умов России, поэтом Poushkine. Там мне его представили. Он говорит по-французски так изящно, скоро и блестяще, что я было совсем увял со своим грубым галльским произношением и запасом казенных оборотов. Английским он владеет совершенно, но, не имея навыков беглой устной речи, предпочитает все же французский. Мы говорили вперемешку на том и этом. Этот живой, смуглый господин ни на кого не похож и оригинален умом и чертами. Он будто несколько списан с наших мулатов — формой губ и цветом кожи, но с тонкими европейскими чертами лица и голубыми глазами. На меня повеяло чем-то родным, я сразу испытал к нему симпатию. Он оказался любезным и учтивым собеседником, самого простого и изысканного тона. Г-н Poushkine, которого называют лучшим поэтом империи, никогда не покидал пределов России. Мне показалось

это удивительным — ведь все дворяне российские весьма живо перемещаются по Европе.
У него звание камер-юнкера 9-го класса, это
не титул, а ничтожная должность при дворе.
При этом ему как первому литератору России
царь доверил писать историю Петра I, самую
спорную часть истории России, про которую
здесь говорят, что до Петра история России
была одно «слово и дело», а после Петра — одно уголовное дело.

Г-н Пушкин, с которым очень считаются
многие из дипломатов, поставил меня в тупик
своими вопросами об устройстве демократии.
Как всякого просвещенного человека в стране
его волнует один вопрос: когда будут работать
законы в России — без принуждения и ру-
жей, а своим существованием? «Des lois et
non du sang» — законами, но не кровью, вот
его любимое выражение. При этом он, однако
же, собирается писать какую-то статью
о жадности к наживе при демократии. Право,
не думал встретить здесь такой глубокий
и живой интерес к своей родине. Ты знаешь,
что он мне сказал без всякого пиетета к нашим завоеваниям?

— Мне мешает восхищаться этой страной,
которой теперь принято очаровываться, то,
*что там слишком забывают, что человек
жив не единым хлебом!*

Гуманист и просвещенный ум, мистер
Pouchkine отвел, разумеется, душу в остроум-
ных сравнениях, говоря, что производство каких-нибудь швейных иголок Джаксона требует сегодня от английских рабочих такого же
рабского, подневольного труда, риска для здоровья и жизни, как при строительстве египет-
ских пирамид. Не знал, что и сказать ему в ответ: формально он прав — мир несовершенен.

И все-таки, что делать, когда прогресс требует жертв? Это заставило меня еще раз задуматься о судьбе неподвижно лежащей на огромных просторах России, где нет ни твердого закона, равного для всех сословий, ни гуманизма, ни прогресса, где белых крестьян называют рабами. Где нет развитых дорог, промышленности, а письмо из одного конца государства до другого идет... четыре месяца!

Скверный климат не даст этой стране благоденствовать за счет легкого труда на сельской ниве. Расстояния поглотят любую энергию, если не обустроить дороги и дальние уголки. При таком климате нужно иметь суровое сердце, сильные руки и дьявольское трудолюбие.

Но, черт возьми, Джо, почему-то я отчасти люблю русских.

Они и добры, и злы, как дети.

Обнимаю, до следующей почты!

Твой брат и друг.

Граф Бенкендорф Николаю I в Царское Село.

Ваше Величество! Не было ничего проще подготовить записку по управляющему III Отделением, начальнику корпуса жандармов генерал-майору Дубельту, кою прилагаю. Записка наготове с прошлого года (разбор донесений на управляющего III Отделением Л.В. Дубельта изволили читать Его Высочество Михаил Павлович и не соблаговолили сделать никаких замечаний). Я только позволил ее несколько освежить и дополнить сведения.

По титулярному советнику, камер-юнкеру Пушкину отошлю отчет несколькими днями позже, чтобы успеть обработать новые данные.

Суть порочащих честь генерал-майора Л.В. Дубельта наветов можно объяснить исключительно блистательной карьерой и видным местом службы, которые вызывают людскую зависть и недовольство тех, чьи интересы Отделение так или иначе задело. Якобы он стяжатель и мот и можно с пачкой кредитных билетов решить через него любые вопросы, а также склонен к амурным приключениям (фигурирующие в донесениях жалобы родственников воспитанниц театрального училища и сиротского дома проверены нами. Все жалобщики, как один, отказались от претензий). А еще будто бы есть известные всему городу любезные и постоянные люди, через коих передаются ему деньги в виде взяток. В частности, была названа полковница Газенкампф, якобы поставлявшая Дубельту «верных клиентов». Доказательств у очернителей не было, но в доносах было подчеркнуто, что генерал-майор живет не по средствам, что-де «проживает он больше 100 тысяч рубей в год, к тому же содержит актрис на 50 тысяч в год. А еще двум сыновьям выдает ежегодно по 30 тысяч ассигнациями, покупает дома, тогда как жалованье его много меньше», и так далее.

Столь преувеличенное описание злоупотреблений само собой обнаруживает неосновательность доноса, как уже было отмечено в заключении нашего III Отделения. А доподлинно удалось установить следующее.

Генерал-майор отличается не только талантом организатора (наше Отделение обязано Л.В. Дубельту полной и плодотворной реорганизацией за короткие сроки), но и другими способностями. Например, талантом оратора, стратега и даже финансиста. Будучи человеком энергичным и с некоторой коммерческой жилкой, он законным частным образом, как любой дворянин, участвует в торговых и промышленных компаниях пайщиком, от чего, грешен, не удержался, чтобы упрочить для потомства наследство, и я, ваш покорный слуга. Правда, ни Дубельт, ни я не рисковали иметь дело с такими сомнительными предприятиями, как игорный притон Политковского, о котором упоминается в доносах.

Это чистейшей воды навет, хотя генерал-майор не отрицает личного знакомства и встреч с владельцем этого игорного дома. Но с другой стороны — кто же таких личностей, как Политковский, не знает в нашем Отделении по долгу службы? УВЫ, наши голубые мундиры — не белоснежные хитоны, мы чистильщики, а не лакировщики действительности. Сама жизнь предлагает нам сырой и грязный материал, в котором недолго и выпачкаться, а уж что-то забрать... И потом, смею заметить: через руки Дубельта проходят только такие дела, в которых защищается сторона обиженная, разоренная, с которой, если бы и хотел, взять нечего.

Грязные вымыслы задевают честь жандармского мундира, вторгаясь в наши семейные тайны и личные финансовые дела, в которых и самому добропорядочному человеку трудно предстать в ангельском обличье. Тогда как каждый в Отделении подобен трудяге-муравью, горбом своим тащущему в дом жалованье-соломинку. Генерал-майор Л.В. Дубельт, слава Богу, имеет собственное состояние. Он женат на родной племяннице адмирала графа Н.С. Мордвинова и после кончины тестя получил 400 незаложенных душ и два дома в Москве. А после кончины свояченицы, родной сестры жены, получил еще 400 незаложенных душ, 100 тысяч рублей ассигнациями и дом в Москве, после кончины тещи получил 200 душ и 20 тысяч рублей капитала. Имея эти 1000 душ и 120 тысяч капитала, жена его купила еще 280 душ и небольшой дом, который ему и подарила. На эту покупку недостающее количество денег в 70 тыс. рублей ассигнациями заняла при моем пособии у г-жи Лестрелен. Девять лет назад Дубельт вступил в первое общество золотоискателей, куда внес за семь паев 15 тысяч рублей. При благополучном развитии этого дела паи исправно дают ему 40 тысяч ассигнациями доходу ежегодно. Вот и все скромные средства, которыми Дубельт приобрел хорошее состояние, Ваше Величество.

Хотел было, Ваше Величество, присовокупить пару анекдотов о знаменитой мануфактуре севрского фарфора Людовика XVI, о стекольном заводе герцога Орлеанского, да удержусь от такого сравнения. Смею напомнить, что граф д'Артуа через посредство своего казначея Бурбулона основал мануфактуру химических продуктов в Жавеле, да и другие аристократы французские уж как лет семьдесят не гнушаются и металлургическими заводами и угольными шахтами, не говоря о бельевых мануфактурах. У нас, конечно, другие цели, российские, к тому же Дубельт — на особом государственном месте, человек военный, но жажду узнать Ваше высочайшее мнение на этот счет, и как Вам угодно будет охарактеризовать сей случай с Дубельтом...

Рукой Николая I резолюция:
Александр Христофорович, все же лучше без этих слухов и жалоб... Ценность Дубельта нам ясна, однако есть над чем генералу поду-

мать, во избежание всяких оправданий и, главное, огласки. Он умный человек, поймет с полуслова. Скажите, чтобы подальше держался от воспитанниц. Какого черта он туда полез? Мало ему актрис? Это не для сохранения в бумагах.

А что там все же у нас с Пушкиным? Не оправдывай хоть этого. Ты, Александр Христофорович, на диво мягок и снисходителен. Не забывай: не стоит верить человеку, когда им движет не рассудок, не нормальный расчет, не порядочность и набожность, а черт знает что....

Июнь—июль 1836 г. А.С. Пушкин:

Не дорого ценю я громкие права,
От коих не одна кружится голова.
Я не ропщу о том, что отказали боги
Мне в сладкой участи оспоривать налоги
Или мешать царям друг с другом воевать;
И мало горя мне, свободно ли печать
Морочит олухов, иль чуткая цензура
В журнальных замыслах стесняет балагура.
Все это, видите ль, *слова, слова, слова.*
Иные, лучшие, мне дороги права;
Иная, лучшая, потребна мне свобода:
Зависеть от царя, зависеть от народа —
Не все ли нам равно? Бог с ними.
Никому
Отчета не давать, себе лишь самому
Служить и угождать; для власти, для ливреи
Не гнуть ни совести, ни помыслов, ни шеи;
По прихоти своей скитаться здесь и там,
Дивясь божественным природы красотам,
И пред созданьями искусств и вдохновенья
Трепеща радостно в восторгах умиленья.
Вот счастье! вот права...

*Джон Клей — брату Джозефу в Филадельфию,
29 июля.*

Наконец-то получил твое письмо и атлас Гранта с диппочтой. И даже рубашки! Вот угодил, брат! Не вздумай жениться, пока не приеду. Не знаю, удастся ли мне привезти мистеру Смиту в подарок из России приличные гравюры с видами Петербурга. Хорошие литографии здесь недешевы. Про живопись хорошей западной школы или местной, а многие русские учатся искусству кисти в Италии, и говорить не стоит. Ее может позволить среди посольского народа не каждый. Американцы, как ты понял, здесь, увы, не самые богатые. Собственно, в среде дипломатического корпуса не так много людей, имеющих собственный капитал или майораты. После Французской революции вообще появились какие-то демократические замашки во французском дипкорпусе. Это уже не аристократы с большой буквы, скорее — пишущий, путешествующий средний класс, зато я с этими славными, простыми джентльменами на короткой ноге. Других посланников простота не касается. Среди них есть и европейские, истинные просвещенные аристократы, вроде австрийского дипломата графа Фикельмона, о котором я уже не раз упоминал, но ему уже под шестьдесят, это человек столетия Просвещения, а есть представители новой волны, карьеристы и стяжатели чистой воды. Им не до прогресса человечества. Дух накопительства, утонченной интриги, изысканных и дорогих прихотей отнюдь не чужд этим поклонникам трех «М»: Макиавелли, Меттерниха и царя Мидаса, который, как известно, все, к чему ни прикасался, обращал в золото.

Яркий тут представитель — один предприимчивый посланник, у которого недурное состояние и своя немалая коллекция картин и антиквариата. Ни одной дешевой или проходной вещицы! Владелец — нидерландский посол барон Геккерен. Он в России уже лет десять, все его знают, он всюду вхож и научился выжимать из своего положения весь сладкий сок, который остальным дипломатам и не снился. Ему покровительствует всесильный министр иностранных дел Нессельроде. Тот самый, про которого я тебе как-то писал, что он сорвал мне морской и торговый договор, ссылаясь на «политическую неустойчивость в Европе». На самом деле — тогдашнее сближение России с Англией привело к тому, что министр испугался ее недовольства этими договорами. Но подобные дела лжи — обыкновение в хитрой политике дипломатии. Другое дело — наглость. Так вот, про друга Нессельроде, курьеру которого я плачу 25 рублей (!) этого ловкача Геккерена. О нем ходят упорные слухи, что он не чужд контрабанде и наживается на беспошлинных дипломатических посылках, умело реализуя тонкую писчую бумагу, полотно, посуду и стекло, прочий бытовой товар. Может, и под прикрытием Нессельроде — как знать. Ведь тут, брат, таможня — государство в государстве, со своим оборотом и правилами. Приходится все время подтверждать, что ящики, задержанные таможней, принадлежат нашему посольству. Возня и препятствия. Какие уж тут торговые договоры! Но вернемся к нашему герою. Выдающаяся в некотором смысле личность, этот барон Геккерен настоящая бестия. Если хочешь овладеть искусством жизни в нашем жестком XIX веке, стоит брать у него уроки. Не обязателен труд, главное — ловкость рук и ума. Особенность этого дьявольского ума, который признают за Геккереном, — толковать о принципах, римском праве, нравственности, высоких материях, новом устройстве Европы, но выводить себя из-под этой нагрузки.

Если бы мне кто-то сказал, что он шпион трех держав, я бы ничуть не удивился. По крайней мере многие за его спиной утверждают, что он — официальный шпион все того же Нессельроде. А кого же тогда он обслуживает в Европе — не официально, кроме своего короля? К его беспринципности и бесстыдству примешивается редкая скупость, о которой слагают среди дипломатов легенды. Тут ремарка: пусть Геккерен неправдоподобно прижимист, он всегда готов накормить нужного человека. Все знают: если тебя приглашает на обед Геккерен, значит, ты что-то знаешь, что хочет знать и он. Готовься к осаде и обороне. Бесплатно не отобедаешь. Какой-то новостью или мелкой тайной придется поделиться.

Однажды, то ли в конце мая, то ли в начале июня, по случаю своего возвращения из Европы и возобновления знакомства, он и меня удостоил домашним обедом. Догадайся с трех раз, ради чего? Не прошло и получаса, как хитрый лис вышел на охоту. Начал за бокалом токайского жарко говорить о канадских волнениях, потом о позиции Англии, которой-де совсем невыгодно сближение России и Америки, а посему... что я думаю об интригах Англии? Потом плавно перешел к российскому государю и его политике на южных рубежах... Готовился, видно, к отчету своему правительству. Недооценил моего молодого американского организма, который устоит даже под русской vodka (смертельной крепости напи-

135

ток, крепче виски и матросского рома, чистый спирт), а не то что под красным вином.

И все-таки этот старый лис — подлинный знаток искусства и древностей, почти ученый. Вся его богатая квартира на Невском сверху донизу набита редкостями. Среди занятного антиквариата — и древние бесценные монеты, и бронзовое литье, и хрусталь, и серебро, и даже лаковая мебель XVII века с инкрустацией в отличном состоянии. Все сверкает в полутьме пещеры, как у Гаруна аль-Рашида (барон любит все первоклассное). На стенах особняка редкие, иногда весьма откровенного содержания картины, в углах гостиной — скульптуры, заметь — большей частью обнаженных юношей. Но работы замечательные, признанных итальянских, редко — местных мастеров, и стоят бешеных денег. И тщеславный Геккерен не прочь похвастаться своим добром перед гостями. Подозреваю, я не первый гость, чью зависть и уважение он хотел разбудить, проводя среди своих сокровищ экскурсию, как в музее. Вопрос, как ему досталось такое богатство? Сколько ни воруй, ни спекулируй на посольской писчей бумаге, на все, что у него есть, явно не хватит. Десять против одного, что скупил по дешевке в разоряющихся или испытывающих затруднения семействах и мебель, и картины, и драгоценности. А то и взял взяткой или пустил что-то в обменный торг.

Почему его никто не остановит в таком сомнительном для иностранного посланника деле, как контрабанда или спекуляция, ведь достаточно слова государя, не знаю. У меня такое впечатление, что все немного робеют перед его напористостью и хорошо подвешенным языком. Он, знаешь, такой верткий. Целый день ходит туда-сюда, везде принят. Везде есть у него свои люди и доносчики. Он все слышит, все видит, ему до всего есть дело. И все время слегка улыбается, будто знает про тебя тайное, но до поры помалкивает. Нет, помяни мое слово, это новый тип человека, перед которым век снимает свою шляпу. Говорю тебе, Джо, я его даже втайне опасаюсь: этот Геккерен — пройдоха и интриган, каких мало. Да видно, в наше время в бою все средства хороши, и ловкость в соединении с наглостью не последнее дело.

Мало этого: я узнал про этого старого опытного волка дипломатии совершенно неприличную вещь. Он, представитель коронованной особы, государственный человек — оказывается, откровенно циничный, развратный сладострастник! Будучи цветущим и холеным господином сорока с небольшим лет (кстати, никогда не женатым), он взял, да и поселил к себе на квартиру двадцатидвухлетнего красавчика-француза. Но это не все: при живом отце и большом, хотя и обедневшем, эльзасском семействе последнего наш дипломат умудрился его каким-то образом даже усыновить! Хотя, казалось, эта сказка про отца и сына годится только для неопытных детей и глупых, взбалмошных сентиментальных трясогузок в гостиных, она прошла при аплодисментах общества.

Представь, даже местные власти, которые любят поиграть в нравственность и заботу о крепости семейных уз, преследуют презрением всякое «инакомыслие» в этой деликатной сфере, вдруг сделали вид, что верят в «искренние намерения бездетного старца» позаботиться о бесприютном юноше, сбежавшем от французских переворотов. Если я ничего не путаю, голубоглазый «сынок» — на словах убежденный роялист и за это его приголубил двор.

Россия не так уж давно разгромила Наполеона и, возможно, лелеет в этом юноше сладкий ренессанс французской абсолютной монархии (чему теперь, конечно, и во сне не бывать). Впрочем, этот сладкий красавчик с неподвижными прозрачными глазами может прикинуться кем угодно. Я довольно усердно разглядывал этого малого — он совсем не похож на рыцаря без страха и упрека, смелого ратника и защитника трона, и уж тем более — нимало не смахивает на белокурую малютку, нуждающуюся в добром папаше. Ловок, суетлив, развязен, улыбчив (улыбка у него, кстати, как и у «папаши», искусственная и малоприятная), за словом в карман не полезет. Но в сущности, малый простой, без царя в голове. Он довольно высок и тонок в кости, настоящий яд для сердца нетребовательных леди полусвета и скучающих вдовиц. А со стороны поглядеть — смешон со своей самоуверенностью, в мундирчике и в высоких ботфортах. Но в высшем свете все в помощь этому рыцарю со шпагой: только одни военные имеют право на балах буквально на все, как старики в чинах и летах, их приглашение на танец — чуть ли не честь для дам. Мундир офицерский в России приравнен к самому благонадежному элементу. Я не шучу! С военным мундиром даже самые строгие матроны пускают своих девиц флиртовать и танцевать без оглядки, ибо всему порукой якобы «офицерская честь». Ну и ну!

Живописные молодожены, ох, извини, плешивый папаша с тонкой улыбкой прихотливо изогнутых губ и его говорливый малютка, клянусь всеми святыми, Джо, на ура приняты в свете вместе с их малореальной легендой. Кажется, они наперебой спешно эксплуатируют две или три запущенные бароном Геккереном версии: маленький Жорж — незаконный сын самого барона, одновременно (на выбор) — его племянник и... внебрачный сын французского короля! Я слышал в разных местах все эти варианты. Настоящие фокусники!

В прихожей Геккерена, когда я покидал дом, уже освобождались от шляп и перчаток двое светских юношей определенного вида. Я думаю, они пришли не для того, чтобы поглазеть на картины. Зато в обществе, на балах и приемах, как я заметил, живописная парочка баронов Геккеренов разбивается. Стараясь не вызывать подозрений, они держатся поодаль друг от друга, в своей компании, сообразно возрасту, как настоящие отец и сын. Юноша ухаживает за дамами, папаша беседует со стариками. Уверен, в России этой наглой коалиции помогли взятки и связи. Здесь они решают все. А представь, Джо, какой гомерический хохот покрыл бы такую историю в наших местах! «Что тебе-то в этих бугряках?» — спросишь ты недоуменно. Неужели ты еще не заметил, что история этого выскочки в ботфортах полностью повторяет МОЮ собственную биографию, только в пародийном варианте? Сэр Джон Рэндольф Роанеке был так добр, что усыновил нас, оставшихся круглыми сиротами. Но никогда не попрекал и не пользовался нашим незавидным положением, и другим не давал. Он не ждал от нас ханжества, прогнутого позвоночника, не просил платы за доброту, чтобы целовали ему руку за тарелку жаркого. Единственное, о чем он нас просил, — учиться и работать, чтобы самим стать на ноги, жить достойно, не бросая тени на обе родительские — кровную и приемную — фамилии! Так кого же не взбесят совпадения, умаляющие святые для тебя понятия! Назначенный послом США в Россию, сэр Рэндольф, так же, как и Геккерен своего сладкого французишку, привез меня сюда 22-летним юношей. Но как все разно шло в наших судьбах! Я выстрадал и оплатил своим трудом каждую мелкую монету, пожалованную нашим скупым правительством. Что тут говорить!

Когда сэр Рэндольф буквально через сорок дней после нашего прибытия в Санкт-Петербург внезапно заболел и был вынужден покинуть свой пост посланника и уехать, я остался в ту осень на замену один. Я был обязан заменить его, пока не прибудет «подмога». Господи! Какой это был ужас в такой необычной, холодной незнакомой стране, как Россия! Не владея тогда полностью ни французским, ни тем более русским, я умудрился не подвести его. Я оказался способен выстоять без ощутимых потерь для его чести и для своего государства. Переговоры, документы, проталкивание наших интересов — всем этим я занялся уже через неделю. И все шесть лет я часто оставался один на один с этим мохнатым зверем — Россией, «пока в дороге был очередной настоящий посол». Мне месяцами приходилось работать за троих, поскольку никто в Штатах не спешил тратить «лишние» деньги на такую далекую страну и торопиться с посланниками. А поскольку наши послы не спешили, раз за разом мне приходилось брать на себя в их отсутствие отчеты, донесения, всю переписку, препирательства насчет диппочты, визиты во Дворец, в Министерство иностранных дел, ответы на запросы нашего Конгресса, и прочее, всего не перечислишь.

Так продолжалось шесть лет, пока, как ты знаешь, мои усилия, ум, трудолюбие и прочее были замечены на родине, и я оказался теперь годен для самостоятельной роли посла в Перу! Подумай, мне всего 28 лет, и я смотрю в будущее, не беспокоясь за свою жену и детей. Потому что привык работать. Так что же я должен чувствовать, глядя на свою пародию — этого французского карьериста и выскочку, который приехал в Россию за тем же, что и я, — показать, на что способен, — только с противоположными совершенно качествами и намерениями? Я учил языки, я буквально слеп, переписывая при плохих свечах бумаги, ворочая депешами, картами и мозгами из патриотизма и самоуважения, а потом уже для того, чтобы добиться оценки этих усилий, экономил на свечах и еде, а милому кавалергарду для сытой блестящей жизни не понадобилось тратить и одного года. Во мне оскорблено чувство человека труда и чести.

Предвижу твои недоуменные вопросы: как так могло случиться, почему никто ничего в приличном обществе не заметил и не изгнал парочку этих шулеров? Я прихожу к неутешительному выводу, что бугряки, то бишь педерасты, своего рода тайное общество в обществе. Все члены его связаны общей порукой и молчанием почище масонов, всегда приходят на выручку друг другу жарче, чем родные по крови. Конечно, они есть и в окружении царя, я даже знаю их имена, и другие знают. Года три назад государь российский назначил известного в обществе педераста Ивана Сухозанета главным директором... Пажеского корпуса! Пустили волка в овчарню. Протежировал ему приближенный Николая I некто господин Яшвиль, также отмеченный этим пороком. А всего комичнее, что и на посту министра народного просвещения еще один любимец государев, большой блюститель нравственности — селадон и бугряк Сергей Семенович Уваров, он же — держись, Джо! — председатель Главного управления цензуры! Это вообще личность, равная Цезарю, — все-таки президент Академии наук России, придумавший для русского царя его триаду правления: «православие, самодержавие, народность». Да как таких людей трогать? И ты еще спрашиваешь, почему общество терпит такую античную откровенность? Бугряки эти богаты и знатны, для приличия почти всегда женаты. Их жены имеют детей. Не всегда от них самих, но какая разница? Это первая причина. А вторая... Не уверен, что среди петербургской знати добродетель семейная не на словах, а на деле возведена в почет, а темперамент русских так же холоден, как снега. Светские союзы в высшем обществе — дань родовым и иным нужным связям, короче говоря, расчету. Высший столичный свет — это всего лишь пара тысяч человек. Здесь все в родстве и все знают друг друга. В этой среде много лицемерия и пошлости сытого, скучающего человека. Среднее обширное звено этого круга добрую часть времени тратит на карты и сплетни.

Хитрость распространенного понятия о «порядочности», Джо, в том, чтобы в любом случае виртуозно делать вид, что ничего не происходит, и холодом обдавать всякую

попытку намека на двусмысленность. Успех
в свете — это вопрос тактики, стратегии
и выдержки. В петербургском обществе может сойти с рук любой грех, лишь бы знать
правила игры и умело прятать концы в воду.
Кстати, и побочные дети здесь правило, и эта
мода идет от царской семьи. Цари традиционно награждают беременностью своих фавориток, выдают их замуж, а потом в откры-
тую заботятся о своем отпрыске-бастарде,
дарят его службой, имениями, деньгами
и так далее... Да и царицы не отстают. Еще
живы и процветают Бобринские, от внебрач-
ного сынка Екатерины II, бабушки нынешнего самодержца. Все бы ничего, но такие истории запутывают иногда семейные связи
и наследование, и более того: в принципе
способны повлиять на большую политику!
Один князь под большим секретом говорил,
что до сих пор ходит в списках некое письмо,
якобы за подписью самого Павла I, отца нынешнего императора, в котором он настаивает, что младшие дети — ныне царствую-
щий Николай и брат его Михаил — не от него, а от любовника императрицы. Скорее
всего — сущий вздор. Только опасный для
правления. Слух может обостриться при любом новом польском или ином кризисе, чуме
или голоде. Уверен, после декабрьского бунта дворян в период междуцарствия Николаю I
любые шутки на эту тему не кажутся забав-
ными. Так что, брат Джо, здесь возможно то,
что совсем невозможно при нашей избира-
тельной системе. Многие считают, что вся
русская история заколебалась и потекла иначе, потому что у Александра I не оказалось
в 1825 году законных наследников. Скажи
миссис Смит, что я видел при русском дворе

в национальных нарядах не княжон из Джорджии (откуда у нас в Штатах княжнам взяться?), а местных кавказских княжон, грузинских (Georgian). Эта дама меня с ума сведет. Не читай ей отрывков из моих писем, умоляю!

Приписка двумя днями позже.

Почта наша дипломатическая снова задержалась с отсылкой. А в Петербурге она отходит один раз в неделю, в четверг... Джо, хочешь для миссис Смит и миссис Стоун русский реальный анекдот? В царском дворце холод собачий с осени по весну, печи в дорогих изразцах, а дымят вовсю. Утром вода в лоханках для мытья замерзает. Тем не менее здесь царит любовь к прекрасному. Учат светских фрейлин двора, живущих во дворце, языкам, живописи, музыке, ботанике, физике и оптике, и еще Бог знает чему. Но для лечения ангины русский дворцовый патентованный лекарь как-то умудрился затягивать им нежные шеи шнурком шелковым, накрепко узлом... Как думаешь, Джо, для чего? Чтобы зараза ниже не шла и выше не поднималась! Они и ходили потом в шелковых бальных платьях, как ожившие покойницы с синим следом на шее, прикрывая его жемчужной ниткой. Эти милые подробности я выудил у отца Фанни. Он много чего рассказывает интересного про царский двор. Мои лучшие пожелания миссис Стоун и ее симпатичным дочерям. Их почему-то ужасно заинтриговало, что мой тесть мистер Гиббс — лейб-медик двора Его Величества и мог при случае рассматривать великое тело императора с научной и любой другой точки зрения.

Прощай, однако же, что-то я разговорчив некстати сегодня...

Всегда твой брат Д.

Катрин Гончарова — Идалии Полетике,
30 июля.

О, мой милый друг! Добрая, добрая Idalie! Сколько же мне благодарить вас за этот прелестный кружевной зонтик? У меня просто не хватает слов. Я еще не могу опомниться от счастья вашего первого подарка этого лета — чудной мохнатой попонки для моей Любушки, а вы снова умножили мою радость столь щедрым образом. Мне кажется, что даже моя лошадка почувствовала, что у нее красивый подарок, и была весела под седлом.

Не уверена, что я заслужила такое дружеское отношение каким-нибудь хорошим христианским поступком, но я постараюсь, милый друг (а вы разрешили мне называть себя вашим другом), исправиться и быть чем-то вам полезной. И поверьте, если судьба когда-нибудь улыбнется несчастной Катрин, первая, кто почувствует, как я умею разделить свое счастье с другом, — будете вы, Idalie! Вы правы: счастье бывает иногда так близко, но я боюсь обмануться, чтобы разочарование совсем не уничтожило меня с моими глупыми надеждами. Понимаете ли вы меня, добрый великодушный друг? О, вы понимаете меня как никто другой! Вы всегда читали в моем сердце!

Зачем вы отъехали в Петербург? В любом случае спешу развлечь вас несколькими милыми глупостями нашей светской жизни на даче. Наша «маленькая банда» как никогда много ездит верхом, то есть продолжает наслаждаться погодой, пока тепло. Иногда, усталые и полные впечатлений, мы заезжаем в гости к кому-нибудь на дачу (были на даче вашей подруги княгини Бутера, прелестно провели время, просто сказочно, там дивный сад, был великолепный обед, наши кавалеры, правда, немного увлеклись напитками). Но чаще проводим вечера достаточно замкнуто, небольшим, но приятным кругом. По вечерам преимущественно пропадаем у Софи Карамзиной, где всегда весело. Почему? — возможно, спросите вы. Там нас всегда ждет *то* и *те, что* и *кого* мы любим. Иначе говоря — у Карамзиных по-домашнему уютно. Нас развлекают кавалеры шутками и розыгрышами, каламбурами и игрой в слова, а потом — танцы и чай с простыми пирожными. Все так по-летнему просто, как в родной семье!

Мои личные успехи, о которых вы спросили, таковы: когда я беру галоп, даже опытные наездники — кавалергарды и другие наши кавалеры, скажу без скромности, просто в восторге! Я же сама решительно предпочитаю галоп и испытываю восторг не от того, что я так умела или ловка в седле и что все восхищаются моими талантами. Мне нравится чувство свободы, скорости и... легкой опасности. Это очень приятное чувство. Жаль, что вы не любите верховой езды. Я просто счастлива, что могу слиться с моей верной лошадкой, большой любительницей скорости и прыжков. Вы знаете, это, может быть, единственные моменты, когда я чувствую себя совсем в своей тарелке. Ведь для того, чтобы быть смелой, не обязательно быть богатой...

К тому же на Елагиных островах было несколько балов, где была императрица, совершенно ослепительных, поэтических, как только и бывает летом. Таша была в белом, с гладко причесанными спереди и низко опущенными сзади волосами, и, как всегда, всех затмевала. Но и мы в ее тени тоже не скучали и много танцевали.

Словом, простите, простите, милая Idalie, мой эгоизм, но я счастлива, счастлива этим летом как никогда! Жду не дождусь времени, когда мы с вами вновь соединимся *для секретов* в уголке. Мое сердце переполнено. Мне так много нужно рассказать вам!

Ваша Катрин.

Александра Гончарова — брату Дмитрию,
из Петербурга в Полотняный Завод,
конец июля 1836 г.

«Пушкин просит тебя прислать ему писчей бумаги разных сортов: почтовой с золотым обрезом и разные, и потом голландской белой, синей и всякой, такой, так как его запасы совсем кончились. Не задерживай с отправкой... Он просит поскорее прислать».

Екатерина Гончарова — брату Дмитрию
в Полотняный Завод, 1 августа 1836 г.

«Мы получили твое письмо вчера, в карете, в тот момент, когда нам перепрягали лошадей в городском доме, чтобы отправиться в лагерь, где мы должны были присутствовать на фейерверке, устраиваемом гвардией, и который из-за непогоды должен состояться сегодня, но мы не поедем. Мы выехали вчера из дому в 12 с половиной пополудни и в 4 часа прибыли в деревню Павловское, где стоят кавалергарды, которые в специально приготовленной для нас палатке дали превосходный обед, после чего мы большим обществом должны были отправиться на фейерверк.

Из дам были только Соловая, Полетика, Ермолова и мы трое, вот и все... Затем офицеры полка, множество дипломатов и приезжих иностранцев, и если бы испортившаяся погода не прогнала нас из палатки в избу к Соловому, можно было бы сказать, что все было очень мило.

...Завтра все полки вернутся в город, поэтому скоро начнутся наши балы. В четверг мы едем танцевать на Воды...»

Горничная Гончаровых Лиза — подруге в Полотняный Завод, август 1836 г.

Дуняшка, получила твою посылочку — по-французски «презент» — с яблоками и кружовниковым вареньем. Благодарствую! Не засахарится, не успеет, не бойся! Счас жарко, самое время чай пить. У нас новости: барышня-то Катерина влюбилась! А кавалер француз, не нашей веры, но такой красавчик, такой красавчик, что сил нету. Так и кружит, так и кружит вокруг дома. А вчерася, или уж позавчера, прибыл в новом летнем мундире на лошади на закате — ну это посмотреть — картинка. Лошадь играет копытом, на нем мундир белый в обтяжку. А талья тонкая под ремнем, как у девки, и усики такие русые... аи, хорош! Вот у кого дам-то — поклонниц не счесть! Чистый Карл из романа. Смотри, играй в молчанку! У него дома есть слуга Петер с длинными зубами, рыжий такой холландец, что каланча высокий. Он тут записочки носит к барышням, да и хозяйке от этого француза и мне куры строит. Чего-то надобно ему. Аи, комедь такая, вообще нету слов. А барин наш Пушкин смешной, говорит, девки, держите ухо востро. Не обещайте лакеям всяким ничего.

А то нападете на месть, что прибьют. Или будет исчо хуже. Говорит, есть басня такая: Фома накормил Кузьму селедкой. Кузьма стал пить просить, а Фома не дал. Кузьма и прибил Фому, как последнего каналью. Без всякой благодарности за селедку-то.

Вот и говорит барин: смех смехом, девки, а не кормите никого селедкой, если не хотите пить давать. А то прибьют, если не дадите-то после селедки. Ну, на что намекал — ты поняла. Ой, страм какой. Мы так с Анюткой и закатились от смеху. Он всегда так — не поймешь, шутит с нами или упреждает всерьез. А что думаешь? Недолго и в подоле принести. Одна повариха в соседнем дому на Троицу чистила ягоды, да и разродилась прямо на кухне... С другой стороны посмотреть, история жизненная, про которую барин намекает. Помнишь, у нас на Полотняном Петруша вожжался с Анюткой, а когда она ему говорит: я девушка честная, женись, а потом под юбку лезь, он ей морду набил. Зачем говорит, нюхать себя давала и тискать? А еще и ославил потом, непотребный. Вот тот-то и оно... с селедкой. На кого нападешь. А то и правда — прибьет из мести.

Бегу! Спешу гладить сорочки и юбки. А еще стирать придется. Работы много, потому что все время переодеваются. Это я с оказией тебе передаю посылку-то, едет Илья в вашу сторону. Прощай! Посылаю столичных пряников польских медовых с орехами. Как бы не потаяли от жары-то. Проверь, целы ли будут, их там, в корзинке, шесть штук.

Может, поделишься с Татьяной? Или уж не делись. Верная в дружбе к тебе, Лизавета с поклоном.

А.С. Пушкин, 21 сентября.
Из неопубликованного.

Exegi monumentum[1]

Я памятник себе воздвиг нерукотворный,
К нему не зарастет народная тропа,
Вознесся выше он главою непокорной
Александрийского столпа.

Нет, весь я не умру — душа в заветной лире
Мой прах переживет и тленья убежит —
И славен буду я, доколь в подлунном мире
Жив будет хоть один пиит.

Слух обо мне пройдет по всей Руси великой,
И назовет меня всяк сущий в ней язык...
И гордый внук славян, и финн, и ныне дикий
Тунгус, и друг степей калмык.

И долго буду тем любезен я народу,
Что чувства добрые я лирой пробуждал,
Что в мой жестокий век восславил я свободу
И милость к падшим призывал.

Веленью божию, о муза, будь послушна,
Обиды не страшась, не требуя венца;
Хвалу и клевету приемли равнодушно,
И не оспоривай глупца.

---

[1] Я воздвиг памятник (*лат.*).

Глава IV
Осенний праздник

*Наталья Николаевна Пушкина — брату Дмитрию.
Сентябрь 1836 г. Каменный остров.*

«Это так-то ты держишь слово, негодный братец, что мне послал, не правда ли, мое содержание к 1 сентября? Ты забыл...»

*Идалия Полетика с дачи на Каменных островах —
Луи Геккерену в Петербург, письмо «лично в руки»,
переданное со слугой 10—12 сентября.*

Дорогой барон!

Миллион самых признательных благодарностей за чудесную писчую бумагу тонкого и гладкого производства, очевидно, с вашей родины, что особенно приятно. И, разумеется, отдельно благодарю за эти изящные конверты и весь письменный дамский прибор. Никогда не видала столь соблазнительного поощрения моего, как вы упомянули, редкого эпистолярного таланта. Теперь мне нет резона откладывать то, что я и собиралась сделать. Итак, что я думаю на правах старого друга вашего сына и заодно как жена непосредственного начальника в полку, про *невероятную занятость Жоржа, когда он ничем особенным не занят,* etc.

Вы пишете: «Вы так наблюдательны! У вас не женская манера видеть главное...»

Благодарю за комплимент, стократ увеличивающий ответственность за смысл этих строчек.

Увы, барон! Боюсь, что особенно полезной быть не смогу, хотя изо всех сил постараюсь восполнить пробел информации. Я не принадлежу к *тому слишком узкому,* почти интимному семейному кружку Карамзиных (желала бы, но не могу назвать это *салоном*), в котором сейчас вращается и блистает дорогой Жорж. Хотя, признаться, знакома со всеми действующими лицами этой маленькой банды. Не скрою — достоверные сведения позволяют иметь перед глазами правдивую картину времяпрепровождения Жоржа.

Можно сказать о происходящем в двух словах: ваш сын не оставил идеи ухаживания за мадам Пушкиной, но его летняя *практика* резко отлична от прежней зимней бальной *тактики*. Она стала более раскованной, чему способствует непринужденность дач. Известно ли вам, дорогой барон, что Жорж принят в молодом кружке Карамзиных совершенно как брат? Молодые люди дурачатся там с утра до ночи — ездят верхом, танцуют, гуляют, ездят на балы, уединяются на прогулках и... заводят романы. Теперь для отвода глаз или просто в шутку Жорж слегка ухаживает за одной из сестер Натали — старшей Катрин (та «южанка», что стала фрейлиной и получила шифр) — девицей перезрелой и обуреваемой сильными страстями. И что совсем скверно — она еще с прошлого года в Жоржа без памяти влюблена (как могло быть иначе?). Я не большой советчик в столь деликатном деле, но все эти «братские» привычки Жоржа — смех, шутки, танцы, прыжки на стол, шепотки в уголках, разгоряченные прогулки по вечерам в обществе благоволящих к нему девиц — слишком вызывающая картина даже для летних свободных нравов. Слухи становятся все громче. Я думаю, вам известно, что после балов на Елагином острове в обществе снова жарко заговорили о необыкновенной страсти Жоржа к мадам Пушкиной. Их танцевальные отношения даже стали предметом внимания — разумеется, благосклонного, ведь это ее балы! — самой императрицы.

Тут позвольте напомнить, что это, с одной стороны, ничего не значит, а с другой — значит очень многое. Вы знаете, как культивируется дух рыцарства и утонченной вежливости, дух старой доброй Франции со стороны государя по отношению к дамам, но это ничто по сравнению с теми усилиями, которые прилагает императрица, чтобы двор и особенно ЕЕ балы имели вид процветания и роскоши. Она сама — олицетворение изящества и экзальтированной восторженности, как любят говорить некоторые придворные — «настоящее дитя Шиллера!». Эта идеализация всего заменяет ей то, что другим дает религия или добродетель, служба или труд. Она не то что не знает жизни — она не подозревает о ее реалиях, как вечно спящая царевна, окруженная в своем блистающем сне великолепными покоями, шелком, кружевом, жемчугами и бриллиантами, живыми редкими цветами, дорогими безделушками, поклонением государя и двора, всей страны. Все знают, что она терпеть не может всего, что некрасиво и неизящно. Даже если она посещает воспитательные заведения, то всегда ласкает только красивых молоденьких девиц и везде отличает только здоровых хорошеньких детей. А ее балы — апофеоз такого отношения к миру. Александра Федоровна все делает для того, чтобы на этих балах все имели оживленный, блестящий вид, чтобы женщины были красивы, кавалеры изящны и хорошо танцевали, чтобы все были разряжены в пух и прах, как она сама. Ведь все в свете знают, какими увлажненными глазами, с каким наивным, почти детским восхищением любуется императрица новым изящным нарядом дамы, будь то маскарадный костюм, где можно блеснуть выдумкой, или легкая бальная дымка, и как не на шутку бывает огорчено Ее Величество видом уже однажды надетого на бал платья. Все из кожи вон лезут, чтобы предстать перед ее глазами в самом выгодном свете. Тут не жаль и дом заложить, и людей продать, что многие и делают ради этих тысячных нарядов и жемчугов на шее. И тут мадам Пушкина — ее первая любимица как существо изящное и поэтическое вне конкуренции. На ней любое платье смотрится, как на принцессе, что делать!

Когда же к мадам Пушкиной «прибавился» и стал в пару достойный кавалер, не уступающий ей в изяществе и красоте, а это был ваш Жорж, картина была дописана. Балы приобрели цельность. Попробуйте теперь поломать эту сцену! Сколько будет недовольных!

И я решительно не знаю, как «благотворно повлиять» на Жоржа. УВЫ! Невозможно «влиять» в таких вещах, ведь ничего особенного не происходит, как вы сами понимаете. Хотя, быть может, происходит все. Но меня не на шутку беспокоит не Натали, а ее сестрица Катрин. Вы отмахиваетесь от этих «бесприданниц», а напрасно. Есть положения, когда порядочный молодой человек просто вынужден жениться, вы понимаете... Вот уж кого не назовешь «кружевной душой» при первом же сближении. М-ль Катрин — девушка неглупая, властная, своенравная, самолюбивая, с жаждой положения в обществе, но, кажется, к сожалению, немного истеричная и даже экзальтированная, как все страстные и перезрелые девы ее возраста. (Если не ошибаюсь, она на пару-тройку лет старее меня, а я уже лет семь как замужем.) Главное, барон, — она теперь *почему-то* находится в экстазе надежд. Думаю, что Жорж вскружил ей голову. Это не значит, что Катрин настолько потерялась, чтобы дать кому-то возможность совсем не учитывать ее интересы. Взятая из милости в Петербург, она тем не менее весьма выросла в собственных глазах после пожалованного ей шифра фрейлины. И много развлекалась на балах весной, когда сестра готовилась к родам. А теперь настала ее пора — верховые элегантные прогулки в *дальние рощи*. (Натали, как мне известно, пока не может принять в прогулках полного участия после тяжелых родов и лишь изредка сопровождает их в коляске.)

Выводы можете сделать сами.

Я бы не стала вам ничего говорить, но отчего-то мне кажется — может быть, я ошибаюсь! — что Жоржу УЖЕ приходится давать Катрин какие-то туманные обещания или делать вид, что они вот-вот будут даны. Он делает это ради Натали, но несчастная дева Катрин принимает все всерьез! Одно время, как мне кажется, она с охотой служила неким исправным посланником между Жоржем и Натали, всегда давала знать Жоржу, куда и когда гончаровское трио поедет и где их можно увидеть, на каком спектакле, балу или в гостях (в надежде, что сама встретит Жоржа). И теперь между нею и вашим обожаемым сыном есть какая-то тайная связь — обмен знаками, записками в дуплах деревьев, через слуг, Бог весть! Последствия будут нехороши. Надеюсь, что Жорж не настолько потерял голову от мадам Пушкиной, чтобы не понимать, как опасна игра меж двух сестер, одна из которых девица и фрейлина, а другая — дама замужняя и известная в обществе и при дворе, и за спинами у обеих ужасная грубиянка их тетка Загряжская!

Разумеется, это всего лишь нескромные догадки. А посему — надеюсь, что этому письму осталось совсем недолго жить в жарких объятиях камина, не так ли? Даже не подписываюсь.

Кстати, слышали ли вы о несчастье с государем, когда лошадь понесла и опрокинула экипаж в поездке по Пензенской губернии? Он до сих пор не может оправиться — рука повреждена. В какие времена мы живем! Как все зависит от случая...

Барон Геккерен — Жоржу Дантесу,
записка (с французского).
Между 11 и 12 сентября.

Ты уже проснулся? Mon cher petit! И, розовый, душистый, спросонья чешешь мягкие кудри серебряной щеткой? Отдай ее мне. Серебро не идет мягкому золоту твоих волос. Я оставил твою любимую помаду на столе в спальне, мазнув себе виски, чтобы пахнуть весь день, как ты. Жужу, моя прелесть, я не буду молчать, даже если ты снова закроешь мне рот своими сладкими поцелуями. Мы погибнем, если ты не научишься слушать меня. Ведь ты, Жужу, не будешь делать то, что ты нарочно сделал вчера? Ты не станешь сводить меня с ума ласками, которые отравляют возможность думать и рассуждать трезво? Тело мое горит и просит: «пусть пропадают недели и месяцы, струясь и курясь, как индийское дурманящее благовоние». Не стоит ли один такой миг всей жизни?! Ты заснул, а я не мог совладать с бессонницей, с напряжением и одновременно полным безволием, которое внушаешь только ты один на земле, мой белокурый ангел. Сочинив что-то вроде александрийского стиха, я схватился за спасительного Катулла, написал что-то ему в подражание и наконец-то смог заснуть. Даже не рискую, милый, доверить свою поэзию твоим глазам, но одну строчку шепчу до сих пор:

Там, где бродит юноша меж зеленых рощ, статью своей гордясь и белокурой прядью...

Нет, лучше Сапфо не скажешь: «Лишь тебя завидя, немею, потом жарким я обливаюсь, язык не в силах вымолвить слова...». Даже натруженный язык дипломата пересыхает, Жужу, как пойма реки, под слишком жарким солнцем любви, но que faire, что делать!

Дописываю, немного поспав в кабинете. Жужу, милый Жужу, тиран, гиацинт, мой капризный мальчик! Я уже отчаялся поговорить с тобой откровенно с глазу на глаз. Все лето на маневрах, редко заезжаешь с дач, и только вчера наконец-то был такой восхительный наш и только наш теплый, благоуханный вечер, что мне совсем не хотелось портить его серьезными разговорами. Нежно-нежно закрываю этот вечер мелкими поцелуями, чтобы все-таки вернуться к реальной, увы, не столь прекрасной, как твое тело и твои глаза, жизни. До меня дошли слухи, что на каменноостровских дачах ты снова гарцевал в обществе мадам Натали и косых ее сестер.

Мы с тобой много раз говорили на эту тему, я не препятствую твоему желанию обладать известного сорта женщинами. Что делать! Я однозначен, а ты — двузначен. К тому же мужающие юноши, все прекрасные греческие Гиацинты и Адонисы, однажды выходили из-под покровительства старшего друга, чтобы обзавестись семьей. Я не настолько эгоистичен и не могу быть глуп (а иногда хочется), чтобы не понимать, что ты первый же бросишь в меня камень, если я ОДНАЖДЫ, в будущем, лишу тебя возможности иметь потомство — этой нелепой, но как на грех заложенной природой надобности. Не так все плохо в этом раскладе. В будущем ты подаришь мне похожих на тебя внуков, и это будет новое счастье нашего семейного слияния и утешение в моих старых летах. Поэтому я заранее не отвергаю появления супруги в твоей судьбе. Но Жорж, милый, умный мой мальчик, твой будущий брак — это венец нашего творенья! Это пик огромной горы, на которую мы вместе начали восхождение три года назад. Этот Монблан должен еще выше поднять наши акции, сделать Геккеренов еще богаче, еще устойчивее в положении. Мы на полпути к этому успеху, и не стоит так торопиться! Ведь ты так молод. Смотри, все складывается как нельзя удачно! Еще год-другой, и ты сможешь сделать предложение любой родовитой, с хорошим приданым девице, здесь ли, в России, или в Нидерландах, или во Франции.

Я не «просто так» просил тебя на балу как-то обратить внимание на княжну Мари Барятинскую. Ей 17 лет. Она свежа, хороша собой, а главное — знатна, обладает многочисленными богатыми родственниками. Несмотря на то что ты в дружеских отношениях с ее братом и легко мог бы войти в их дом, ты даже поленился пригласить ее на мазурку! Впрочем, есть и другие девицы, достойные внимания. Осталось еще чуть-чуть, чтобы расположить большой придворный круг, еще два-три шага, чтобы сгладить двусмысленность и убрать подозрения... Еще немного, чтобы сделать какой-то удачный общественный ход в глазах двора, способствующий твоей блестящей партии. Если вообще стоит с этим торопиться, в чем я не уверен. Ты знаешь, я не ошибаюсь в расчетах. Твой «Лулу» кое-что смыслит в политике и в людях. До сих пор, ты согласишься, мне удавались все трезво рассчитанные ходы. Суди сам о плюсах. Императрица постоянно интересуется тобой и принимает в тебе участие. Ты дружен с ее passion Трубецким, украшаешь парады царя. Все знают о 70 000 ренты, которыми ты владеешь. Пока у тебя была недурная репутация легкого остроумца. Скверно, если она сменится репутацией безумца. Ты догадался, к чему я клоню. Мадам Пушкина, которая влечет тебя по принципу отвергнутого сердца, или из пустого юного озорства, или для охотничьей забавы, — скверная мишень! Это твое афишированное ухаживание, согласен, сослужило недурную службу на первых порах. Мы вместе пришли к выводу: чтобы обратить на себя внимание в свете и отвлечь от нашего с тобой необычного положения, мелочиться не стоит, нужна яркая и демонстративная цель. После такого упорного, романтического и рыцарского на виду у всех ухаживания, «смертельной влюбленности», твоя мужественность уже не вызывала сомнений в обществе, все вредные для нас смутные догадки стали отпадать, как недозрелые плоды. Я до сих пор уверен, эта г-жа Пушкина — идеальная ширма, блестящий объект для огласки (столь нужной нам в глазах света!). Я сам, каюсь, не прочь любоваться этой сценой исподтишка, как своим творением. Но до той поры, пока уверен: ты управляешь ситуацией, ты держишь страсти в узде и не покушаешься свалить, как карточный домик, все, что я построил... Теперь я совершенно в этом не уверен. Ты стал не просто «менее откровенен». Ты упрямо движешься к «своей цели». Я не могу поверить в такую, прости, отчаянную глупость.

Вчера ты обмолвился, сказав, что у тебя «задето самолюбие и появилось чувство охотника, загоняющего добычу в угол», что ты успел заключить «что-то вроде пари». Что за вздор! Пари! Ты молод и горяч. Она мать семейства, жена этого дикого, вечно непричесанного Пушкина, с которым кое-кто тут считается и не находит его таким уж мизераблем. А вдруг она и впрямь уступит и бросит мужа? Ты говоришь: «Никогда. Это невозможно! Она робка, я все нити держу в руках...»

Я бы не доверял тихоням. Именно они способны на безумства. Часто под покровом монашеской рясы бушуют тигриные страсти и под гнетом семейных обязанностей вызревают вакханки. Вообрази, однажды возьмет тазы и детей и прикатит к тебе в карете в казармы. Так ли уж нереальна эта сцена? Они бедны, откуда ты знаешь, что у нее на уме? Совратив ее и оскандалив, ты получишь всего лишь обладание, славу удачливого игрока, а что возьмешь в приданое? Кучу детей? Преследование двора, месть мужа, этого дикого негра, что все грызет в углу ногти от злобы? Дуэль с братьями (их у нее двое или трое, а один — гвардейский офицер)? Положим, ты совсем спятил и в сумасшедших юношеских надеждах, почерпнутых из рассказов твоих сослуживцев, лелеешь сюжет, что тебе, быть может, стоит авантюрно похитить ее и увезти за границу?! Это шутка, я понимаю. Ты дразнишь меня и своих друзей. Может быть, даже допускаешь, что от безвыходности я смирюсь с положением дел. Как тебе это пришло в голову! Ты опрокинешь нашу гору, все здание, которое я строил несколько лет — после такого скандала твое нидерландское дворянство и все права аннулируют. А что еще хуже — тебя найдут в любом уголке Европы преследование и месть двора.

На Пушкина двору наплевать, он вздорен, беден и опасен. Один дурной нрав и поганые эпиграммы. Нет, дружок, императрица, а за ней все дамы... обидятся за то, что ты лишил балы главной интриги и украшения, а заодно оскорбятся и за тетку Гончаровых, старую ведьму Загряжскую, что в родстве с всесильным Строгановым. Сам граф Григорий Строганов, пожалуй, вспомнит на этот случай родовую русскую спесь, патриотизм, войну 1812 года и на всякий случай обидится за племянницу Натали. Государь придет в бешенство, что кто-то посмел вести у него под носом тайную игру, в которой ему не нашлось роли. И тогда конец моей карьере, благополучие наше в России можно будет исчислить одними сутками сборов в дорогу. Да это половина того, что может выйти! А ты мне говоришь, что я чересчур мнителен, и смеешься над моею плешью. Что с тобой сталось?

А хочешь — я хоть завтра на бале начну ее уговаривать сбежать с тобой под дипломатическим прикрытием через границу? Не веришь? Давай рискнем и посмотрим, что будет. Только всю ответственность за этот план возьми на себя, потому что я в душе не просто категорически против. Я говорю о крахе!

О, Жужу, я не сгораю от ревности, говоря тебе об этом, хотя ты меня упрекнул, занозив трепещущее за тебя сердце. Я просто старше тебя, кровь моя уже не стучит в висках, затмевая разум. По крайней мере один из нас должен быть трезв. И я несу за тебя ответственность. Если в этом моя вина... о, мальчик, мой. Любовь моя. Подумай, ради кого я живу! И в чем состоял наш Главный План. Не забывай об этом. Жаль, что ты так и не открыл «Письма» Цицерона с моими закладками. Надеюсь, по твоем возвращении в столицу мы снова возьмемся за мои ученые «нудные лекции», как ты их называешь. Запомни хорошую фразу по-латыни: «nitimur in vetitum semper, cupimuque negata» (мы всегда стремимся к запретному, жаждем недозволенного). Добавлю: на свою беду!

Totus tuus, весь твой Лулу — до могилы.

Катрин Гончарова — Жоржу Дантесу
с горничной Лизой в избы кавалергардов Новой деревни,
не позже 15 сентября.

Сообщаю вам с сожалением: утром мы не катаемся. И вечером тоже. Но завтра в пять большая прогулка, не забудьте появиться раньше, как всегда как бы случайно, на вашем прекрасном белом Лилле, рядом с которым даже моя бедная Любушка рада показать свои *фокусы*. Надеюсь, вашему несравненному Лиллю тогда перебинтовали ногу?

Не подписываюсь — та, которую вы зовете Заветной Крепостью, но которая думает о себе, как о бедном шильонском узнике.

Вы не забыли, у Софи Карамзиной совсем скоро именины (19 сентября) и будет большой бал на даче. Мы будем, наверное, уже в городе — но это не препятствие. Съедутся все городские. Не буду говорить, почему я жду этот день с нетерпением.

Но как вы угадали написать мне такие слова: *«мы всегда стремимся к запретному, жаждем недозволенного»*? Эта мысль давно терзает мое сердце.

Из личной канцелярии Его Величества Николая I
в III Отделение графу Ал.Хр. Бенкендорфу.
(Совершенно секретно)

1. О военных поселениях...
2. О перлюстрации писем...
3. О случаях особо жестоких телесных наказаний среди солдат и ропота в войсках...
4. Важное и срочное! Считаем необходимым усилить наблюдение за известным крестьянином, так называемым Авелем-предсказателем, находящимся в Спасо-Ефимиевом монастыре, не оставляя его ни днем, ни ночью, поскольку третий месяц не имеем сведений об его изустных высказываниях, представляющих известный интерес. Поскольку считается, что такого рода люди, как раз пребывая в трансе или в падучей, говорят иногда важные вещи, не контролируя себя и не боясь быть услышанными, записывать его странные бормотания без отбора и критики, не сеять зерна от плевел по своему усмотрению.

Обращать особое внимание на цифры, числа и имена, связанные с императорской фамилией, кои будут упомянуты. А также копировать записи и внимательно просматривать почту на предмет обнаружения известных намеков. Не следует препятствовать Авелю в чтении книг и в так называемой «духовной переписке», потому как легче увидеть (в этом месте пропуск)... Продолжайте наблюдать за теми лицами, что ищут с ним встречи. Встреч этих свободно не дозволять, за исключением домашних близких и то в Великие Церковные Праздники. Заодно и установить, не передавал ли при их содействии так называемый Авель за стены монастыря каких-либо тайных посланий, а заодно — действительно ли эти мещане или крестьяне являются его настоящими родственниками, нет ли тут подмены. Следует осторожно пересмотреть и весь состав мужского монастыря — с кем наиболее дружен Авель? Нет ли среди них бывших политических энтузиастов или масонов, лиц образованных и одевших скуфью? Поскольку есть основания полагать, что речи Авеля становятся известны в обществе, установить, где происходит утечка его слов...

Все изустные и письменные изречения названного монаха, касающиеся настоящего царской фамилии и будущих царствований, считать государственной тайной. Посему надлежит доставлять лично и регулярно Его Величеству со специальным курьером, без посредников все новые сведения и копии записей Авеля-монаха не реже одного раза в месяц. Рисунки и богословские рукописи Авеля, как то «Житие» и «Зело престрашные книги», которые продолжает просматривать и исправно копировать его духовник, не изымать. Пусть пишет о христианстве и рисует, коли есть охота.

Действовать осторожно, без насилия, не нанося монашеству и особенно достойному настоятелю монастыря отцу Евлампию ни малейшего урона. Дать понять ему, что вредный монах интересует двор в специальных целях, чтобы сохранял Авеля в здравии, не напрягая работой, и не оставлял без медицинской помощи образованных докторов, буде эта помощь потребна.

Отдельно выяснить, не предсказывал ли что-то монах Авель об опасности для царственной особы со стороны бешеных лошадей? Или лошадей с какими-то особыми приметами? Или есть в его пророчествах нехорошие намеки о несчастьях в дороге, путешествиях? И отдельно — что сей монах говорит о благополучии наследника? А также: не является ли день 26 августа, когда случилось несчастие с Государем под Чембарами Пензенской губернии, каким-то особенным днем, отмеченным неблагоприятным знаком? Есть сведения, что означенный Авель записывает и цифры в своих предсказаниях. С ними надо было бы разобраться опытному монаху, входящему в доверенность сего лица.

5. Надлежит также поднять и доставить в Петербург все московские бумаги 1826 года о высланном в Сибирь Петрове Афанасии. Проследить в состоянии большой тайны и судьбы других вредных разносчиков слухов о членах императорской фамилии, чьи следы затерялись в Сибирских губерниях. Искать, нет ли тут связи упомянутого Авеля с Петровым и с делом о подложном письме императора Павла I к покойному графу Ростопчину якобы о незаконных царских наследниках? Узнать, жив ли еще склонный к рассказам Петров Афанасий? Постараться лично выяснить

у Миллера, который, будучи полицмейстером московским, доставлял его в Сибирь по этапу, чем объяснялась необычная теплая забота о здоровье Петрова Афанасия, проявленная нашим братом Александром? Нет ли тут обстоятельств побочных, нам неизвестных? А также проследить, мог ли указанный Петров в Сибири каким-либо образом войти в сношение со злодеями, сосланными по делу бунта декабря 1825 г., и через их письма на волю плодить вредные слухи в столице?

6. Прочее: о повышении жалованья чиновникам III Отделения... О так называемых саратовских «львах», выделении дополнительных средств для агентов за границей... О поиске масонов русских, открывающих отделения лож в Германии, Италии, Франции...

Из Флоренции в С.-Петербург от Петра Тульчицкого — Павлу Миллеру в собственные руки.
Начало сентября 1836 г.

Дорогой Петр! Ничего не стоит на месте. Все развивается. И плесень тоже. Больше всего меня поразил твой рассказ о хорошо образованных молодых людях, которые дружно пополнили ваше III Отделение. Что же получается? За какие-то тысячу-две рублей годового жалованья сии «верные» сыны отечества вынуждены, появляясь в кофейнях и иных публичных местах, доносить потом по мелочи, чтоб быть на приличном счету у начальства и чтобы их не трогали! И это дети победителей Наполеона? Как низко пала Россия под Николаем! Я думал, тут зря сплетни за границей ходят, что он хотел бы, чтобы в вашем Отделении писали патриотическую музыку, потому что более никто не способен, а теперь вижу —

правда... Казниться тебе нечего. Хвала создателю, что служба твоя не требует такой подлости, и сам ты не таков!

Ты знаешь, что делать. В гербе предков твоих Миллеров заступ и кирка перекрестились навечно. Ты создан, чтобы добывать истину в трудах, даже если она прячется в прочной породе. Стесняться своего «двусмысленного положения» тебе не придется. Ты послужишь на пользу настоящего будущего России, находясь в самом центре государственного вертепа. Серьезно подумай о моем предложении о вступлении в наше братство.

Есть к тебе важная просьба: не знаешь ли, а если есть возможность, узнай по своим каналам, жив ли еще монах Авель, предсказавший с точностью до дня и даже часа смерть императрицы Екатерины Второй и императора Павла? А говорят, и это самое важное, сделавший пророчество на все царство Романовых? Мирское имя его мне неизвестно, ибо, как гласят слухи, по высочайшему приказу нашего Николая-самодержца он заточен в какой-то монастырь, хорошо еще не в тюрьму и крепость, как сажали его при Павле и Александре, вынимали и снова упекали. И за что бы ты думал? За то, что продолжает пророчествовать вещи, неприятные императорскому слуху! Но ведь император наш не баба. Офицер! Чего ему бояться? Разве сам не уверен, что законно сел на престол. Злые языки здесь за границей уверяют, что *он сам не чаял, как это все получилось с престолом.* Стоял себе на морозе и учил солдат маршировать под ружьем. И вдруг бах-таррарах: Александр почил в бозе, Константин отказался! Такая фортуна! Ехидные люди еще уверяют, что, поскольку в семействе за образованием Николя следили плохо, к престолу не готовили, срочно ему пришлось потом доучиваться в Берлине и штудировать законы. И если Николай Павлович так уверен в справедливости своего правления к благу России, зачем бедного старика Авеля преследовать? Ему, чаю, уже под 70 лет. Грех издеваться над юродивым и пророком, это даже дети малые знают. Где тот монастырь? Уж не под Москвой ли? Хорошо, если так — я бы туда ради него прискакал. У меня есть надежные сведения, что Авель этот не растерял дара своего от лишений и продолжает предсказывать будущее и даже писать. Глядишь, заглянет и дальше в туманную даль нашего жестокого века и назовет некие числа рассветной мглы... Но, молчание, молчание.

Спросишь, что мне до Авеля? Я по-прежнему корплю над российской исторической нумерологией. Мне нужны примеры. Сам суди, сколько теперь причин в наше безвременье уйти в тихое, кабинетное осмысление философских наук и тайн природы, нежели в практические публичные дела. В истории народов есть периоды вспышек и действия. А есть периоды осмысления и изучения. «Есть время разбрасывать камни, и есть время собирать их», как говорит Екклесиаст. Время взрыва, вспышек и действия началось в 1812 и кончилось в декабре 1825 г., когда мы еще под стол пешком ходили. Что же остается делать нам, детям реакции? Мы изнываем под гнетом «укрепления государственности». Иногда мне кажется, что декабристы только все напортили. Они дали повод, за который ухватились наши бездари, моты, двурушники, проходимцы во главе с «Номером Первым», и стали наводить жандармский «порядок», прикрываясь «пользой». Если бы не они, были бы мы сейчас много ближе к Европе хотя бы в смысле дорог и прогресса. Хочется заглянуть в глубь мутного времени: что нас ждет? Только не называй мое увлечение мистикой, детской попыткой укрыться от действительности.

Я всегда чувствовал власть Судьбы. Не думаю, что родился случайно в «чертов день», в пятницу 13 сентября в 1812 году, когда припозднившееся семейство родителей моих с малой сестрою, тазами и няньками бежало прочь от отчего дома. Я огласил ревом темноту близ деревни Красная Пахра, считай, можно сказать, прямо в карете. А в тот день полыхала Москва, и встала над ней страшная комета. Дядюшка мой Петр Петрович, поэтической складки человек, решив, что для судьбы младенца знак этот неспроста, записал, не глядя на страшные обстоятельства бегства, все приметы этого явления в своем дневнике. Недавно я нашел в бумагах покойного цветистое описание. Вот оно: «Москва горела вся, ибо занялась быстро, с разных концов. Ночью из соседних деревень, куда многие перебрались с пожитками и не успели еще отъехать далее и десяток миль, крестьяне и дворяне с ужасом взирали на демоническое зрелище. На багровеющем небосклоне хорошо была видна сия жуткая панорама. Она была грандиозна, несмотря на все трагические обстоятельства, и вряд ли кому из потомков удастся видеть что-либо подобное на своем веку. Казалось, что наяву началось сошествие Князя Тьмы Антихриста и сражение его с ангелами за Белую Великую Русь. Полнеба охватило зарево ярко-пурпурного цвета с золотою полоской возле самой земли. На фоне такой жуткой декорации разыгрывалось не менее страшное действо — вверх устремлялись, быстро крутясь и извиваясь, как шутихи при фейерверке, и исчезали в никуда невиданные змеевидные струи раскаленного белого цвета, в коих многие отчетливо видели горящее число зверя 666. Откуда они взялись, и что это было, никто не знал, но все осеняли себя крестным знамением.

Но это еще было не все: через определенные промежутки времени в небо вдруг стали взлетать огромные горящие предметы. Они казались неправдоподобно огромными, как игрушки великана, и самой странной формы. Похожие на гигантские головни, они летели вверх, рассыпая на ходу свой алый шлейф, потом падали, и далеко были видны яркие снопы искр, которые они выбивали при падении о землю. Как потом сказывали очевидцы, причиной такого необычного явления на пепелище московском было зверство Наполеона, обстрелявшего столицу русскую тучей гранат и чиненных ядер. Дома, церкви и колокольни, будки, заборы, башни объялись пламенем и стали взлетать на воздух, как игрушечные.

И самое грандиозное, от чего в жилах очевидцев стыла кровь — над этим огненным клубящимся адом неподвижно и холодно сияла остроконечная, холодная, безразличная, голубовато-серебристая хвостатая звезда — зловещая комета, и многие сходили с ума от этого зрелища, которое предвещало, казалось, не только конец Москвы, но конец времен и дней...»

И вот представь, Павел, что в это время ужаснувшаяся зрелищем матушка, уверенная во всеобщей погибели, и родила твоего покорного слугу несколько до срока, да еще с красной отметиной на затылке (аккурат с правой стороны, что тоже имеет некоторое значение, как говорят сведущие люди). Прикрытая волосами, она не видна — и даже ты, товарищ детских игр, о ней не подозреваешь.

Думаю, что страшный пожар оставил свой след не только на голове, но сказался в моем возбудимом характере, повлиял на некоторые способности необычного рода, которые я в себе чувствую. Например, способности к магнетизму и предсказаниям, которые и ты однажды подтвердил. А поскольку отец мой всегда имел склонность к математическим наукам, я унаследовал страсть к цифре и к точному обоснованию самого невероятного явления. Так и сошлась во мне любовь к необычайному и таинственному с желанием придать ему приемлемое на земле объяснение. Как раз многое можно объяснить с помощью чисел. Они таят в себе необоримую красоту, стройность и гармонию, известную со времен древних пирамид. Но самое важное то, что в них можно найти ответы на многие вопросы, ибо они также предостерегают и пророчествуют. Чтобы сразу расположить тебя к мысли, что это не забава для недоучившихся неофитов, приведу пример из истории и астрологии. Каждые 72 года в истории России случается коренной перелом эпох, правлений, мыслей и уклада... и все дивуются, с чего это так? Но ведь именно 72 года требуются небесной сфере для прецессионного поворота на 1 градус! Ладно градусы. А как ты посмотришь на то, что быть России воспреемницей Византии тоже судили небесные сферы, что бы ни говорил Чаадаев в своем «Философском письме», что-де все беды России следует приписать гибельному решению взять религию и цивилизацию именно от Византии. А надо, мол, было брать их с Запада. Какова самонадеянность умного человека, не берущего в расчет законы высших сил! Не было решения или *выбора* у России, а было *предписание ей свыше!*

Суди сам, как нам было не срастись кровно с Православием: в истории, начиная с Александрии, основанной Александром Македонским по совету великих учителей-греков и тайных советчиков — жрецов Египта, возникали затем последовательно через почти равные промежутки веков следующие столицы мира: Константинополь, Киев, Санкт-Петербург. Все они расположены, если будешь любопытен взять карту, строго по одной дуге, и как уверяет мой учитель, знающий астролог и астроном, дуга эта является проекцией движения точки весеннего равноденствия. Именно по ней пришло к нам, россиянам, шагая каждые 600—700 лет от столицы мира к столице, православное христианство! Ты видишь, и в Больших Числах нет ничего случайного.

Не буду больше утомлять тебя, я под большим впечатлением от узнанного. Много узнал о преследовавшем Павла I несчастливом для него числе 4, соподчиненном 8, которое полностью проявило себя в странно построенном, роковом последнем его Инженерном дворце, о котором как-то уже заводил с тобой разговор. Между тем число 4, подчеркиваю, есть только слабая кратная тень числа 8 (17, 26), отмеченного как число Высшей Справедливости и Божьего суда. Мне кажется, это Великое Число России. 26 августа, то есть 8-го числа нумерологически, и восьмого месяца года — какое совпадение! — случилась великая Бородинская битва, где народ наш показал всю силу своего духа, не щадил живота своего и доказал, что такое русская стойкость, отвага и последнее слово русское. Для моих упражнений, умоляю тебя, Павел, поищи в округе столицы человека великого, ну или незаурядного, полководца или схимника, поэта или дипломата, у кого есть в рождении столь привлекательное и волнующее меня нумерологическое число 8, то есть человека, родившегося 8, 17, 26 каждого месяца. Подскажи имя и род занятий его, разумеется, ни о чем его самого не предупреждая и тем более не пугая. Хочу проверить расчетами одно правило Судьбы, о котором сообщу тебе на досуге много интересного. Разумеется, поскольку числа проявляют себя наиболее ярко и однозначно в великих биографиях, ищи, чтобы человек этот был незауряден.

Что-то там мои московские кузины, слышал, приезжали в Петербург в надежде сверкнуть на балах. Дело мудреное. Ничего об их успехах амурных не слышал? Сами молчат. Боюсь, выскочат замуж, не спросясь совета братниного... Да, еще! Нет ли у тебя книгой или в списках чего-нибудь нового из русских замечательных авторов? Новых стихов поэта Пушкина, например? Он тут в Риме среди наших не забыт. И еще Загоскин какой-то... Кто таков? Вот его тотчас объявили новым гением, затмившим Пушкина совершенно. Я не читал, а слышал от умного человека, что роман его — фальшивая патриотическая дрянь. Так всегда: публика сожрет от жадности подряд и пирожное, и кашу, и не заметит разницы, нахваливая, пожалуй, больше то, от чего желудок пучит.

Любящий тебя Петр.

*Идалия Полетика — подруге в Баден-Баден,
16 сентября.*

Кроме рассказов о петербургских капризах погоды, новости у меня исключительно «танцевальные». Я наконец-то посетила несколько знаменитых летних балов, устраиваемых императрицей (наверное, дачный сезон — по Величайшему Распоряжению Ее Величества и благодаря устоявшемуся теплу! — продлится). При широком круге собравшихся дам, офицеров, дачной публики и приглашенных было устроено нечто вроде романтического танцевального «адью» пестрому лету и приключениям. Но на душе у меня давно уже осень. Женщине необходимо быть в центре событий и быть захваченной страстями, чтобы чувствовать свою молодость. А я только наблюдаю... и скучаю, читаю и скучаю снова.

Лиза, горничная Натали Пушкиной,
в отчете барону Луи Геккерену, 21 сентября.

Писать на французском не обученная. Пусть ваш человек истолкует, что договаривались по 25 рублей, а не по 15 рублей, если что будет путное. Кругом-бегом одна напасть, сраму не оберешься. Выгонят и ославят, если что. К сыночку вашему, которому я ношу записки чаще от Катерины, интерес в семействе огромадный, это вы в точку попали. Барышни то и дело на него сворачивают цельными днями. Смеются и об заклад бьются, встретят ли завтра на прогулке или в театре и откуда он все про них знает. Не в догадку, что сама Катерина ему тайком все в записках пишет и пишет. И на дачах, и в городе тут. А никак на меня все свалят, если что! Боишься тут скандалу. Еще говорят, какой он красавчик вчера был, как мундир на нем сидел, и что сказал, как посмотрел, и как это все понимать. Говорят по-русски, иногда по-французски, когда хотят что скрыть. Тогда отдельные слова разбираю. Больше Катерина говорит. А хозяйка вроде не слушает, что ты мне, мол, все уши прожужжала, а потом входит в интерес, что да как, мол, это понять и то, что он имел в виду, и как посмотрел, да ты влюбилась, что ли, в него? Ничего, мол, не выйдет... опомнись и охладись! Игра у них вроде такая, туда-сюда, значит. Ну, Катерина и рада стараться петь соловьем: ты вправду, говорит сестрице, думаешь, что меня тоже отмечает? Да что ж мне делать, когда он принц-принцем, такой красавец, что любая с ним под венец за счастье великое почтет! «Не дразните меня», и в слезы! Очень уж влюбленная, ночами аж заходится от плача, даже с лица потемнела. Вчера я из-за нее не спала, так меня доняла с чаем и молоком теплым. Средней сестрице их секреты не очень по нутру, она их одергивает, чтобы радость не разводили, коли нет причины. Она вашего сыночка не очень чтобы любит. Я про Александру говорю. Ну, уж о Самом, хозяине нашем Пушкине, и говорить нечего. Если входит в комнаты — все замолкают. Слышать ни о чем таком не хочет, Боже избавь. Да ему на что? Все пишет и бегает, пишет и бегает наверху. Не очень-то вникает.

Я б желала, чтоб мне ваш камердинер сам отдавал тайком деньги на черной лестнице, чтоб совсем никто не видел и не встречаться с ним, где народу много. А то в прошлый раз он при людях стал в руку бумажки совать. Разве это дело! И пусть меня не циплет заодно. А то если иностранец — все можно?

А второго дня был бал у Карамзиных, и очень все довольные вернулись поздно. Так было весело, и всех он ублажил танцами, сын ваш, значит. Даже Катерина все кружилась и мурлыкала, как кошка после сметаны, прости господи, не со зла, просто коллизия такая. Сам недавно на дачи приезжал мрачнее тучи и опять бегал наверху по кабинету, слышно было. Не поняла я, как это вы передали через Петера, что надо записки сынка вашего вам доставлять? Как переписывать-то их с французского? Свои-то записки барышни сразу жгут, если что.

Луи Геккерен — Жоржу Дантесу в лагерь кавалергардов, вечером 21 сентября.

Жду твоего возвращения в Петербург с нетерпением. И не потому, что хочу «упрочить свое отеческое влияние», как ты сказал. Снова молва о твоих успехах и все в одном роде. Например, что, как говорят мне некоторые светские дамы, ты нашел приют в семейном кружке этих бестолковых и бездельных молодых Карамзиных, проживающих большую пенсию покойного историка. И что якобы находишь их захламленный второразрядный дачный дом куда уютнее нашего столичного. Более того: злые языки уверяют меня, что там тебе по-настоящему весело! Ты скачешь по столам, кладешь на плечи дам свою завитую золотую напомаженную ароматными втираниями головку, а они аплодируют. Как ты понимаешь, меня по-прежнему «радуют» рассказами, как ты освоился в этом кружке. Как славно ты танцуешь, гарцуешь, что всех обаял милыми шутками, каламбурами наравне с «припадками страсти к прекрасной Натали». Более того: тут налицо основательный прогресс в отношениях с мадам Пушкиной. Они стали почти домашними, благодаря варенью из кислых ягод и чаепитию на дощатой веранде!

И это ты, который никогда не мог выпить чаю со свежевыпеченной булочкой, если тебе казалось, что она подсохла, брезговал отличным голландским маслом, если тебе казалось, что оно чуть пересолено, а заодно и контрабандным шоколадом по причине его горечи?

Я постараюсь быть выше всего. Даже выше себя самого. Хотя это чертовски трудно.

Послушай, Жорж, я все обдумал и готов распахнуть двери нашего дома для любых твоих друзей и «подруг».

Прошу, передай своим милым знакомым, что 29 сентября БУДЕТ МУЗЫКАЛЬНЫЙ ВЕЧЕР У НАС ДОМА в посольстве. Я могу разослать приглашения, если требуется, уже немедленно. Понимаю, что придется НЕПРЕМЕННО пригласить Гончаровых с замужней их сестрицей мадам Пушкиной (а заодно и ее супруга, хотя бы из вежливости! Если откажется, тем лучше...). И, само собой разумеется, этих безвкусных молодых Карамзиных. О, господи, ну и компания. Скажи всем, что будет элегантный вечер, играть будут виртуозы-скрипачи и пианисты. Правда, куда им, несчастным, до игры на разбитом инструменте в карамзинском доме! Я еще не до конца продумал программу. Может быть, стоит пригласить Виельгорского из ложного поклона в сторону плохо перевариваемой русской музыкальной кухни? Но хочу обойтись без русских его романсов на стихи Пушкина, этих ужасных завываний про «chernuu chal», которая до смешного перекликается с французским шале.

Я много работаю, пишу скучные отчеты и наношу нужные визиты.

Нашел у Цицерона славное выражение: «Labor quasi callum quoddam obducit dolori» — «Труд создает мозолистую преграду против боли».

Твой, вечно твой — Лу.

От Павла Миллера из Петербурга —
лично в руки Петру Тульчицкому в доме графини Д.,
в Риме, в 20-х числах сентября.

...Про монаха Авеля и я слышал много чего интересного, могу даже добавить в твой рассказ: он жив и под особым высоким покровительством. Догадайся чьим? Его берегут, как редкую обезьяну в клетке. Даже не думай о свидании с сим монахом, что сразу бы привлекло к тебе высочайшее внимание и погубило бы не только нас обоих, но и все отделение твоего братства. Могу одно сказать: мне по силам снять копии с копий его рукописей, хотя бы в сжатом варианте. На какое тряское болото ты ступаешь! Дело сего Авеля-предсказателя тесно смыкается с другими, крайне засекреченными делами о правах на престол. Краткое изложение его предсказаний, как шепчутся знающие люди, таково. Авель пророчествует, что наш император, развязав какую-то войну на южных рубежах, умрет не своей смертью, а наследник его Александр Николаевич и вовсе погибнет от рук злодеев. И что-де царствование этой ветви проклято от веку. А еще хуже, что конец Романовых будет так ужасен и кровав, что земля содрогнется. Вся кровь пророков, святых людей и простых мучеников, что они пролили за столетия царствования, умалив славу России и подорвав ее будущность, сойдется на том ужасном пиру смерти, который лучше сравнить с пиром во время поголовного русского мора и чумы. И реки покраснеют от крови, и земля побелеет от костей. Можешь себе представить, как члены императорской фамилии, из которых не все посвящены, а только император и братец Михаил Павлович, неприятно взволнованы и как следят за этим самым Авелем, предсказавшим смерть Павла I и Александра I с точностью часового механизма — до дня и часа.

Он знает что-то *наверное про будущее царствования*, поэтому берегут его голову. Есть много чего на свете, что и не снилось нашим мудрецам.

Признаться, твое задание насчет числа 8 или 17, 26, кои в сумме давали бы число 8, да еще в биографии «кого-то из великих», поначалу меня озадачило. Где ты видел в наше время великих стоиков, борцов за правду не по званию и не по ученым степеням, а в реалии? Народ наш так стал меркантилен и заботлив о деньгах, что плюнуть некуда, чтобы попасть в честного человека. Ты даже не представляешь, во что выродился Петербург за два года твоего в нем отсутствия. Все стали зверски озабочены развлечениями и деньгами, только деньгами, чтобы тут же их истратить. Где ж тут искать гения, в чем и ком? Но, можно сказать, нечаянно ты угадал. И не знаю, как у тебя это получилось! Первоклассный гений, достойный назваться избранником всея Руси, почтил меня некоторой дружбой. И знаю, что родился он 26 мая. Это известный тебе по стихам и прозе Александр Сергеевич Пушкин, автор «Руслана и Людмилы», «Онегина» и «Пиковой дамы». Поди, никак не ожидал?

Как великую дражайшую тайну, доверяю тебе: я теперь больше служу ему и через него России, чем кому-либо еще в мире подлунном. Это умрет со мной, а на тебя я надеюсь.

Первая встреча наша случилась лет пять назад, летом 1831 года, на лицейском выпуске. Был я тогда юн, верил во все пылкое и искреннее, ждал какого-то чуда. И вот — случилось. Я узнал его сразу, и не узнать невозможно:

Пушкин точно у нас один во всех смыслах, ни на кого не похож. Я не мастер портретов, но тут не удержусь. Не верь преувеличениям насчет его арапской внешности, над которой он сам же подтрунивает в стихах, а молва толкует в свою пользу, чтобы хоть в чем-то возвыситься над гением. И волосы его не такие курчавые, и не черные они, а каштановые... Но как виден камешек в прозрачной воде, так видно в этом лице каждое движение души. Единственный экзотический контраст в нем, который сразу замечаешь, — светлые, блестящие серо-голубые глаза на фоне кожи оливкового оттенка. Не знаю, как дамы, а я нахожу это весьма оригинальным и приятным сочетанием. Тем более на фоне бледных физиономий в Петербурге. А больше не знаю, что сказать. Александр Сергеевич небольшого роста, худощав, зато крепок на ходьбу и в рукопожатье. Вот еще: улыбка его на редкость глубока и приятна. Самая насмешливая и одновременно безоружная улыбка, какую приходилось видеть. В ней нет лукавства, нет кривизны — удивительная улыбка! А смех еще лучше. Как будто распахиваются ворота в праздник. Смеется АП вообще необыкновенно! За этот чистый смех червонцы можно платить.

В пору нашей первой встречи АП жил рядом на дачах. Заодно зашел посмотреть, как мы тут живем. А я, по чистой случайности, оказался первым, на кого он натолкнулся при входе. И вот стою перед ним, 17-летний лицеист, внутренне дрожу от волнения и говорю, что хочу представиться. «Очень рад», — ответил он, взял меня за руку и слегка пожал. Я ощутил приятный сухой жар его руки. Гений, чье существование само по себе загадка, таинство и невероятие всех совпадений, говорит со мной, идет рядом...

Есть ли счастье, думал я, на земле, равное этой минуте? Да как с ума не спрыгнуть?

Я чуть не заплакал от разнообразия ощущений. Но АП, расспрашивая о Деларю, о Сергее Гавриловиче Чирикове, нашем гувернере, приглашает меня прогуляться в саду, да еще интересуется, не против ли я? «Не против!» Да я бы бежал за ним, нес бы его палку и котелок без всякого стеснения, если бы было надо, так мне хотелось сделать для этого великого человека хоть что-то приятное и полезное! А ты говоришь, я — «сухая корка».

Я старался скрыть свой восторг, чтобы ничем не смущать Александра Сергеевича. Так мы и пошли рядом, а он все выспрашивал о мелочах и жизни лицейской, спросил даже о саде и палисадниках (!), стало быть, все это в памяти хранил, как самое дорогое (се, Петруша, человек!), о профессорах и библиотеке, о враче нашем Пешеле. Но чего я, Петр, не ждал — не только многие лицеисты, часовые его тоже узнавали и вытягивались буквально в струну, когда мы приближались. Как при императоре! Пушкин не стал делать вид, что это в порядке вещей. И если их замечал, то обязательно кивал в ответ. Тут я и сморозил первую глупость. Отчего, спрашиваю, это они так вытягиваются? Ляпнул и поджался весь: а вдруг решит, что я совсем уж глуп?! И что же АП?

— Право, — говорит добродушно, — не знаю, что они вытягиваются... Должно быть, оттого, что я с палкой!

И закатился от души своим свободным серебряным смехом. Да я в жизни не встречал такого человека! Говорили о том о сем, обходя озеро, я совсем красный стал, потому что так хотел ему понравиться, но не знал как. Пушкин заметил, что я весь пунцовый, и спросил, от чего я так раскраснелся, не от усталости ли?

«Не от усталости, а от эмоций и удовольствия идти с вами», — ответил я честно. И, конечно, вызвался хлопотать, чтобы он получал из лицейской библиотеки что-нибудь для чтения на даче. Одна робкая мысль, что это ускорит созревание его мысли, даст движение вдохновению... Сладкая мысль! Он взял с меня слово заходить к нему (он жил в двух шагах), что я с радостью и исполнил и приносил журналы каждую неделю. Видел тогда его жену в белом летнем платье, он только женился, в полном блеске ее юной красоты, немногим старше меня, почти ровесницу. Чистая прелесть, настоящая Таня Ларина, тихая, милая, простая москвичка... Белолицая, тоненькая красавица, настоящая мадонна кротости! Пушкину иная женщина не могла быть суждена по справедливости небес. Знакомство наше с великим гением российским продолжилось уже осенью в городе и далее — с перерывами. Зайти всегда был повод ничтожный — передать книги или записку от общих знакомых. Да и кто я такой, чтобы ходить к нему запросто? Завсегдатаем его гостиной я никак не стал, да и не мог по возрасту и положению.

И все-таки случилось так, что года два назад, когда я уже служил под Бенкендорфом, судьба нас вновь столкнула при кардинально поменявшихся обстоятельствах. О них я все же вынужден тебя тоже предупредить как близкого друга своего и человека, которому самому есть чего опасаться. Над Пушкиным, как над опасным врагом или шпионом, учрежден секретный надзор с приказания государя.

За ним и за семейством его наблюдают «верные» и почту поэта вскрывают, а с одним письмом вышел едва ли не публичный скандал. Частное его, семейное письмо к жене распечатали, ничего там не поняли, заподозрили провокацию и на стол царю. Тот тоже разволновался, вышла история. Сдается, если не вру, пошло оно переписанное по рукам в свете. Можешь представить мерзость, от которой даже первый поэт державы не защищен. Потому как слишком откровенна была гнусность, АП, при всем его уме и опытности, не сразу мог понять, откуда выполз змей клеветы. Мне пришлось рассказать ему правду. Я просил его не доверять больше государственной почте, и в письмах не быть открытым городу и миру и прочее. Он молча сжал мне руку, как тогда в саду лицейском, и, отвернувшись, чтобы я не видел выражения его лица, быстро отошел к окну... Его энергичная рука показалась мне ледяной.

Газеты его травят особенно усиленно с тех пор, как он сам стал издателем. Вокруг конкуренция, зависть, злоба, и за всем один интерес: деньги, брат! И еще — надзор. За кем?! После этого разговора я всю обратную дорогу шел пешком и, не поверишь, плакал под мелким нашим петербургским дождем. Если сам Пушкин под обстрелом унижения, что говорить о России? На что нам надеяться? Не надо спрашивать, отчего подлости в поджилках чиновника больше, чем блох в собачьей подстилке.

К добру или к худу, но теперь у нас с АП больше поводов общаться открыто на глазах агентов, которые только что ночью не дежурят у него под окнами, а потом пишут свои глупые записки с отчетами. Смешно сказать: как секретарь Бенкендорфа исправно ношу я от графа к Пушкину и обратно официальные записки! Вот как бывает. Не стал я тревожить АП сведениями, что даже за женой и свояченицами его тоже учрежден негласный надзор. Так у нас любопытен царь и так занят, что не лень ему читать вечерами между доносами приятные сплетни о модных лавках и поездках мадам Пушкиной в гости. Подумай, может твоя нумерология помочь в такой-то ситуации?! Господь с тобой, Петруша. Ты добрый человек, но помилуй, право, жизнь так ужасна и дьявольски казуистична, что даже смеху ради не стоит шутить на ее счет.

P.S. Я все-таки, скрепя сердце, ради нашей с тобой дружбы, давеча наудачу спросил у АП, нет ли постоянного «числа 8» в его жизни. Спросил и стою, дурак. И думаю: во что ты меня втравил! АП, к счастью, по живости своей натуры интересуется многим и, как мне показалось, с уважением относится к предсказаниям и совпадениям на пороге судьбы. Поговорили тут даже о несчастье от Белого Человека на Белой Лошади, которое ему нагадали, о народных приметах сбывающихся, о разных знаках судьбы. В нее Пушкин верит. Он вспомнил, как случайно намеревался в Петербург выехать из деревни и чуть не приехал на Сенатскую площадь к восставшим в 1825 году, да повернул карету, когда поп попался и заяц на дорогу выскочил. О таинственных совпадениях у него и в книгах многое есть. Читал его «Выстрел»? «Пиковую даму» ты знаешь. Не высмеял меня, к счастью, но очень удивился, ведь он родился «под восьмеркой» (если по-твоему считать), то есть 26 мая. И случайно или нет, но и вправду многие его произведения оказались как-то связаны с этим числом, он не вел статистику, но три-четыре случая ярких припомнил. Заметил, к слову, что родившаяся дочь его Наталья увеличила семейство до 8 человек, и что дом на Мойке его, что только что снял у Волконской,- восьмая квартира, которую он сменил в Петербурге. Да, еще сказал, поморщившись, что уволили его со службы в 1824 году перед ссылкой в деревню 8 июля, а встретился с царем он после ссылки 8 сентября 1826 года, да «Евгения Онегина» тоже закончил по твоим исчислениям 8, а на самом деле — 26 сентября. Ну, еще несколько случаев такого же рода. Доволен, злодей? Эх ты, Звездочет!

Пушкин — Бенкендорфу
(черновик неотправленного письма).

«Чтобы уплатить все мои долги и иметь возможность жить... мне было бы достаточно получить взаймы 100 тысяч рублей. Но в России это невозможно...»

Его Величеству императору Николаю I.
Специальная записка от гр. Александра Христофоровича
Бенкендорфа по поводу денежных обстоятельств
камер-юнкера А.С. Пушкина

Спешу представить — согласно Вашего Величества запросу — некоторые факты и соображения о причинах регулярных обращений камер-юнкера А. Пушкина за досрочной выплатой ему жалованья и недавней попытки продать имение с крестьянами.

Позволю себе напомнить, что камер-юнкер А. Пушкин уже почти пять лет (с 14 ноября 1831 года) состоит на службе вашего величества и получает положенное ему по мундиру жалованье в 5000 руб. ассигнациями годовых. Два года назад по Высочайшему повелению было ссужено оному камер-юнкеру 20 000 руб. ассигнациями на издание «Истории Пугачева». Самонадеянные расчеты г-на Пушкина и свойственная ему заносчивость себя не оправдали, и издание, ввиду явного упадка его таланта, оказалось убыточным, а деньги растрачены зря. С год назад, августа 16 дня 1835 года, снова пожаловано было ему в ссуду 30 тыс. руб. ассигнациями, без процентов, в счет постепенного погашения этой суммы впредь удерживаемых 5000 руб. асс. годового жалованья. Как всегда в затруднительных и порожденных его дурным нравом обстоятельствах, обращался он к Высочайшей милости вашей, и она вновь была на него, испытавшего ее неоднократно, обращена! Позволю себе заметить, что с прежним долгом вновь пожалованная сумма представляет уже цифру в 50 000 руб. ассигнациями. К концу нынешнего, 1836 года эта цифра за вычетом годового жалованья, можно считать, уменьшится до 45 000, но останется весьма изрядной. Ваше величество просило меня приложить личную оценку. Позволю высказаться: сам я, как отец семейства, ума не приложу, как собирается г-н Пушкин распутаться, на что жить без постоянного дохода. Дела его, сколько могу судить по собранным сведениям, идут все хуже и хуже.

Позволю напомнить, что не так давно частным письмом г-н Пушкин просил министра финансов, его сиятельство графа Егора Францевича Канкрина содействия на принятие в казну в окончательную уплату своего долга 220 душ, принадлежащих лично ему, г-ну Пушкину, в Болдинском имении Нижегородской губернии. Хотя, кстати, 200 из них уже были заложены в опекунском совете. В просьбе, по согласованию с Вашим Величеством, было отказано. Ибо Ваше Величество совершенно право в заботе своей, остановив сомнительное дело, — как же совсем без наследства детям, на что же будут жить оне и, паче случая, вдова камер-юнкера в случае внезапной потери кормильца? Сам же Пушкин имел при этом глупые мальчишеские цели, недостойные возраста. Как донесли доверенные лица, Пушкин вслух выражал желание «высвободиться из-под зависимости от Вашей милости». И тем уподобился дитяти, кусающим грудь кормилицы своей.

За новую дорогую квартиру на Мойке в доме Волконской (и зачем снял, когда за прежнюю платил в два раза меньше?) будет платить камер-юнкер Пушкин 4 300 в год. Позволю себе напомнить Вашему Величеству, что в семье сочинителя уже четверо детей и трое молодых дам, нуждающихся в бальных туалетах, выезде и прочем. Так что семейство Пушкина тратит никак не меньше 1 000 ассигнаций в месяц на житье, исходя из петербургских цен, но, увы, нуждается при светском образе жизни в сумме гораздо большей. (Позволю себе обозначить некоторые рядовые столичные расходы. К примеру: ложа в театре, которую снимает Пушкин, 25 руб., кресло доходит до 5 и более, сшить сюртук и прочее к нему мужское не менее 250 руб., извозчики по 5 руб. самое меньшее, а карета в аренду — и 25 руб. за выезд, апельсины до 6 руб. десяток, лимбургский сыр 6 руб. 50 коп. за фунт, ремонт кареты от 300 руб. и так далее.)

Ваше Величество! Слухи о высоких гонорарах сего сочинителя, бытующие в гостиных, изрядно преувеличены. Склоняюсь к отрицательному ответу на вопрос, шантажирует ли он книгоиздателей невольно или намеренно вашим Высочайшим именем как главного цензора его изданий. (Другое дело, что цензорское Высочайшее имя на его сочинениях, хоть и не стоящее печатно, ни для кого в свете не секрет, и честь, оказанная Вашим Величеством, прибавили Пушкину уважения, открыли ему многие двери.) Тем не менее цены на книги Пушкина (в среднем бывшие по 5 руб.) свидетельствуют о снижении его популярности в народе и ставятся книготорговцами теперь не больше, чем на такие же стихи других авторов — Баратынского, Козлова и прочих.

Есть в наше время, слава Богу, не иссякают авторы крупнее талантом и любимее публикой, которые патриотизмом своим, нравоучением, высокими христианскими мыслями заслужили уважение публики, пользуются большей популярностью и, стало быть, спросом. Известно, к примеру, что славный наш моралист г-н Крылов не так давно сумел на своих баснях получить единоразово 100 тыс. руб. (сомневаюсь, что г-н Пушкин за свои сказки и анекдоты во всю жизнь сумел получить и половину оной суммы). Еще, к примеру, достойный автор Лажечников, продавший свой «Ледяной дом» по 20 руб. за каждый том, заработал изрядно, и также господин Загоскин за неоконченный свой роман «Рославлев» получил 40 тыс. руб... Но это к слову, чтобы ввести Вас, Ваше Величество, в курс дела предмета разговора и лишний раз доказать, что живет камер-юнкер Пушкин вовсе не с сочинений, а с милости Вашим Величеством назначенного жалованья. Хотя и смеет презирать свой мундир на словах.

Проверка показала: за весь нынешний 1836 год не напечатал г-н Пушкин ни одной новой книги, только выпуски журнала «Современник», не принесшие дохода. Последняя книжечка его стихов вышла в сентябре прошлого, 1835 года, что подтверждает достоверность слухов о полном истощении его таланта стихотворца. Талант этот так измельчал и опустился, что публика потеряла к нему весь интерес, и г-ну Пушкину еле-еле удалось спустить свои старые книги, к примеру, слабенькие повести Белкина, за 5 руб. книжечка. Законный тут вопрос: на что же он рассчитывал, женившись? В самомнении г-н Пушкин полагал, что слава его покроет все расходы. Однако последний крупный доход г-на Пушкина можно считать пятилетней давности, сразу после женитьбы, когда он продал «Бориса Годунова» за 10 тыс. Остальные доходы последних лет разбросаны по годам негусто. Их можно не считать, поскольку проживались они при таком образе жизни и по легкомыслию легко и быстро. Надо думать, оттуда и пошли долги вышеупомянутого камер-юнкера Пушкина, с которыми он до конца расквитаться не может, занимая новые суммы.

Долги свои г-н Пушкин оценивал еще о прошлом годе в письме ко мне в 60 тыс., без вышеупомянутого займа. Но по нашим более точным сведениям, долги эти в совокупности вдвое больше. Регулярно закладываются Пушкиным не только шали жены и серебро столовое свояцениц, а и приятелей его, кои выручают по старой дружбе и из соболезнования, на что он фактически бесстыдно мне в письме и намекнул. Мотивация у Пушкина между строк одна: «в Петербурге жить дорого, это мне запрещают, то не дают, так, может, государь даст мне денег и отпустит в деревню?» Экий, право, бесстыдник! Открывается истина в наготе своей, что по средствам жить г-н Пушкин не привык, да и не хочет. А можно предположить, что средств его, ужавшись, рачительно ведя хозяйство, хватило бы, по примеру иных популярных литераторов — г-на Греча, Булгарина, etc., ведущих весьма скромный, умеренный образ жизни, по рангу, без займов и лишних трат.

На Ваш вопрос, не падок ли г-н Пушкин на тайные безнравственные траты в ущерб семейству, также всепокорнейше докладываю, что камер-юнкер к вину и роскошной еде не пристрастен, не содержит на стороне известных девиц либо цыганок. Но посещал до последнего времени (сейчас куда как реже) Английские клобы обеих столиц с надеждой крупного выигрыша. В Москве он значится под нумером 36-м членства в Московском Английском клобе. Тогда как приятель сочинителя, его сват, известный скандалист, картежник и бретер, безнравственная личность, женатый на цыганке, граф Федор Толстой-Американец занимал там первое место по номеру и главенству. Но под влиянием религиозных мыслей и смерти детей, коих умерло столько, сказывают, сколько он уложил под пистолетом безвинных душ, уже отошел от крупной игры.

Зато первенствует в Москве за сукном другой его приятель, безудержный картежник Павел Нащокин. Этот последний славен тем, что несколько раз спускал свое состояние до нуля и отсиживался в деревне на корках хлеба. (Напомню, Ваше Величество, записки этого безнравственного мота о своем самодуре-отце и бессмысленном детстве, пусть и не лишенные ярких сцен, хотел Пушкин представить вам для печатания.) В Петербурге же время от времени наведывался Пушкин и в другие дома пагубной картежной страсти. Не сказать, что играл по-крупному, как показывают коллеги по игре. Зато — повторяюсь — способен в бешенстве азарта на многое. И просит, якобы в шутку, иной раз держать его за руки и не подпускать к столу!

Сожаления достойно, что умственные и нравственные основы некогда подающего большие надежды поэта, претендующего в обществе на роль законодателя мысли, на лавры выдающихся умов Державина и Карамзина, изрядно покосились. Среди близких друзей, кои наслышаны о его незавидном денежном состоянии, бытует молва, что играет Пушкин в карты не для развлечения, это было бы полбеды, от этого всегда можно легко отказаться, а болезненно надеется на химеру — сорвать однажды большой куш. Но в картах ему не везет. Предвидя другой ваш вопрос насчет затруднительного положения камер-юнкера, докладываю, основываясь на надежно собранных известиях, что, кроме семьи в 8 человек, считая свояченниц, в доме Пушкина проживает дворня количеством до 10 человек, а то и более. Помощи извне от отца, доходов с наследного имения Кистеневка в 200 душ, от которых он отказался, а также от семейства жены, не имеет. Наверняка это способствует его редкой злобности и ожесточению.

Позволю себе частное замечание: иногда мне кажется, он точно сумасброд, в своем роде чудак почище сумасшедшего Чедаева!

Ибо недавно, по моему приказу, тайно доставили мне через верных людей копии его записей в расходно-приходной книге, и что же? Не ленится черкнуть, что истратил на яблоко

5 копеек, на свечи — 25 копеек, итого на себя лично всего ничего — 29 рублей в месяц. Между тем ничто ему не помешало спустить при таких плачевных обстоятельствах в ущемление семейства только за июнь месяц более тысячи рублей на покупку книг в разных лавках! А накопившийся счет с прошлого года за книги перевалил за 2 тыс. 400 руб.!

Я, Ваше Величество, в полном недоумении. Вы глубоко правы: в наше время не может быть лишних для внимания мелочей.

Список названий рукописей, над которыми работает камер-юнкер А. Пушкин, с кратким их содержанием — прилагаю.

Приписка Николая I: «Да он дурнее, чем я думал! Недаром говорят, верь первому впечатлению. Я увидел его первый раз в Москве из деревни лет десять назад. Он приехал всклокоченный, грязный, весь в пуху и чуть не со следами сомнительной болезни на лице. Я даже был разочарован. Сколько было о нем пустых разговоров! Надежда России! Вздор какой. И ведь, понимаешь, пошло это от сантиментальных благостей брата Александра. Пушкин сам ему написал в гимне российском: «Благостью нежною нас осенил...» К Пушкину благости-то в обществе пошли, потому что он, еще лицеистом, удостоен был чести к гимну Государства Российского руку приложить! Но так ничего и не понял. Мог бы стать большим русским поэтом и двинуть наш корабль словесности, как Петр, достойным, патриотическим образом. Одолжение его нам не велико оказалось и в гимне. За милым Жуковским, истинным христианином, осталось главное, твердое и величавое в куплетах: «Боже, царя храни....», а не какая-то пушкинская «благость», и еще «нежная», это в государственном гимне! Как

плохо! Как неискренне! Как все у него фальши-
во... И таковы все его пробы последние — от
«Бориса Годунова» до «Всадника медного»,
столько бессмыслицы, грубого слога, и везде —
какое-то выкинутое не без умысла и тайного
смысла колено. А что до твоей шутки, чтобы
сумасшедшим его объявить, так мы только
к Чедаеву применить хотели, не двоих же литераторов сразу, никак нельзя, неприлично.
В Европе подхватят.

Жаль эту малютку Пушкину. Милая, милая
и предобрая женщина. У нее всегда такой пе-
чальный трогательный вид. Положи, Александр Христофорович, в дело и продолжай наблюдение. Стихов его в копиях не присылай.
Читать ерунду некогда. Разве в случае исклю-
чительном, когда дурно совсем запахнет, придется взяться. Что делать, вынужден и это раз-
бирать...»

Из записок Д. Клея о России —
американскому Конгрессу, середина сентября.

...Способность русского государя самые
мелкие житейские дела превращать в великие,
касается ли это парада, прогулки, службы
в церкви, бала или посещения театра или учений, достойна удивления. Непонятно, как на
фоне стольких мелких интересов, массы ничтожных забот, хватает думать о такой гро-
мадной стране, как Россия, размышлять о ее
процветании и прогрессе, будущности, благо-
устройстве и перспективах развития хозяйст-
ва. Вряд ли это и физически возможно. Слишком много сил императора уходит на внеш-
нюю сторону жизни, все эти приемы, парады,
советы, на престиж и лоск его двора. Неизме-
римые средства тратятся на поддержание

оживленной жизни и т. д. Я бы сравнил нынешнее великолепие русского двора с описаниями французского двора времен Короля Солнце. И сам Николай I так же любит свою роль самодержца (что скверно для блага народа), престиж своей центральной фигуры, вокруг которой все вращается и которой беспрестанно курят фимиам самой беспардонной лести.

С другой стороны, и сам русский государь идеально подходит для той роли, которую играет и в которую свято уверовал: его внушительная внешность, рост, правильный профиль, снисходительный наклон головы и отвлеченная улыбка Юпитера дышат самоуверенностью безграничной власти. Ему одному, божеству и жрецу, ведомо, что нужно России. Вот что написано на его лице. Это и есть абсолютизм, который мало озабочен, что Россию как бы обтекают, не касаясь ее, все либеральные европейские и мировые течения. Более того: поскольку российский император неглуп в обыкновенном смысле слова, он искренне уверовал, что он один стоит на страже истинного европейского порядка и ему предназначена особая священная роль — противостоять миру индивидуальной свободы, который ломится в дверь России. Это настоящий фанатик, истребляющий и искореняющий без угрызений совести, но с сознанием выполненного перед Богом долга все законные устремления новейшего времени... Из желания справиться с огромной Россией и ее проблемами простыми доступными ему средствами он не нашел ничего лучше как нагромоздить вокруг себя неизмеримое количество бездарных военных и чиновничества, от жандармов до губернаторов и их писарей — эту бесполезную груду блистающих на парадах офицеров и темных взяточников, которые не стесняются своих злоупотреблений, прикрываясь официальной законностью. Такую коросту так просто с тела страны не соскребешь, даже если будет на это чья-то воля. Чиновники, как парша, распространяются вширь как бы сами по себе...

Сравнивая начало и конец моей жизни в Петербурге, могу отметить, что изменения происходят не в лучшую сторону: многие уверены, и я сам вижу, что Россия все больше погружается в какое-то оцепенение, теряя частную инициативу, веру в закон и в лучшие времена. Я не думаю также, что российская армия сильна и дееспособна, как многие считают издалека. Мои сведения противоположны: Россия неспособна вести военные действия на своих границах. Генералы избалованы парадами и наградами, штабными интригами и борьбой за власть. Хорошего вооружения и амуниции нет. Дороги в России отвратительные, и каждая, даже малая реформа в России наталкивается на сопротивление личностей развращенных, привыкших получать доход, не прилагая никаких усилий...

Петр Тульчицкий из Рима — Павлу Миллеру
в С.-Петербург, конец сентября 1836 г.

Павел! Святой Павел! Ничего случайного нет в жизни, это ты верно подметил. Случай твоей дружбы с Пушкиным — это само Провидение! Ты ему послан для защиты, верь своему «мистику». На Пушкине держится теперь вся нравственность России. Этой стране — при женственной ее душе — всегда для процветания нужны были центральные духовные подпорки, своего рода Александрийские столпы, титаны и атланты, надежно поддерживающие свод ее огромного и плохо организованного пространства.

Расскажу о своих приключениях. Две недели назад мы путешествовали с NN в предгорье Альп. Едва мы зашли, мокрые и продрогшие, в пансион, не сняли еще калош, как он велел сварить ему суп с клецками. Дались ему эти клецки! С начала путешествия мы уже в третьей стране, пересекли с десяток мелких границ, но куда бы мы ни заходили отдохнуть и поесть, он мигом справлялся, есть ли в меню некое польское блюдо. Разумеется, дело всегда кончалось долгими взволнованными выяснениями повара, что именно он имеет в виду. Не всегда находилась немецкая или итальянская замена, сходная с его рецептом. Никогда не забуду мешанину из картофеля, яиц и мяса в маленькой римской траттории, когда замявшийся повар-итальянец, закатывающий глаза и приговаривавший себе под нос с комичными оттенками недоумения, протеста и экстаза: «Дьяболо! Баста кози!» — «Куандо сара пронто?» — «Дио ло са!» (Дьявол! Мне это надоело! — Когда будет готово? — Да Бог его знает!), соорудил подобие польских зраз из остатков запасов на ужин. Смешные капризы патриотизма было совсем уронили NN в моих глазах. Но минуту спустя я ему все простил за гениальную фразу: «Русские усадьбы насквозь проедены распутством!»

Браво, NN!

Гостиница была почти пуста — ближе к осени в здешних местах прохладно, приезжих мало. Как не разговориться у жаркого камина двум русским! После глинтвейна, а тут его варят по вечерам в лечебных целях с добавлением не только имбиря, но множества полезных альпийских трав, мы взаимообразно обменялись новостями из последних почтовых получений, а потом основательно насели на исторические наши русские дела. Неисторических дел у нас почему-то в России не бывает. Все, что случается, — *целая история*! Серьезная наша беседа с NN развилась с пустяка. Меня позабавило сообщение кузена Василия о модной привычке в Петербурге всерьез понтировать на тройку, семерку и туза. Шутка, взятая из «Пиковой дамы» Пушкина, не минула и московского Английского клуба, где развлекались ею с новичками. По странному совпадению, перед тем как получить от кузена письмо, — насторожись, Павел! — накануне вечером я как раз читал «Пиковую даму», любезно одолженную в Риме одним семейством. И долго не мог отойти душой от судьбы Германна. Дыхание Рока, которое чувствовал игрок, как-то заколдовало меня. Автор и сам наверняка знаком с этим чувством, иначе не смог бы его описать. Во время чтения повести я все время слышал ход стрелок и звон часов, огромных, величиной с колонну, курантов. Без сомнения, так может писать только человек, знакомый с повадками Судьбы. Тем временем, не зная, как разрядить томившее меня настроение, я задал спутнику первый пришедший на ум легкомысленный вопрос:

— Правда ли, что граф Сен-Жермен был медиумом? Надо сказать, в нашем кругу и сам NN славится как серьезный историк, для которого мало тайн в минувшем сумбурном и блистательном веке. Вот что он ответил о загадочном графе:

— Сен-Жермен, если не принимать во внимание раздутые легенды, скорее всего был мистификатор. Я же в действительности знавал одного иллюмината, сильного медиума, который видел масть противника насквозь, будто карты сделаны из стекла, — ответил на мой вопрос NN. — Этот известный масон в интересах казны Братства играл на весьма крупные суммы. Однажды в клубе, чуть не в московском, он снял весьма круглую сумму. Тысяч сорок. Но и на старуху бывает проруха. Его перехитрил в Париже знаменитый аферист Альфред Круасси. Притворялся больным зрением. А сам имел темные специальные очки с боковыми зеркалами для виста. Стоит ли после эдакого быть медиумом?

Припомнив еще два-три случая громкой картежной аферы, NN перешел к теме таинственных предсказаний и мистических совпадений. И смотри, как выплыла восьмерка, над которой ты очень потешался.

— Вы тут, я вижу, читаете Пушкина. А не заметили, — сказал NN, тонко усмехнувшись, — какими словами кончается его «Пиковая дама»?

Я ответил отрицательно.

— «Германн сошел с ума. Он сидит в Обуховской больнице в 17-м нумере и не отвечает ни на какие вопросы...» — процитировал с улыбкой NN, демонстрируя, как всегда, феноменальную память на цифры и цитаты. — Каков Пушкин! Человек, я слышал, легкомысленный и светский, он тем не менее интуитивно прозрел тайну чисел. Ведь 17, то есть 1+7, есть на самом деле 8, число Судьбы, злое число Сатурна. А вы должны знать, что со времен древних греков наука нумерологии оперирует только простыми числами от 1 до 9, добывая их последовательным сложением двузначных и прочих. Так вот, восьмерка —

весьма опасная цифра и часто преследует своих обладателей!

Последние слова NN выделил значительным и, я бы сказал, угрожающим тоном.

— А что, по-вашему, должен был сделать этот бедный Германн? И почему ему такое жестокое наказание? Неужели за бедную воспитанницу? — спросил я растерянно. — Она вроде прекрасно потом устроилась!

— Да уж что кому на роду написано! — подтвердил NN. — Но другое странно: наверняка не имея понятия о нумерологическом смысле числа 8, Пушкин все-таки выбрал его для финального аккорда рока! Я всегда подозревал в этом авторе скрытый мистицизм, впрочем, присущий истинным гениям, связанным с небесами напрямую. Напрасно называть это суеверием. И я совершенно не удивляюсь ходящим в Петербурге слухам, что самому Пушкину дважды — сначала гадалка в Москве, а еще раньше какой-то грек в Одессе, — предсказали смерть от Белого Человека на Белой Лошади, да мне сказывали, он сам в это верит и часто твердит в гостиных!

Тут NN снова прервал наш разговор, чтобы справиться на кухне, скоро ли принесут обещанный суп из любимых его *патриотических* польских клецек (порядочная гадость были эти мучные клецки, признаюсь, едал их в Малороссии, никакого вкуса, пустое тесто). Вернувшись из кухни, чем-то весьма ублаженный NN (видимо, дело супа продвигалось!) решил продолжить меня просвещать:

— Я могу вам привести сотню примеров, когда восьмерка выскакивает в самых критических ситуациях. Что поразительно, даже у людей, не связанных с ней судьбою и датой рождения. А уж если она значится в дате рождения, от нее не уйти... Таким людям стоит обращать на ее появление особое внимание. Цифра эта часто указывает, что должно произойти что-то очень важное, решающее, что может повлиять на всю оставшуюся жизнь. Друг мой, историк Николай Михайлович Карамзин, в китайский домик которого покойный государь заходил запросто, даже в спальню заглядывал, дивясь тесноте и беспорядку семейства, рассказывал, что решился на одну из ответственных трехчасовых бесед с государем Александром Павловичем именно 17 октября 1819 года, оспаривая его политику в отношении Польши...

«Это пункт, — подумал я, — без Польши никуда!..»

—...Наш историк имел смелость заявить государю, что любит лишь ту свободу, которую не отнимает тиран. После чего даже отказался от царских милостей!.. Но что за дело современному русскому дворянину до бедной Польши, — притворно вздохнул NN. — Вижу, вас больше интригует история числа 8, цифры замечательной и опасной!

Более часа посвятил мой собеседник познавательному и богатому мистическими тайнами экскурсу в историю загадки чисел. Более захватывающей лекции мне слышать не приходилось. Не раз мороз драл лопатки, а лицо загоралось не только от выпитого глинтвейна, а NN все сыпал мрачными и значительными подробностями. Он уверял, что «8» непременно и роковым образом связана с царствующей династией Романовых и скоро себя проявит.

Написано по этому поводу в дневнике Тульчицкого много позднее:

«И откуда же мне было знать, что скоро я сам стану свидетелем таинственных происшествий, в которых не обошлось без упомянутой цифири. Некоторые события всем известны и бросались в глаза. 17 декабря 1837 года вновь объявилась карающая цифра восемь: царь был в театре, а за то время почти весь сгорел Зимний дворец — пылал как зловещее предзнаменование, и, несмотря на все усилия солдат, еле спасли документы, часть имущества и картин, внутри находящихся. Как огонь не перекинулся на все залы, как провидение пощадило собрание Эрмитажа, Бог весть...

...Я еще дожил до того года, когда, согласно предсказанию Авеля, восьмерка мстительно и до срока уничтожила сына и надежду Николая Павловича, Александра II, несшего родовую отметину — вездесущую цифру 8 Высшей Справедливости в дате своего рождения (цесаревич родился 17 апреля). У края Вечности я стал свидетелем, как подобная участь постигла и его сына, Александра III, родившегося 26 февраля 1845 года. Не заглядываю дальше, но убежден, эта цифра покарает род Романовых и уничтожит их...»

Тем временем наш разговор с NN, кружа вокруг царской семьи, коснулся предсказания госпожи Ленорман, сделанного Александру I в Париже после военной кампании.

— В чем же состояли ее пророчества? Или это дворцовый анекдот? — в свою очередь жадно поинтересовался NN.

Тут я немного утешил его кое-какими познаниями. Я подтвердил, что мадемуазель Adeli Le Normand угадала многое из случившегося в 1825 году и впоследствии, заглянув в будущее на три царских поколения. Ты, может, и сам этот анекдот знаешь: Аделаида Ленорман, знаменитая французская гадалка, раскинула карты императору Александру Павловичу в 1815 году в Париже, когда он разлетелся орлом и прошёлся гоголем по столице мира, желая быть везде и видеть всех, как победитель и спаситель человечества. Для вхождения в спиритический транс мадемуазель, отчаянно нехорошая собой и чёрная, как галка, разогревала себя в тёплой ароматической купели (злые языки говорили, что испарения ванной сильно пахли опием), затем садилась и раскладывала карты уже по всей форме. Пользовалась и наукой пальмистри, смотрела ладонь нашему императору и в конце концов заявила, что закат его царствования будет весьма грустный. Окончит он свои дни внезапно, далеко от Петербурга, чему он, конечно, не поверил, но продолжал слушать. Да и новое царствование его преемника, предрекла пифия, начнётся смутами. Затем царствование последующему самодержцу было обещано продолжительным и без особых потрясений, кроме последних лет. Потом она смешала карты и объявила, что в конце века Россию ждут кровь, смута и конец дома царского, как только справят Романовы 300-летний юбилей престола своего!

— А знаете, — сказал NN удовлетворённо, — ещё никто из прорицателей не расходился в этом месте! Все обещают!

Каково, Павел? Поляк остался доволен! Он не против! Вот как мы насолили его Польше. На этом интригующем пассаже прервали мы тесное задушевное общение, и пути наши с патриотически настроенным люминатом NN разошлись. Он уехал в Майнц преподавать историю тайных учений, я же последовал дальше, в сердце Италии, где и задержусь. Возвращусь в Россию через Петербург не позднее весны будущего 1837 года. И только потом в родную Москву, к тёткам и пирогам! Ты можешь мне писать всю осень и зиму в Рим, в дом княгини Любомирской, где я снял уже флигель для своих занятий.

Остаюсь весь твой, любящий Петр.

Приложение. «Дневники Петра Тульчицкого за 1855—1899 гг.».

1855 г. 21 февраля в Петербурге. Третий день как умер Николай I. Все в оторопи. Все оцепенели. Все поражены внезапностью смерти, ведь не было помещено ни одного бюллетеня о болезни. Народ волнуется. От многих во дворце, от Ал. Долг—вой, гр. Барановой, духовника Баженова, брата З. Б. и других свидетелей странной кончины царя я узнал подробности, которые мало кто знает в свете. И хотя официально император Николай I почил в бозе от простудного недомогания, упорная всесведущая молва не зря уверяла, что государь, еще не старый и крепкий мужчина, просто умер... от отвращения и разочарования. За последние полтора года его жизни рухнули театральные подмостки иллюзорного величия, которое он себе вообразил за все 30 лет царствования. После известия о поражении под Севастополем дело его жизни предстало как пустое. Армия показала все ничтожество своих генералов, плохую амуницию и выучку, недостатки оружия, разруху дорог. Кровью простых храбрых русских солдат, которые одними телами своими защищали интересы России, было залито смертное ложе царя. Трудно было карающей руке судьбы выбрать удар изощреннее! Россия оказалась поставлена на колени и даже была вынуждена подписать в Париже унизительное и неслыханное обязательство не иметь в Черном море флота. Мало того: пришлось ей отдать часть земель и ранее захваченные у Турции города в Малой Азии. В метафорическом смысле за все унижения этого царствования было отмщение полное, но кто взвешивает историю на таких весах? И тут я спешу заметить о другом странном совпадении: смертельно заболел Николай I почему-то именно 27 января, в годовщину горькой, известной всей России дуэли Пушкина, ни днем позже и ни днем раньше. А через три недели восьмерка напомнила о себе самым сокрушительным образом: многие считают, что в эту ночь Николай обрел силы принять яд.

Вчера была просто лихорадка, легкое недомогание, но он двигался, ходил, отдавал приказы и даже ездил! Никто ничего не подозревал даже утром! А между тем в ночь с 17-го началось умирание и 19-го в пятницу его уже не стало. Так быстро все произошло! Как будто его сжег какой-то ветер, как ненужную бумагу. И торжественного прощания не получилось. После кончины медальное лицо Николая I безобразно распухло: пришлось сразу прикрыть его платком. Речи не шло о том, чтобы явить лик усопшего народу. Разложение накинулось на тело с невиданной жадностью. Через несколько часов запах тления был уже ощутим, а второго дня, несмотря на холод, уже нельзя было стоять рядом с телом покойника. Тут все вспомнили, что еще в первую неделю поста, когда с амвона провозглашается многолетие императору с перечислением всех его длинных титулов, дьячок ошибся и вместо многолетия провозгласил императору «вечную память», что глубоко всех потрясло, но о чем постарались все быстро забыть. Юродивый в Москве говорил графу Закревскому, что в России на пятой неделе поста «будет Великое Венчание»; что это значит в мистическом словаре Венчание со Смертью, не надо объяснять.

И таких примеров было множество.

Россия — точно особенная страна, другой такой не будет. Она полна темных и светлых течений. Как будто две разные силы не на шутку схватились за судьбу ее! Как будто сшиблись в поднебесье в смертельной схватке, пуская противоположные лучи на ее землю, светлое и темное, и побеждают попеременно. Все говорит, что к России и ее народу приковано особое внимание Провиденциальных Сил. Иногда они проявляют свое течение совершенно открыто. Они делают недвусмысленные знаки и показывают, на что следует обратить внимание. Подумать только, сколько таких знаков пришлось на этот февраль в связи с этой странной кончиной! Столько тайного и явного просочилось из пророчеств и предзнаменований, что только слепой не увидит и глухой не услышит их. Не буду говорить о видении призрака Белой Дамы, явившейся Вел. Кн. Александре Иосифовне в Гатчине — место это вообще темное, проклятое и опасное. Там давно бродят духи, наблюдаются свечения из-под земли и другие мистические феномены. Но есть другие явления, которые средь бела дня видели сотни людей. В последние дни императора большая черная птица, встречавшаяся доселе только в Финляндии, где она традиционно в народе считается вестницей большого несчастья, каждое утро исправно прилетала и садилась на телеграфный аппарат, что укреплен на башенке ровно над комнатой и даже точно над тем местом, где умер император. Часовой ее гнал каждое утро, но она возвращалась. И только когда уже нечего было возвещать, все кончилось, она сама улетела по направлению к шпицу Петропавловской крепости, что тоже можно считать ясно читаемым символом. Ибо, в конце концов, там и нашел он свой приют...

Смерть Николая повергла меня в раздумье о жизни преходящей, о славе и ничтожестве. Что он оставил после себя? Какие деяния, которые вспомнят через столетия? Я мысленно возвращаюсь на 20 лет назад, в свою юность, в глухой и для России, темный и праздный 1835 год. И поражаюсь сокрытой стройности событий, которой я, по слепоте и глупости, до конца не различал. Мое число 13, которое есть 4, решило мою судьбу. 13 числа февраля 1835 года, когда на исходе полуночи бледная ущербная луна подсветила осевшие сугробы, мы с молодым князем Петром В. вошли в известный дом К-ского, что возле Гнилого моста. Мы оказались последними посетителями, за которыми уже заперли дверь безмолвные Стражи Ключа. Стараясь ступать как можно мягче, обмениваясь со следящими за порядком братьями условными знаками, прошли мы через всю анфиладу в заднюю, самую потаенную комнату. Старшие Братья уже стояли вокруг мраморного стола Средоточения. Во всю ширь стола были накинуты какие-то бумаги (издали я было принял их за карты военных действий). Вблизи же разглядел другое. В пляске бело-желтоватых пятен свечей блестели несколько насаженных на медный штырь огромных атласного картона старинных астрологических дисков. Питая к антиквариату вообще, а к реликвиям Ордена в частности особое пристрастие, не удержусь, чтобы не описать диски подробнее. Один меньше другого на ширину пальца, они были оправлены по краям неизвестным металлом. Не поручусь, что это была мягкая ковкая, но непрочная медь, скорее неизвестный сплав, из тех сплавов древних алхимиков, о которых в Братстве ходят легенды. Даже на первый взгляд было ясно, что в нем присутствовало благородное золото. Изображения на картоне тоже были присыпаны «вечной» пылью бронзового оттенка — техника итальянского ручного печатания великого Леонардо, ныне утерянная. Диски останавливались и снова вращались, совмещая знаки и цифры на всех четырех плоскостях, под рукой управляющего ими незнакомца. Это и был обещанный еще до Рождества прославленный хиромант и мастер нумерологии, астролог и предсказатель Мастер Паоло из Итальянской ложи, прибывший в Россию под чужим именем праздного путешественника вместе с французскою труппою актеров.

Волнение и дрожь объяли меня. На груди Мастера поверх черной шерстяной хламиды, а была она похожа на домотканую, сверкала семиконечная звезда священных металлов. Средь московского хлада и сырости его южные, как бы сожженные и подсушенные временем смуглые черты смотрелись более чем необычно. Тонкий нос и длинные лиловые губы, блестящие, окруженные тенью черные глаза под тонкой пленкой больших век выдавали пришельца дальних южных стран. Но каких? Он не был похож на современного итальянца или ассирийца, еврея или албанца. А между тем его родословная явно принадлежала Средиземноморью, и тут я бы голосовал за египетскую кровь. Меня поразил цвет его рук — землисто-смуглый, нет, скорее желтовато-оливковый, как извлеченный из могильника пергамент, как масляная облатка мумий.

Обладателю таких рук могло быть с равным успехом и 60, и 1600 лет.

Казалось, вот она, живая кожа вечного странника Агасфера! Впрочем, кое-кто из братьев позволял себе шутить, намекая, что Мастер и есть проклятый Иисусом Агасфер, которому открыты прошлое и будущее. Сами Братья стояли вкруг с бледными и, как мне показалось, до крайности озабоченными лицами. Я опустил глаза, стараясь сосредоточиться и уловить смысл старой латыни. К счастью, благодаря опекавшему меня в отрочестве Иоганну Флудду знал и ее когда-то изрядно.

Меж тем разбиралась кармическая задача неизвестной персоны и сопряженные с нею взлеты и тяготы. Мастер говорил о роковом возрасте — тридцати семи годах, сроке, коему свойственен критический оборот лунных узлов, когда меняется кармическая задача личности. Человек не в силах будет управлять событиями увы ему! И мало шансов устоять супротив Рока в год тридцать осьмой жизни при таком расположении темного разрушителя Saturna и блистательного сына его Saturnius, то есть Юпитера, звезды королей, что справедливо, non nisi, исключительно для таких выдающихся служителей небесных святынь, caelestia sacra, то есть служителей Муз. Небо прижмет его к земле в страшном невиданном испытании, и придется идти по этому году аки по топкому болоту. В этот год оглохнут и ослепнут все родные и близкие — они будут равнодушно смотреть на муки испытуемого и только добавят своими претензиями его страдания... Друзья будут подобны слепцам, ведущим зрячего к пропасти. Эфирный двойник его утомлен испытаниями и не в силах провести гения через пропасть. Если суммарная цифра года образует совершенную цифру единицы, а 1, как известно, есть число Солнца, цифирь первопричины, стрелки жизни как бы начнут свой бег сначала, что указывает равно на рождение и смерть. Итак — гению предстояло заново родиться или умереть.

Я понял, что судьба Избранного находилась под угрозой. Планетарные Покровители уступали место Черной Луне. Я ничего не смог поделать и ничему помешать по слабости и неподготовленности! Бог пусть меня простит. Душа его вскоре и в самом деле вступила в сонм светлых духов земли российской, искупая невинной мученическою смертью все возможные личные человеческие ошибки, взлетая в невиданном освобождении к горним высям. Воистину: все — fatum и все — faille, зола.

Мастер вынес мрачный приговор, но оставил надежду: чтобы сохранить физическое тело и продолжить земной путь, необходимо было, чтобы душа Одаренного прошла через Философскую Смерть и обрела Второе Рождение. Но для такого расклада в свою очередь была необходимость в готовности, в непременном личном желании человека принять свою Философскую Смерть, отказаться от прежнего образа жизни, любой суеты и усилий, творчества, соблазнов света, чинов и службы, любых излишеств, семейных и иных привязанностей. Претендент, будучи некоторое время кандидатом, допускался во внутренние круги Башни, кои этажи представляют орбиты планет. Восхождение для Философской Смерти и нового рождения по этой лестнице на самый верх совершалось от одного этажа к другому (всего их было восемь) и заканчивалось площадкою, где Избранный освобождался от Планетарных Правителей и начинал новую жизнь, часто под другим именем, чтобы направить все усилия и энергию на создание Доктрины Братства, благую, примерную для поколений жизнь и философские труды. Братством в те годы были подготовлены такие «добровольные повороты» судьбы у 16 Избранных, но надо сказать, исход даже самого процесса уготовления не всегда можно было предсказать заранее. Известен случай, когда один избранный, едва не дойдя до конца Философской Лестницы, был внезапно убит в Персии. Другой брат, став приемником истин, тем не менее предпочел частную жизнь, третий, он же, собственно, первый в списке, ушел в скитания, принял схиму и исчез для Откровения, четвертый сошел с ума, и только пятый достойно продолжал существовать в Братстве.

Но кто он, этот Избранник, воззвавший из темноты времени? Святой старец, философ-затворник, проповедник, неведомый герой, предсказатель или юродивый, странник Божий? Тогда никто не знал его имени. Братья терялись в догадках.

Расчеты показали: цифра жизни Избранника есть восемь. Не случайно эту опасную и, не побоюсь слова, злокозненную Восьмерку в некоторых восточных учениях называют Черным Числом Дракона или Числом Возмездия. Хотя обладающие этим числом по рождению воистину Избранники Божьи, ибо несут в себе часть Христа с его полным числом «888», опасность восьмерки кроется в том, что ее нельзя умолить, нельзя с ней вступить ни в какие договоры и изменять ее сущности. Священное и непоколебимое, оно САМО ВЫБИРАЕТ, щедро ли наградить того, кто верен Тайному Назначению, или наказать его обладателя за любое отступление от Предназначения, причем весьма величественным и сокрушительным образом. Иногда, по природе своей обоюдоострое и симметричное, число делает это в обоих случаях равно — и отнимая, и награждая не без изысканности...

(*Поздняя запись конца февраля 1887 г.*)
...Вот уже 50 лет как нет Пушкина. Невероятно, но он стал ближе русскому человеку, чем прежде. Не иссякает сожаление и горечь от его ухода. Гений мог бы еще долго вести нас к вершинам духа, мы бы увидели его великую, мудрую старость, более могучую, чем старость Гете и других корифеев человечества.

Увы, дух человеческий может быть прочен, но обстоятельства жизни извилисты, а темные силы рока (иные Учения вопреки всему называют их Даймонами Очищения) не дремлют. И когда оставалось только молиться за душу усопшего, мне сразу бросились в глаза некоторые многоговорящие совпадения в судьбе АП. Легко было рассчитать: в свое время, именно 4 мая, числа кратного 8 и находящегося в соподчинении и зависимости от него, предпринял наш Избранник когда-то первую попытку сделаться масоном. Все его духовные взлеты, равно как и опасности, приходились на эту роковую цифру. Стоит даже удивиться, как судьба тщательно подбирала и нанизывала на нить Судьбы эти восьмерки, а этого никто не замечал.

Его убийца приехал в Россию 8 сентября. 26 января (то есть опять 8-го числа нумерологически!) 1834 года АП почему-то записывает об этом ничтожестве в своем дневнике. Решение о дуэли с мерзавцем гению России предстояло принять тоже 26 января. Всего через три года!

Вчера я опять читал дивные строчки АП о жажде покоя — он был готов, он был в шаге от освобождения, в полшаге от своей Философской Смерти и Нового Рождения. Какой благостный свет истины и благородства, бесконечного света доброты льется из его натуры, как он освещает всю Россию и детей ея! Я плачу...

Господи, Господи милостивый и всевидящий, прости и освободи от наказания за малость нашу! Помилуй Россию и простри над ней покрывало защиты от темных сил! Вразуми ее бесшабашную голову, которая не ведает своего пути и все мчится и мчится без разбора дороги, сломя голову, и не видно ей остановки!..

Идалия Полетика — Жоржу Дантесу
в Летний лагерь полка со своим слугой,
не раньше 19 сентября 1836 г.

Милый Жорж! Отчего Вы совсем забыли старых верных друзей! Куда это годится? Вчера я было не на шутку занемогла — Вы будете смеяться — от скуки! Я скучаю по Вашим шуткам и розыгрышам, хотя другие мои верные, в отличие от вас, не покидают меня. Итак, самый элегантный кавалер моей гостиной (в которой я без Вас уже сменила от отчаяния все стулья) предпочел кружок старых дев, уверяя, что этот домашний круг действует на него успокоительно. С каких пор вы так сентиментальны, так преданны домашним радостям, так постоянны? Не Вы ли мне говорили, что постоянство — верный спутник скуки и друг глупости? Боюсь, что причина тут совсем другая, нежели домашнее чаепитие в сырых дачных креслах, пропахших старой обивкой. Будем же откровенны друг с другом, как старые добрые друзья. Ваша скромная «мадам де Турвель» где-то рядом, не правда ли, и Вы ведете осаду бастиона по всем правилам военного риска? Будьте осторожны, наш не знающий поражений блистательный рыцарь.

Что я имею в виду? Слухи о дачных семейственных вечерах Карамзиных, где Вы — главный кавалер, уже пересекли черту этого кружка. Вы же знаете, в этом смысле Петербург — большая деревня. Секрета в быстрой передаче слухов нет. Как комета, они кроме основного ядра сведений имеют в хвосте массу пыли, в которой каждый находит для себя что-то любопытное. Вы, конечно, виделись у Карамзиных с моей свояченицей Nathalie, женой моего брата Александра, урожденной Кочубей? Она тоже нашла отраду в этом кружке и свой *предмет в лице симпатичного и образованного красавца — брата Софии, о котором прожужжала мне все уши.* И, разумеется, рада была поделиться со мной всеми подробностями жизни вашей маленькой банды. Даме 36 лет безопасно кокетничать с молодым человеком, потому что это дачное развлечение, «одно фру-фру», как Вы говорите. На дачах всегда сезонно влюблены по кругу, все воркуют по-домашнему. Чай с пирожными, вареньем и... ничего серьезного? Так ли — ничего? На Вашем месте я бы остереглась воздействовать на *некоторых* старых дев столь сокрушительным образом. Говорят, одна из них, которую вы однажды удачно сравнили с *водонапорной башней*, совсем потеряла голову от ваших прогулок и пикников. Так что тепловой удар несчастная дева, похожая на зрелую грузинку, рискует получить дважды. Он может произойти как от жары, так и от внутреннего жара. Я этого, разумеется, не говорила, а ВЫ этого не слышали.

Я также надеюсь, что, страстно сосредотачиваясь на Вас, влюбленная особа наконец-то *сведет в одну точку* неопределенный взгляд своих темных глаз. И тогда берегитесь! У нее огромный темперамент, есть воля и самолюбие. Вы рискуете! Месть отвергнутого женского сердца, которому внушили надежду, не знает пощады.

А правда ли, что Ваш отец задумал какой-то изысканный музыкальный вечер у Вас дома? Вы знаете, что я имею страсть к музыке и, кроме того, без памяти от вашей уютной элегантной гостиной...

Записка Дантеса этим же вечером: «Идали! Вы, как всегда, проницательны и умны. Вы даже можете разглядеть без увеличительного стекла зарождение того, что еще не родилось. Я весь в субботу у Ваших маленьких изящных ножек, ножек прелестной женщины и настоящего друга — с приглашением и с мольбой о пощаде! Мне многое надо сказать вам...»

*Идалия Полетика — подруге в Баден-Баден,
1 октября 1836 г.*

Ох, Зизи, милая, какая ты умница, что решила отправиться в Париж! Как я завидую этим «двум-трем неделям» путешествия, пока стоит теплая погода. Не забудь мой парижский заказ. Я тебе говорила о шелке на лиф и дымке, но передать образцы уже невозможно. Так что, если купишь что-то на свой вкус лазурно-голубого или слегка фиалкового оттенка, я буду по гроб благодарна. При первом же случае пошлю московское шитье для итальянских твоих друзей. Иностранцы любят диковинное. Надеюсь, в Париже еще носят парюры? Прости, моя душка, за дамскую болтовню. Я не перестаю молиться, чтобы между нами оставался простой тон. И эти милые глупости не сходили бы за недостаток ума или легкомыслие, только за знак полного доверия и близости.

Отвечаю на твой вопрос о лете будущего года. Возможно, мы поедем в твою сторону, но когда — точно сказать не могу. Несмотря на то что совсем жаловаться на отсутствие средств нам с Александром Михайловичем не приходится — часто путешествовать мы себе позволить не можем. В этом году и носа никуда не высунули: и потому, что дети малы, и потому, что муж все ждет свое звание. Надо быть реалистами. Если ты не министр, а только ротмистр, не обладаешь майоратом и не можешь рассчитывать на наследство, приходится надеяться на чин полковника (который мы теперь ждем совсем скоро — недели через две). И потом — даст Бог! — на генеральский чин, чтобы достойно Александру Михайловичу уйти в отставку. Не смогу позволить себе держать блестящий открытый дом, а зимой выращивать модные камеи на подоконниках. И тем более — завести для интимных приемов отдельный кабинет, обитый малиновым шелком, как эта зазнайка Долли Фикельмон. У нее побывали все мои друзья из французского посольства. Но она почему-то считает ниже своего достоинства пригласить меня хотя бы на один блестящий прием. А с чего бы ей задирать длинный нос?! Внучка фельдмаршала с пожалованным новым титулом, оставшаяся без всякого приданого. И ничего более: ни красоты, ни особого родства. Не случайно же ее шустрая маменька приложила немалые усилия, чтобы заловить для своей пятнадцатилетней дочки где-то в Европе богатого и старого плешивого австрийского посла. А потом уже сама 17-летняя новоиспеченная жена посла, приехав в Россию, начала действовать в том же духе — преследовать покойного императора Александра страстными письмами. Александр Павлович уже не знал, куда деваться и что отвечать юному «милому другу»!

Ты спросила, что Строгановы. *Papa* не может скрыть, что здоровье его пошатнулось. Ездил показываться врачам за границу. Уже пару лет носит темный козырек от солнца, чтобы сберечь остатки зрения. Он стал седой и отрастил волосы. Ходит в живописном черном бархатном кафтане. Но держится молодцом, бодр и шутит в своей саркастической манере. *Maman* — как всегда — весьма оживленна после летних путешествий. У них каждый день гости и чуть ли не каждую неделю большие приемы. А не приходится ли ей родственницей какая-то немка Ойенгаузен, которую ты встретила на водах, даже не заикайся! Есть вопросы, которые *maman* Юлия Павловна терпеть не может: первое — это второстепенные родственные связи, второе — ее возраст. С удовольствием сообщаю, что Юлия Павловна, можно сказать, еще весьма хороша собой. На голове — ни одного седого волоска. Косы густы и черны, как смоль, она их любит убирать спереди гладко. Ей шиньон не нужен. Манере одеваться моложе возраста, во все светлое, она тоже не изменила. Графиню Строганову знают все, и она всюду принята, как светская львица. Граф ее балует, несмотря на то, что оба в возрасте, ведь *maman*, слава Богу, с двадцатого августа пошел 55-й год, а *papa* без трех лет семьдесят. У Строгановых бывает весь свет и частенько — императорская фамилия. Что до меня, я не всякий вечер у них, но через день или два, по-семейному, на обедах бываю точно.

В отношении этой бедной немки Ойенгаузен. Дай Бог, они никогда не встретятся с *tatan*! Я даже представить не могу, что Юлия Павловна с ней сделает! Сцену их встречи вообразить не могу! Лучше бы тогда она держалась скромности и не давала воли фантазии, ибо Юлия Павловна никогда не забывала, какого высокого и гордого она рода. Ты наверняка спросишь, в чем же причина таких горячих страстей. О, это целая «строгановская история», о которой горячо сплетничали лет еще десять-тринадцать назад и отголоски которой еще сейчас долетают. Любое пылкое сочинение поблекнет перед такими страстями. Настоящий роман века!

Отцом *tatan* был и вправду Ойенгаузен, но не просто «какой-то немец», а ГРАФ Карл Август Ойенгаузен, что был трагически убит в Лиссабоне в 1793 году. Это один из самых знаменитых родов Европы, поэтому не знаю, как может на что-то претендовать какая-то захудалая немка. Может быть, младшая ветвь? И вот представь, что обосновавшись в Португалии, дед-немец перешел в католичество ради прекрасных черных глаз и любви к одной женщине — это и была моя бабка Леонора д'Альмейда да Лорена и Ленкастре, маркиза д'Алория. Она еще, кстати, жива, и не просто доживает свой век. Бабушка — известная изящная португальская поэтесса, пишет, конечно, под псевдонимом из светских приличий. Автора тем не менее все знают, у многих на книжных полках красуются шесть шелковых томиков, изданных маркизой. Любовь и страсть сопровождали эти фамилии всю их историю.

Но вернемся к событиям далекого 1782 года. У маркизы рождается дочь Юлия, прелестное черноокое создание, сражающее мужчин одним взглядом бархатных глаз наповал. Неудивительно, что в 1807 году в нее без памяти влюбился молодой генерал, правая рука императора Наполеона, красавец адъютант Жюно. Вот тут-то, милая Зизи, и наступает время деликатной тайны и причины известной уклончивости *maman*. После событий 1812 года в России такие любовные связи не приветствовались в свете. (Сейчас тем более, потому что имеются признаки какой-то народной а-ля рюс патриотической лихорадки.) И даже если события происходили двадцать лет назад в Португалии, чужой стране, все равно легко заполучить прозвание шпионки или заслужить по меньшей мере нескромные расспросы. Так что у *maman* не одна, а несколько причин раздражаться на подобные расспросы. Я это все узнала отнюдь не от нее, можешь быть уверена.

Роман Жюно и *maman* был короткий, но бурный. Он наделал столько шуму, породил столько ненужных слухов, что бабушка срочно выдала *maman* за графа д'Эга, камергера королевы Марии I. (Полагаю, захудалая немка, которая навязывает Юлии Павловне сомнительное родство, и понятия не имеет о том, кто такая королева Мария.) Но этот блистательный с точки зрения связей и родства брак не оказался удачным и продолжался недолго. В Лиссабон приехал мой *papa*, красавец Григорий Александрович (увы, тоже связанный семейными узами с родовитой фамилией князей Трубецких). В Лиссабоне новый русский посол, свободный, знатный и богатый, да еще живущий вдалеке от своей жены, произвел настоящий фурор. Граф Строганов был известным сердцеедом в Европе. Знаешь ли ты, что его воспел сам Байрон в «Дон Жуане»? Он там главный герой!

Женщины сами падали к его ногам, так он был красив! (Для меня лучший комплимент, что я на него чем-то похожа, скрыть это сходство невозможно.) И *papa* в свой черед был сражен жгучей красотой Юлии д'Эга. Он умолял ее соединиться с ним навеки (при обоих здравствующих их супругах) и немедленно скрыться в России, где они первое время практически и не жили, презирая светские сплетни и неодобрение двора, а больше ездили по свету. И лишь по смерти первой жены *papa*, так и не давшей ему до своей кончины развода, Строгановы обвенчались по всем законам православия. А *papa* уже было далеко за 50! Правда, такая верность была вознаграждена — все милости двора и расположение света оказались на их стороне. История просится на страницы изящного французского романа в духе г-жи Сталь, и все же — это чистая правда. Только одно прискорбное «но»: не бывает любовных романов без жертв. И несчастной жертвой великолепного любовного сюжета оказалась я. Венчались-то мои родители в церкви... меньше десятка лет назад! К тому времени я была уже на выданье! Вообрази, меня так и вывезли в свет как незаконную дочь *papa* — девицу д'Обертей, по батюшке «Григорьевна». И я не могу тебе сказать, почему на водах этим летом Юлия Павловна при каждом удобном случае твердила, что я — незаконная дочь *papa*. Это темная история, почему она лишний раз спешит об этом всем напомнить. Я уже сама знаю от людей пять вариантов (!) своего рождения, якобы слышанных со слов самой *maman*.

Каково это сердцу твоей бедной подружки Идалии, можешь догадаться сама. Ты скажешь, нельзя судить мать и отца своего... Умом можно это понять, но мы не властны над своим сердцем. Баловали меня с детства, это правда. Я привыкла к роскоши, подрастая, была окружена лучшими учителями, получила прекрасное образование — но тем более не смогла привыкнуть к обидной неопределенности своего положения. Для женщины с сердцем и умом, который я унаследовала, смею думать, от *papa*, это медленная пытка огнем самолюбия, мучительная середина существования, которую я, несмотря на то, что давно замужем и имею детей, до сих пор чувствую.

«Дети поздней страсти» иногда занимают мало места в душе родителей — вот неутешительный вывод, который можно сделать. Во-первых, Юлия Павловна САМА до сих пор любит быть избалованным ребенком в глазах *papa* — по праву своей моложавости и отсутствия детей. Во-вторых, немалую роль сыграли в этой истории интересы семьи. Мои старшие сводные братья соединили в своей крови два старинных рода — Строгановых и Трубецких, им не важно, что по Петербургу молва шепотом разносит сплетни, что граф Строганов прижил меня с какой-то француженкой-модисткой. Сколько незаконных детей достойно продолжили свой путь и даже со временем получили титул! Но братьям совсем не понравилось бы, если бы я лелеяла мечты о праве на часть наследства и, не дай Бог, — о титуле. Думаю, был договор семейный, ведь были причины, отчего, признав меня своей дочерью, папенька все-таки не стал хлопотать дальше о моих правах. Я же думаю, Зизи, нет, я боюсь поверить одному предположению, эту тайну

похорони глубоко и ключик выброси, вдруг
я — дочь страсти, дочь камергера Жюно?
Очень многое говорит в пользу такого невероятного предположения. Ведь Юлия Павловна
прятала меня во время войны 1812 года до последнего. А потом тайком вывезла в Россию.
Неспроста *maman* ужасно боится сплетен насчет Жюно, да и вообще мало рассказывает
о той поре своей жизни, поскольку ей это
невыгодно. Она до сих пор обожает выезжать
за границу вместе с *papa*, и принята при иностранных дворах. И без того есть люди, которые до сих пор к Юлии Павловне *присматриваются*... Лишние слухи ни к чему братьям,
высоко стоящим во мнении государя, они так
успешно делают карьеру! Иногда при сопоставлении некоторых фактов мне кажется, что
Строгановы желали утаить, что зачали меня до
брака еще в Лиссабоне, когда *maman* еще не
развелась с д'Эга, а *papa* было далеко до развода с его русской женой. Не случайно — сказать
тебе — даты моего рождения переправлялись
три (!) раза. Я сама видела в метрике: однажды
там стоял 1808 год (значит — Жюно?!),
потом — 1810 год (у *maman* уже был *papa*).
А однажды видела исправленную запись о
1811 годе, уже точно указывающую, что Строгановы оба — мои родители. И не странно ли,
что мое имя *скорее испанское, чем французское. Откуда же оно, если я не имею ни к Португалии, ни к Испании никакого отношения?*

Все это странно, как «тайны мадридского
двора». Наверняка за всем этим кроется расчет семейства. Есть еще третья версия: может
быть, моим отцом был все-таки д'Эга и меня
увезли под чужой фамилией, чтобы он не
предъявил на дитя никаких прав?! Вот цена
страстей, *но я-то этого не хотела и не проси-*

ла у Бога такой судьбы! Наверное, столь яркое счастье и согласие, которое царит между моими родителями, оплачено какими-то жертвами, ценой моей судьбы, ты не находишь?

Обстоятельства все время дразнят меня: недавно я наткнулась на наш с *татап* общий портрет — на обороте он датирован ею собственноручно... почему-то четырьмя годами позже, чем писался. Господи, приходится подозревать что-то совсем необычное в духе Дюма: уж не королевская ли я дочь? (Шутка!) А ведь художник как-то выбрал горностай для моего портрета. И знаешь — он оказался мне к лицу!

Подводя черту, скажу — пусть это ужасный грех гордыни, но я НИКОГДА не смогу простить судьбе, что не занимаю блестящего положения, на которое имею все права ума, красоты и крови. И хотя я знаю цену придворным маскарадам, меня отнюдь не веселит до упаду вечная новость, что я не получила приглашения в Аничков, где танцует всякий ЗАКОННЫЙ якобы сброд, даже нелепые провинциалки Гончаровы, которым по праву дальнего родства все еще покровительствует *papa*. Надеюсь, мои дети не узнают таких страстей и такой раны сердечной.

Если я не утомила тебя, милый друг, выслушай уж меня до конца. Я никому такого не говорила и никогда более не возвращусь к этой больной теме, не стану смущать тебя невеселыми признаниями, в этом ты можешь быть уверена. Всю свою жизнь я была предана самой себе. Вслед за маркизой де Мертей я могла бы сказать о себе следующее: вступив в свет еще юной девушкой, я была обречена на молчаливое бездействие и робкое ожидание, когда меня выдадут за скромного и достойного человека. Но в отличие от нее — не затем, чтобы он увеличил капиталы семьи и дал мне обеспеченную будущность. Мне даже не пытались искать блестящую партию и тем более не спрашивали голоса моего сердца. От избранника требовалось совсем немногое: чтобы он был добропорядочен и узаконил мое положение. Я была умна, недурно образованна, наделена недюжинной волей и воображением, остра на язык, но все это не соответствовало развивающемуся сюжету жизни. Я снова притушила волю и самолюбие под маской невинной рассеянности. Один Бог знает, чего стоили мне эти усилия. Ради будущего замужества, которое не принесло мне большого счастья, я старалась не столько смирить свою гордыню, сколько научиться владеть своими чувствами. Опыт не прошел даром.

Одаренная недюжинным темпераментом, я научилась на людях смирять гордыню и полностью владеть своим лицом — оно давно выражает совсем не то, что я думаю или чувствую. Я репетировала выражение спокойного равнодушия и приветливости перед зеркалом часами так, что, отходя ко сну, чувствовала, что болят губы и щемит за ушами. Вряд ли кто-то, кроме актеров, может похвастать такими самостоятельными успехами: теперь восторг, растроганность, изумление, безмятежность, любое из чувств возникает на моем лице, когда я этого хочу. Овладев мимикой, я стала учиться управлять речью. Я давно говорю на два-три тона тише, чем мне назначено природой и желанием. Я опускаю глаза гораздо чаще, чем мне хотелось бы. Я опускала их даже тогда, когда бес любопытства и дерзости раздирал и подталкивал изнутри. Я молчала, когда остроумное замечание так и просилось мне на язык. И что же? Награда за мои муки и старания не замедлила себя ждать. Игрой, напускной кротостью и притворством я смогла добиться от своих родителей большего, чем криками и слезами в детстве. Они стали относиться ко мне гораздо лучше и с большей доверчивостью. Лаской и смирением я научилась ладить со своими братьями, понимая, что только такие связи защитят меня в будущем, станут опорой и поддержкой, когда *papa* не станет. Я многое теперь рассчитываю наперед, как перед сражением. Первые месяцы замужества со мной случались настоящие истерики. Я по сию пору страдаю перепадами настроения и мигренью от раздражения нервов. Зато я научилась избегать положений, в которых меня легко может разгадать каждый. Наверное, все это не сделало мой характер добродушнее, только ожесточило меня. Но самое главное — моих стараний и страданий *никто не видел и не увидит.* Теперь я, по мнению большинства, веду беззаботный светский образ жизни, как и подобает в моем положении и при моем воспитании. Многие находят меня блестящей, красивой, окруженной поклонниками остроумной женщиной. Иные даже завидуют, уверенные, что у меня много денег, послушный муж, чуть ли не раб своей госпожи, исполняющий любой ее каприз, и что многие достойные молодые люди добиваются моей благосклонности, словом — мое существование безоблачно и беспечально. Я давно легко могу притвориться влюбленной, когда душа холодна, заинтересованной, когда хочется зевать, растроганной, когда душит смех, и т. д.

И самое удивительное, что близкие и посторонние люди искренне благодарны мне за такую невинную хитрость! Даже родные не хотят и не ждут искренности. Их можно понять: они хотят, чтобы у детей все было хорошо. Поэтому они любят *удачливых детей*. Будь же блестящей, беспечной, веселой, ласковой даже тогда, когда на душе у тебя скребут кошки, оскорбляют сами обстоятельства — тогда тебя все полюбят и с радостью будут ждать в любой гостиной. (И в родительской, добавлю, тоже.) Единственное, что мне никогда не даст покоя, — почему некоторым особам так легко достается то, что я не могу отвоевать у жизни никакой ценой, даже если бы обрекла на заклание детей своих — положение, успех, поклонение, уважение и даже любовь двора, наконец?! Такого несправедливого распределения благ земных не потерпит ни один человек, если он наделен хотя бы малой толикой самолюбия!

Я бы многое еще могла рассказать тебе, дорогая Зизи, но больше не имею права смущать твое воображение сценами беспощадных наблюдений, этих горестных замет сердца. Поверь, твоей *Idalie* эти усилия чего-то стоили! Много раз, возвращаясь после бала или из гостей, даже от своих Строгановых, я рыдала в подушку, пока двойная жизнь не стала для меня обычной. Теперь, к 28 годам, я гораздо холоднее и спокойнее. Теперь равнодушно наблюдаю других. И вижу, что все прилагают немало усилий в этом же направлении. Это скучно, несносно, потому что... все время идет знакомая пьеса, только актеры меняются! Мир — вечный театр, и нам не изменить его правил.

Прощай, милая Зинаида, не забывай свою одинокую сердцем Идалию!

*Джон Клей — брату Джозефу в Филадельфию,
7 октября.*

Дорогой Джо! Только что закончил отчет в Конгресс о делах с униатскими церквями в России. Для тебя этот вопрос вряд ли представляет интерес, но скажу в двух словах, что русский царь весьма ревниво наблюдает за попытками Римско-католической церкви найти своих сторонников в западных губерниях России. Польское восстание лет пять назад только усилило старания России в этом направлении. Основная идея Николая — продолжить дело своей великой бабки Екатерины, сблизить униатов с православной церковью и следить за тем, чтобы богослужение в униатских церквях велось по православному обычаю, как и было обещано римскими папами при введении унии. Конечно, была бы его воля — он бы хоть сегодня полностью воссоединил эти две церкви, чтобы было удобнее управлять необъятными окраинами империи. Еще раз стоит удивиться, как много значат вопросы церкви в таких феодальных государствах, как Россия. Это отнюдь не частный, интимный вопрос души. Это вопрос публичный и государственной важности. Церковь — скрепляющий раствор для стен России, ведь ее экономика сильно отстала и не может служить верным оплотом державы и строя. Мне кажется, что император Николай после событий на Сенатской площади, после событий 30-х годов в Польше и во Франции, российских холерных бунтов и пр. не так уверен в стабильности государства, раз особо печется о роли церкви в качестве скрепляющего раствора. Ей придана роль второй власти. И не случайно в его правление вызрела триада «Самодержавие. Народность. Православие», тройка парадных коней (в России не только крестятся трехперстно, любят почему-то во всех лихих делах рассчитывать на три и по трое...).

Еще более затруднительным оказалось для меня составить справку о попытках российской крестьянской реформы. Реформы — это громко сказано. Они — как припарки больному: основ болезни не затрагивают. Однако же российский двор страшно гордится «революционными преобразованиями» царя: восемь миллионов государственных крестьян — весьма ничтожный процент от всего закабаленного крестьянства! — недавно избавили от обязанности починки и содержания дорог и мостов, зато перевели на... оброчное положение («obrok» — отработка, долг, обязателен для исполнения, как налог в пользу государства). Это, считай, и есть весь прогресс. Так в России власти боятся самостоятельности граждан, так опасаются выделить крестьянам землю, сделать их зажиточными фермерами, словом, образовать в массе своей крепкий, независимый, здоровый, предприимчивый средний класс, соль земли наших Штатов (вспомни первых поселенцев), что не знаю, есть ли умысел более злостный по отношению к народу своему. Оттого что воли настоящей который век нету, русский человек за каждую мелочь послабления благодарен.

Чтобы тебя развлечь, расскажу анекдот, которым меня недавно угостили. История подлинная. Российский император любит в определенные часы поутру и после обеда выезжать в город без сопровождения, по-простому. И очень этим гордится. Все экипаж царя знают. Кто не хочет встречаться глазами с Василиском — едва завидев высокий султан на шляпе, сразу прячется в ближние магазины или кофейни. Однажды, в лютый мороз, а дело было зимой, царь вдруг приметил на улице маленького, в одном сюртучишке спешащего по улице чиновника (крадут-то только верхние в министерствах, нижний российский чиновник тут полное жалкое ничто). Останавливает государь экипаж свой и осведомляется у этой мыши дрожащей: в чем, мол, дело? Почему в таком виде?

Оказывается, есть шинелька у чиновника, но одна, совсем худая и теперь в починке. Вот незадача!

А народ вокруг ловит каждое царское слово: что-то да будет! И тут свершается исторический момент: император прилюдно обещает чиновнику прислать новую шинель. И не обманул: доставили точно в этот же день. А сколько потом разговоров о бедной шинели было! Сколько умиленных слез над нею пролито. Слушай-слушай. История не последняя, есть более свежая в таком же духе. Другой раз едет Его Величество по «Nevskii prospect», этой главной улице столицы, видит бедные дроги с гробом, тащившиеся на кладбище. А за покойником никого из провожатых. Странно это ему показалось. Император, как настоящий военный, внимателен к выпадающим из общего ранжира мелочам. И вот, осведомившись, в чем тут дело, государь узнал *неслыханную новость*: хоронят бедного чиновника, отслужившего верой и правдой 25 лет. Правда, хоть и не дожил сей чиновник до 35-летнего пенсионного стажа, который ввел государь, все же жена раньше в могилу легла, остался он один в семье. Проводить на тот свет некому. И что ты думаешь, царь сделал? Демонстративно пошел за его гробом!

Тут уж народ просто обомлел от полного умиления. Начались слезы восторга, крики

восхищения и даже, говорят, обмороки от на-
хлынувших чувств. И многие из толпы увяза-
лись в процессию за государем. И хотя Николай I, обеспечив шествие, скоро толпу оставил
и отправился по делам во дворец, скромный
покойник получил такую пышную процессию,
такие похороны, какие и генералу редко до-
стаются. Чтобы никто об этом случае не забыл,
император распорядился и памятник несчастному поставить. За свой счет.

А самый смешной случай рассказал мне об
этих высших выездах русский литератор
Pushkin. Встретил он как-то на этом проспек-
те своего друга мистера Sobolevskii, только что
вернувшегося из-за границы и отрастившего
там рыжую щегольскую бородку. (Я тебе,
Джо, писал, что бородки вольнодумные тут
под запретом. Только слегка бачки разреша-
ются.)

Гуляют друзья. И вдруг показался из-за поворота царь на своих дрожках. Этот
Sobolevskii, только что вещавший о свободах
европейских, побледнел, да вдруг возьми
и нырни с испугу в ближайшую кофейню.
Только его и видели. Побоялся, значит, свою
рыжую бородку царю представить. Тут
Pushkin его нагнал и говорит: «Что, приятель,
испугался? Бородка хоть и французская, а ду-
шонка-то русская...» И этот случай, Джо, доку-
ментальный и подлинный!

Идалия Полетика — подруге в Баден-Баден,
16 октября 1836 года.

Можешь поздравить — вчера мой Полетика наконец-то получил назначение полковника! Он вне себя от счастья. Празднует победу
и пьет шампанское. Мне придется около неде-

ли принимать поздравления и отдавать визиты, но это не самое неприятное, что приходится делать. Государь наконец-то снял повязку с поврежденной руки после летнего падения из экипажа. Говорят, был какой-то ужас: он остался один на дороге с адъютантом, помочь некому! Какие гадкие у нас дороги — стоит отъехать от Петербурга подальше, как рискуешь свалиться в овраг. Я ни под каким предлогом не поеду в имение мужа. Там у него, кажется, и всего-то душ 300 или 400, вообрази, какая дыра.

Зачем ты робко осведомляешься — конечно, я имею возможность испросить через Натали книги журнала «Современник» для твоего племянника. Сама я не читаю русских книг, но слышала общее мнение, что журнал этот скучен до зевоты. Однако всегда рада выполнить свой долг перед друзьями. Но не проси, умоляю, у меня сверх того «любезный автограф» этого противного Пушкина! Зачем давать ему повод к лишней вспышке тщеславия? Г-н литератор и без того весьма высокого о себе мнения. К тому же лично к нему я обращаться с просьбами не желаю — у нас отношения с некоторых пор весьма натянутые. Еще три года назад он был, пожалуй, рад, что на правах кузины я покровительствую его «бедной Натали». Но по мере роста ее популярности — странное совпадение! — его стали раздражать мои разговоры, советы и мое общество. Теперь он едва меня выносит. Может быть, потому, что Натали слишком высоко взлетела в глазах света?

Однажды втроем с его женой ехали на бал, и в ответ на какую-то мою остроту этот господин, разжигаемый внутренней неприязнью ко мне, *сделал вид, что хочет ухватить меня за коленку.* Нет, совсем не с ужимкой любезного кавалера, а с намеренной, адской улыбкой *презрения и развязности на своем безобразном лице.* Натали, бедная, не знала, куда деваться и как извиняться передо мной. Мне хватило ума и достоинства превратить все в шутку. Но я ничего не забыла и в ответ не упущу случая уколоть его самолюбие. Ты скажешь, я делаю из мухи слона. Но г-н Пушкин и в лучшую пору наших отношений умело избежал возможности черкнуть несколько строк в мой альбом. Нетрудно заметить, что в свою очередь все его стихотворные вздохи и альбомные мадригалы адресованы дамам, занимающим в свете высокое положение. Меня совершенно не удивляет, что его жена и даже свояченицы быстро были приняты в избранном обществе. *Я очень за них рада!* Каждый добивается успеха по-своему.

Миллион поцелуев за твое остроумное описание ужасных туалетов напыщенных немок. Правильно ли я поняла, что в Париже стали опускать талию? Уточни в следующем письме, до каких пор, сколько пальцев вниз, это важно! Не то, чтобы я жила только нарядами, но хочу сохранить репутацию дамы, не нуждающейся в замечаниях по поводу туалета. Ты знаешь, как зол высший свет, как рад уколоть хоть одной промашкой! После твоего подробного рассказа я знаю, что спросить с моей модистки, которая любит прикрывать изъяны дорогой работы ненужной болтовней. Недавно она хотела меня уболтать примерить палевое шелковое с черной вышивкой платье. Скажи, можно даме с голубыми в зелень глазами предлагать палевое? Ну, прости, прости, душечка, меня просто раздирает бешенство, как представлю свою смешную роль немодной полковничьей жены!

Кстати, странная новость: наш Дантес уже неделю лежит якобы с тяжелой легочной болезнью, просто тает на глазах, как говорит старый Геккерен. Все боятся, уж не чахотка ли, а это было бы так несправедливо к нашему красавцу! Отец просто в ужасе и на меня нагнал страху, сказав, что «эта женщина (Натали) настоящая колдунья и пьет кровь из его милого сына, доведя его до умоисступления», и он вообще не успокоится, «пока этой комедии или трагедии не будет положен настоящий конец». Нетрудно тебе догадаться — эстафета общения с милым Жоржем прочно и неизменно в руках прекрасной Натали. С упорством, достойным лучшего применения, он до самой своей болезни исступленно преследовал ее на балах, ел такими красноречивыми взглядами, что она не знала, куда деваться; он не отходил от нее ни на шаг, чтобы опередить других и первым успеть пригласить на следующий танец. Посему у нас все пришли к единому выводу: эта большая, великая страсть, самое что ни на есть лучшее украшение приевшихся балов!

Боюсь, что в свете будут весьма разочарованы, если спектакль не покажет достойного финала и занавес не упадет под гром аплодисментов! Воздух напоен грозовыми сполохами. Я чувствую, не за горами и сама гроза...

Вчера я совершила прогулку по магазинам. В том числе была в Английском магазине, где купила красивый эстамп и игрушки для детей. Зинаида, видела бы ты, что за роскошь эти зеркальные витрины, сколько в них блеска. Все время хочется купить хотя бы маленькую безделушку. Ах, пора заканчивать. Пришел каретник со своими глупыми вопросами. Целую тебя нежно. До следующего письма! Да, а не пробовала ли ты новый спиртовой раствор на больной зубик малышки?

Твоя Идалия.

А.С. Пушкин — Петру Чаадаеву из Петербурга в Москву (частью не отправленное по цензурным соображениям письмо по поводу знаменитого чаадаевского «Философического письма»), 19 октября 1836 г.

«Благодарю за брошюру, которую вы мне прислали. Я доволен переводом: в нем сохранена энергия и непринужденность подлинника. Что касается мыслей, то вы знаете, что я далеко не во всем согласен с вами. Нет сомнения, что схизма (разделение церквей) отъединила нас от остальной Европы и что мы не принимали участия ни в одном из великих событий, которые ее потрясали, но у нас было свое особое предназначение. Это Россия, это ее необъятные пространства поглотили монгольское нашествие. Татары не посмели перейти наши западные границы и оставили нас в тылу. Они отошли к своим пустыням, и христианская цивилизация была спасена.

Для достижения этой цели мы должны были вести совершенно особое существование, которое, оставив нас христианами, сделало нас, однако же, совершенно чуждыми христианскому миру, так что нашим мученичеством энергичное развитие католической Европы было избавлено от всяких помех...

Что же касается нашей исторической ничтожности, то я решительно не могу с вами согласиться. Войны Олега и Святослава и даже удельные усобицы — разве это не та жизнь, полная кипучего брожения и пылкой и бесцельной деятельности, которой отличается юность всех народов?

(Далее — из более ранней черновой редакции) Петр Великий укротил дворянство, опубликовав Табель о рангах, духовенство — отменив патриаршество. (NB: Наполеон сказал Александру: Вы сами у себя *поп*; это совсем не так глупо!)

Но одно дело произвести революцию, другое дело — это закрепить ее результаты.

До Екатерины II продолжали у нас революцию Петра, вместо того, чтобы ее упрочить... Что касается духовенства, оно вне общества, оно еще носит бороду. Его нигде не видно, ни в наших гостиных, ни в литературе, оно не принадлежит хорошему обществу. Оно не хочет быть народом. Наши государи сочли удобным оставить его там, где нашли. Точно у евнухов — у него (духовенства. — *Примеч. авт.*) одна только страсть к власти. Потому его боятся.

Религия чужда нашим мыслям и нашим привычкам, к счастью, но не следовало этого говорить.

Что надо было сказать и что вы сказали, это то, что наше современное общество столь же презренно, сколь глупо; что это отсутствие общественного мнения, это равнодушие ко всему, что является долгом, справедливостью, правом и истиной, ко всему, что не является необходимостью. Это циничное презрение к мысли и к достоинству человека.

Надо было прибавить (не в качестве уступки, но как правду), что правительство все еще единственный европеец в России. И сколь бы грубо и цинично оно ни было, от него зависело бы стать во сто крат хуже. Никто не обратил бы на это ни малейшего внимания...»

*Пушкин — отцу, из Петербурга,
20 октября.*

«Не знаю ничего про сестру, которая из деревни уехала больною. Муж ее, выводивший меня сначала из терпения совершенно никчемными письмами, не подает более признаков жизни теперь, когда нужно устроить его дела. Лев вступил в службу и просит у меня денег; но я не в состоянии содержать всех, я сам в очень расстроенных обстоятельствах, обременен многочисленным семейством, содержа его трудами и не смея заглядывать в будущее. Павлищев упрекает меня за то, что я трачу деньги, хотя я не живу ни за чей счет и не обязан отчетом никому, кроме моих детей. Он утверждает, что они все равно будут богаче его сына; не знаю, но я не могу и не хочу быть щедрым за их счет.

Я рассчитывал съездить в Михайловское — и не мог. Это расстраивает мои дела по меньшей мере еще на год. В деревне я бы много работал — здесь я ничего не делаю, как только раздражаюсь до желчи...»

*А.С. Пушкин, 19 октября. О судьбе России — в письме
к Петру Чаадаеву в Москву, в ответ на его утверждения
в «Философическом письме», опубликованном
в «Телескопе» (письмо АП не отправил, потому что
Чаадаева срочно объявили сумасшедшим. — Примеч. авт.).*

Чаадаев: «В самом начале у нас грубое варварство, потом грубое суеверие, затем жестокое унизительное владычество завоевателей, владычество (...), следы которого в нашем образе жизни не изгладились и доныне. Вот горестная история нашей юности... Мы живем в каком-то равнодушии ко всему, в самом тесном горизонте, без прошедшего и будущего...»

Пушкин: «Что же касается нашей исторической ничтожности, то я решительно не могу с вами согласиться. Войны Олега и Святослава и даже удельные усобицы — разве это не та жизнь, полная кипучего брожения и бесцельной деятельности, которой отличается юность всех народов?»

Чаадаев: «По нашему (...) положению между Востоком и Западом, опираясь одним локтем на Китай, другим на Германию, мы должны были соединять в себе два великих начала разумения: воображение и рассудок; должны были совмещать в нашем гражданском образовании историю всего мира. Но не таково предназначение, павшее на нашу долю. Опыт веков для нас не существует. Взглянув на наше положение, можно подумать, что общий закон человечества не для нас. Отшельники в мире, мы ничего ему не дали, ничего не взяли у него... Мы ничего не выдумали сами, а из всего, что выдумано другими, заимствовали только обманчивую наружность и бесполезную роскошь...»

Пушкин: «Пробуждение России, развитие ее могущества, ее движение к единству (к русскому единству, разумеется), оба Ивана, величественная драма, начавшаяся в Угличе и закончившаяся в Ипатьевском монастыре, — как, неужели все это не история, а лишь бледный полузабытый сон? А Петр Великий, который один есть целая всемирная история! А Екатерина II, которая поставила Россию на пороге Европы? (...) Я далеко не восторгаюсь всем, что вижу вокруг себя; как литератора — меня раздражают, как человек с предрассудками, я оскорблен, — но клянусь честью, ни за что на свете я не хотел бы переменить отечество или иметь другую историю, кроме истории наших предков, такой, какой нам Бог ее дал».

*Барон Геккерен — Жоржу Дантесу-Геккерену,
в домашней записке, 20-е числа октября.*

Котеночек мой! Ты еще спишь, а я уже должен спешить. Спи подольше и встань скорее здоровым! Не упрекай, что уезжаю в Кронштадт на пару дней, не дождавшись твоего полного выздоровления. Дай слово, что не встанешь без меня с постели и наконец-то будешь исправно пить бульон и микстуру. Твои легочные боли меня не на шутку беспокоят. Проклятый климат! Жуткая страна, да что делать... Ничего, потерпи, мой дружочек. Не успеешь оглянуться, а я уже тут как тут с ласковой заботой. Не отвергай меня! Не отворачивайся от старого доброго Лулу. Мне так больно видеть твой равнодушный потухший взгляд! Я постараюсь найти и прислать уже с дороги еще одного немца-аптекаря, мастера мазей, чтобы наложить припарки. Я стараюсь для нас обоих, ты знаешь, милый мой ласковый зверек. Вся моя жизнь в тебе и твоем будущем.

Я до сих пор не могу опомниться: ты говорил с государем! Он остановил тебя! И ты вскользь, нехотя сообщаешь мне об этом! Твой довод, что ты не хотел говорить, чтобы избежать моих очередных нотаций, — совершенно детский. Ты чего-то не договариваешь. Правда ли, что граф Адлерберг слышал, как ты в своей браваде высказал желание *хоть сейчас проехаться на Кавказ* и подраться с горцами? Я бы на твоем месте не стал так шутить. Да разве не ясно, что пока ты на военной службе, есть все возможности удалить тебя из Петербурга — и таким способом тоже. Ты присягал.

Помнишь ли об этом? Одно ясно: разговор твой с государем многое меняет — не в лучшую сторону. Надо как-то действовать. Как это жаль, что ты раздражил его своим слишком вольным видом. Но дело, чувствую, не в пуговицах. Не сваливай на Гринвальда. Поверь, он ни при чем.

Когда тебе в 24 года советуют — пусть и в завуалированной форме — жениться, это по всей форме приказ перестать волочиться. И не спрашивай за кем. Государь не любит, когда ему переходят дорогу столь дерзко. У него ведь тоже есть *намерения*. Ты не догадывался? Тебе повезло, что до него только сейчас дошли слухи или кое-что бросилось в глаза.

Я всегда знал, что красота возбуждает в людях ревность и злобу, если они не могут ее присвоить. Всем хочется владеть первоклассным и лучшим. Царям оно принадлежит по праву. И как ты думаешь, неужели государь уступит тебе это *первоклассное*? Все эти придирки к тебе начальства и внеочередные дежурства — неспроста. А то, что тебя, свитского офицера, уже третий раз обошли приглашениями на балы придворные, это что, тоже случайность?

Ах, Жужу, зачем твое самолюбие сильнее твоего рассудка?

Ты бахвалишься, что русский царь для тебя ничто, русский свет — глупое собрание зверей и насекомых. Положим, что так, но они часть нашего плана. Нашего здания.

Много раз я говорил тебе, что нет мне дела ни до света, ни до его мнения, ни даже до самого государя или своего короля. Ты — мой король. Мое солнце, мои родные и вера! С молодости лишенный взаимной привязанности, чуждый родным, я был в постоянном поиске

близкого сердца, нежного веселого друга, иде-
ала юной красоты, столь ценимого искушен-
ным странником. И вот нашел, и весь сосре-
доточился на тебе. Но какая-то злая сила,
словно в отместку за такое небывалое счастье,
влечет тебя в гибельную сторону. Не я, а ты
выказываешь все строптивые черты, не я, а ты
делаешь все назло, не я, а ты дошел до последней черты бравады, беспрестанной смены на-
строений, требований, капризов и расстрой-
ства собственных нервов. И чтобы доказать
тебе, что такое любовь стоика, как она может
быть безгранична, всеобъемлюща и вовсе не
животно-ревнива, как ты поведал мне в бреду
ненависти, так болезненно поразившей меня
в самое сердце, я совершу самый безумный
поступок.

Ты так долго уверял меня, что сам в этом
уверился: я-де не принес тебе ни одной стоя-
щей жертвы за все эти годы, в то время как ты
поставил на карту свою честь и репутацию,
да и всю жизнь. Что ж, мне осталось принести
тебе последнюю жертву. Хочешь — я сам буду
искать способы доказать мадам Пушкиной,
что ее счастье в соединении с тобой. Не веришь? Скоро ты в этом убедишься. Ты увидишь, что дипломаты умеют быть хорошими
знатоками человеческих натур. Ты узнаешь
своего Лулу с новой стороны безграничной
любви и самопожертвования. Я живописую
все ужасы твоей болезни, я пригрожу, что имя
ее будет втоптано в грязь... Я не знаю, что я еще
сделаю, но я найду такие величественные, искренние и горькие слова, которых эта женщина никогда еще не слышала и вряд ли когда-
нибудь услышит в своем семейном блудилище.

Ты можешь совершенно быть спокоен.
Внешне все будет так пристойно и трогатель-

но, сентиментально и невинно, будет веять такой искренней заботой отца о счастье и покое сына (а я действительно не на шутку озабочен твоим состоянием), что ангел прольет слезу, и даже эта мраморная мадонна замироточит в ответ на *мольбы бедного отца угасающего сына.*

Но скажи: это принесет нам счастье?

Нет ничего ненадежнее женской красоты — мой малыш, это майский цвет, облетающий под первым ветром. И все же, в этот поворотный в каком-то смысле момент, в отличие от тебя, уверенного, что скорее всего будет иметь место тайная интрижка, без всяких последствий, я не могу поручиться, что все кончится полной твоей победой и триумфом. Положим, все будут смеяться и над г-жей Пушкиной, и над ее супругом-обезьяной, но как ты мыслишь потом избавиться от репутации губителя женской чести? Какой смысл в этом приключении, если, как ты говоришь, все затеяно ради того, чтобы ты со смехом отвернулся от этой жеманницы в момент разгара ее страсти и отомстил за поруганное самолюбие, за злую и глупую игру с твоими желаниями и чувствами? Ты хочешь уверить меня, что она слишком долго играла с тобой на глазах всего света, что ты не можешь теперь так все оставить, что иначе не можешь выйти из этого положения достойным для себя образом, как только отомстив и заставив ее испытать то же самое унижение. И тут я всей душою на твоей стороне. Унижение, смешные ситуации, пренебрежение посторонних лиц, тем более — варварских, совсем не к лицу славным фамилиям Геккеренов и Дантесов. Но есть столько способов, столько сладостных, великолепных способов уничтожить репутацию и самого человека, не поднимаясь с мягкого кресла! И при этом никто не догадается, кто это сделал, как и, главное, когда. Все сделают за тебя заведенные, как пружины в часовом механизме, другие люди. Надо будет только набраться терпения.

Повторяю: еще раз взвесь последствия огласки. В отличие от тебя я не уверен, что, придавленная стыдом, она будет молчать, как соляной столб, скроется от света, отвергнутая и гонимая всеми, включая мужа. Женщины так истеричны, так капризны, так глупо неопрятны в своих чувствах! Ты можешь ждать от нее любого каприза. Я говорил тебе: я не люблю тихонь и не доверяю им. Не сбрасывай со счетов возможных выходок темпераментного и в гневе, возможно, полубезумного мужа: он принадлежит к genus irritabile vatum, раздражительному племени поэтов. Мы не можем надеяться на цивилизованное поведение этого дикаря. Этот потомок африканских негров явно унаследовал от дикого предка мрачный и мстительный характер (caractere ombrageus et vindicatif). Повторяю: мы не во Франции. Тут можно ожидать чего угодно. Однако, может, и не все потеряно. На каждого человека есть свой капкан. Пушкин считает себя порядочным господином? Тем лучше! Vir bonus semper tiro — порядочный человек всегда простак.

Редкий случай, когда я с тобой в последнее время согласен и сам не исключаю такого исхода: супруг поскорее увезет ее в деревню, и мы обретем прежнее комфортное спокойствие довольства, которое царствовало в нашем доме среди милых сердцу предметов высокого искусства. Пока мадам Пушкина здесь, я все время буду сам не свой, и ты — не в своей тарелке. Ты — из-за раздраженного самолюбия, а я... Ревность, знаешь ли, милый Жужу, сколько ее не уговаривай, не знает логики и доводов рассудка.

Но знаешь, дружок, что скажу напоследок? Напрасно ты был так скрытен. Нам не надо друг перед другом ломать комедию. Я ведь хорошо знаю, чем ты болен, по лекарствам, что ты поспешно прятал под кровать. Это я говорю для того, чтобы ты перестал меня бояться. Я все давно понял. *Я уже смирился с тем, что тебе нужна женщина. И лучше — мать твоих детей, чем безумная авантюра, сокрушающая все наше с трудом возведенное здание.*

Я еще задержусь с таможенными делами на пару дней в порту (важный посольский груз, навигация кончается, надо спешить). Все будет хорошо, не правда ли? Ты будешь принимать пилюли и будешь послушным мальчиком? Всемогущие небеса! Как я люблю тебя и боюсь за тебя! Так люблю, что готов любую гурию приволочь на твое ложе и устроиться, терзаясь могучим вспарывающим нутро мечом ревности, рядом... Неужели ты пресытился настолько, что недозволенное обладание стало дороже нашего испытанного чувства? Скажи, я соберу сердце в горсть, но я соберу его. Хорошо, я молчу, молчу. Увы, юность так самолюбива, так жадна до ощущений, что смертельно нуждается в удовлетворении многих и многих желаний.

Не я — для тебя, это ты для меня — все. Как говаривали древние, и *in soils tu mini turba locis* — и в уединении ты для меня толпа!

Твой Лу.

*Катрин Гончарова — в записке Жоржу Дантесу
с горничной Лизой двумя днями позже.*

Вы так и не сказали — лучше ли вам? Чувст-
вуете ли вы хотя бы некоторое облегчение?
Пожалуйста, не говорите: «всем, кого я люблю,
безразлично мое здоровье». Нам всем было неприятно узнать о вашей болезни. Не пренe-
брегайте лечением! Что значит ваша фраза:
«а в сердце незаживающая рана»? Особенно
не смею верить тому, что вы написали мне
в конце письма. Признаться, я привыкла общаться со своими братьями доверчиво и без
церемоний. Может быть, повинуясь такой не-
осторожной привычке, я слишком доверчива
с вами, и моя наивность вам при этом, должно
быть, смешна! И вы втайне улыбаетесь... Прошу вас, не злоупотребляйте такими словами,
которые вы легко доверили записке: «и в уединении вы для меня толпа».

Иногда слова слишком многое значат.
Не бойтесь отказаться от них. В моей жизни
так мало радости, что еще одна потеря надежды не станет сокрушающей.

Сменил ли ваш *papa* гнев на милость по из-
вестному поводу? У нас, как всегда, нет особых
новостей, — почему вы спрашиваете? Все по-
старому. Потому я ничего о сестрах вам не пишу. Все вспоминаю тот душистый, чудесный,
красивый музыкальный вечер в вашем эле-
гантном и уютном доме. Не всегда дома и люди, живущие в них, друг на друга похожи.
Ваш — составляет с вами одно целое. Я побы-
вала, кажется, в другом мире. На небесах! Мою
душу уносили и баюкали сладкие звуки музыки, сердце, казалось, разорвется от ощущения
безграничного счастья.

Тем страшнее было очнуться для скучной
серой действительности.

Если бы я имела право навестить вас на правах сестры, разделить с вами одиночество и страдания болезни, боль сердца, о которой вы пишете! Увы, глупая надежда, что приличия света хотя бы в чем-то могут сделать исключение из правил... Поэтому мне остается только беспокоиться о вашем здоровье молча и издалека.

Будете ли вы в опере слушать Глинку? Мы как раз посвятили этому обсуждению целое утро: скорее всего будем, если будут еще представления. Но ведь в ложе, где всегда много народа, мы не сможем говорить с вами, как было летом, а это досадно.

Думающая о вас...

Идалия Полетика — Жоржу Дантесу
в С.-Петербурге, 1 ноября, записка с лакеем.

Завтра! Все — завтра! Как мы и договаривались, не беспокойтесь ни о чем. Я вызываю известную особу к себе в гости «под важным предлогом». Она уже ответила, что будет непременно в 4 часа пополудни... В доме никого не будет лишних. Вы же будете дежурить в нанятой карете на углу и войдете через 15—20 минут после нее, никак не раньше, но и не позже: за это время я должна буду найти повод отлучиться из гостиной, и затем, поднявшись наверх, увидеть в окно, как вы идете к моему парадному. Только после этого я тайно выскользну из дома. Если не получится мне сразу уйти, все равно заходите минут через 15, потому что под предлогом детей я всегда смогу из гостиной отлучиться. Ждите еще утром завтрашнего дня до 12 часов утра моего известия с посыльным. Если его не последует — все по обговоренному, и изменений нет.

Помните: что бы ни случилось — в глазах этой особы я должна остаться вне всяких подозрений. ВСЕ ПРОИЗОЙДЕТ КАК БЫ СЛУЧАЙНО! Это мое единственное условие. Бог вам в помощь, прекрасный влюбленный рыцарь. Вас трудно не любить, поэтому не сомневаюсь в успехе. Трудно предположить иное завершение завтрашнего дня, кроме счастливого для вас обоих...

Письмо Лизы, горничной Гончаровых, —
барону Геккерену-старшему, 4 ноября.

Ой, барин, вы говорите вам писать, когда что случается, так случилось такое, что не знаю, как и сказать. Как сказали — подслушай, если что случится или о вашем семействе зайдет речь, так я и подслушала, что о вас говорят. Барыня позавчера, что ли, приехала сама не своя, хорошо, что Самого не было дома. А теперь у нас и вовсе большой переполох с утра! Барин наш получил по почте какое-то важное письмо, вызвал срочно барыню, не посмотрел, что парикмахер к ней пришел, она только причесываться начала, заперлись и цельный час говорили, а то и больше. Никого не пускали. А оттуда, из кабинету — и слезы, и всплески, только воды попросили для барыни. Я и носила стакан со льдом. Смотрю — сидит вся сама не своя, волосы даже прибрать не успела. Сам над нею возвышается, руки скрестивши, из себя бледный. Оба молчат. Такая картина. Короче, что сказать? Неужто слух верный, что барыне нашей вправду предлагали помочь сбежать за границу с вашим сыном? А если план такой появился, я бы сама не прочь увязаться, только барыне Наталье это не нужно, так выходит.

А поначалу волнение по всему дому прошло, барышни тоже в испуге, переглядываются, даже к двери подойти не смеют. Детей всех заперли в детской с няньками. Кушать никто не стал, прислуга вся перепуганная — сначала всполошились: уж не умер ли кто? Батюшка барина в летах, да и маменька московская барыни нашей тоже не молода. Да вроде живы все, иначе кучера бы знали и дядька тоже. Однако ж, когда прояснилось, что все живы, в доме покоя все одно нету. Какие-то письма барину носят со всех сторон, и все люди в доме поняли, что неприятности огромадные.

Теперь барыня с барышней Александрой заперлись. Катерину к себе не пустили, а та, обидевшись, у себя сидит. А барин пишет что-то в кабинете в неурочный час и никого не пускает. Уже два раза льда просил у дядьки своего — голову остудить. А потом свистеть начал. Может, в имениях пожары или опять холера пошла в Москве? Тьфу-тьфу... Если узнаю, что за случай приключился, отпишу, как договаривались. Правда ли, что Петер ваш все говорит, что может меня за границу взять? Венчаемся, говорит, по лютеранской форме... Какая такая форма? Веры своей православной никогда не изменю. Ишь, чего выдумал! Крест свой крестильный с шеи снять. Скажите, чтобы не врал и не щипался, бесстыдный. Что он о себе думает? А то так огрею, пусть не жалится потом. У нас это просто.

Домашняя записка Луи Геккерена — Жоржу Дантесу. 5 ноября, 10 часов утра.

Жорж! По моим расчетам, ты придешь в час дня и сразу это прочтешь. Буду предельно краток. Только что, с час назад, пришел тебе от

Пушкина вызов по всей форме, не допускающий разночтений. Сам прочти, я вкладываю его. Томимый скверными предчувствиями, не мог не распечатать письмо, тебе адресованное и, увы, не ошибся в самых мрачных опасениях. Он все понял по письму — умен, собака! — да, думаю, и жена все рассказала, припертая к стенке.

Я тебе говорил, что она круглая дура: и себя утопила, и нас утащит. Прошу тебя, не выходи никуда до моего прихода, заклинаю всеми святыми!!! Это вопрос жизни и смерти. И не надо больше бравады: пойми — чем бы дуэль не кончилась, даже в случае благополучной для тебя развязки, это конец наших планов, конец всего.

Пользуясь тем, что я первый распечатал картель, потому что ты якобы неотлучно находишься на дежурстве вне очереди, что правда, хоть проверяй, тут нам помогло твое наказание, еду к нему на Мойку просить 24 часа отсрочки. Мы что-то должны придумать. План мой таков: сегодня выбить у него сутки, мол, ты все еще на дежурстве и ничего не знаешь о вызове, а завтра — попрошу для отсрочки неделю, прикрываясь твоими штрафными дежурствами.

Я сейчас в таком состоянии, что, если надо, встану перед ним на колени и поползу, орошая слезами все вокруг. Только никому ни слова! Даже резвым друзьям твоим и скверным помощникам — Жано и Пьеру. Еще раз говорю — Бог на нашей стороне. Не отчаивайся. Не перестаю благодарить небеса, что у тебя в приказе Гринвальда пять дежурств вне очереди. Нам нужно выиграть время! Где 24 часа, там и вся неделя, а где неделя — вся жизнь. Бог тебя хранит. Да, встретишь случайно (или они сами придут) наших «Рюриковичей» — скажи, чтобы человека своего, кто *помогал*, отослали они на время в Дерпт, Москву под любым благовидным предлогом. Или нет! Нет! Пусть лучше держат под боком и глаз с него не спускают.

P.S. Теперь ты убедился, что я был прав? Сначала свидание по твоей сумасбродной затее (уж не хозяйка ли дома тебя надоумила?), а потом — ваша «шутка» с Рюриковичами. Вспомни дурацкие фразы: «Письма узкому кругу знакомых с намеком на Высшую Особу заставят мужа скорее увезти мадам от греха подальше из столицы! Я дал слово наказать ее за кокетство, я пригрозил уничтожить ее и, клянусь, преподнесу ей урок, который она не забудет! Она не знает, что такое честь французского дворянина...» и тому подобное.

Так кто был прав? Я или твои советчики? Я пошел у тебя на поводу последний раз в жизни. Помни: один неверный шаг — и мы погибли. Жди меня и никуда не делай и шагу!.. У нас полдня и вечер сегодняшнего дня. Я что-то придумаю, клянусь, поэтому доверься мне и будь покоен.

Идалия Полетика — Луи Геккерену,
не позже 6 ноября.

Дорогой барон! Что я узнаю из вашего письма! Не могу прийти в себя от случившегося! Бешеный тигр Пушкин посмел послать Жоржу вызов! Он сошел с ума! Да может ли быть? Это же гром небесный, это... помилуй Бог, у меня не находится слов. Неужели теперь я до конца дней буду корить себя, зачем не отговорила Жоржа от идеи этого свидания! Но разве Жоржа в его порыве можно было удержать, когда он решил «пойти до конца»! Он был воспален и заворожен этой idée fixe, он помешался на ней и ни о чем другом говорить и думать не мог, да вы и сами это знаете. И вот несправедливая цена его искренней привязанности к мадам Пушкиной! И все же я почему-то уверена, вы что-то придумаете. Должен же быть выход! Острый ум ваш известен! Если будет надобность, счастлива буду оказаться полезной. Рассчитывайте на меня и моего Полетику полностью, мы — верные друзья и предпочитаем идти до конца.

Теперь о другом. Вы многое верно угадали, но всего не знаете: г-н Пушкин и мне решил послать «картель», мне, слабой женщине! Вы только ошиблись в выборе его оружия — он не пошел к *papa* или моему мужу. И, конечно, не написал мне оскорбительного письма. Я получила от г-на Пушкина ужасный разговор после обеда у родственников. Видели бы вы его лицо за столом! Казалось, что минута — и он метнет в меня десертный ноле... Едва мы встали из-за стола, как он тоном, не допускающим возражений, попросил меня с ним уединиться. Мне в лицо было брошено обвинение весьма едкого, оскорбительного свойства, где самое мирное подразумевающееся слово было «сводня», и все это ужасным тоном, сквозь стиснутые зубы, с деталями такого рода, и в то же время в такой форме, что придраться было не к чему. Это нападение продумано им до мелочей, мне нечего было возразить в ответ, и я впервые готова признать, что... (зачеркнуто). Увы, разговор с Пушкиным не может быть кому-то пересказан из-за некоторых компрометирующих подробностей (зачеркнуто) ...он не оставляет даже возможности (зачеркнуто)... Простите меня, слабую женцину, мысли сбиваются. Нет сил переписать это набело.

Я уже несколько ночей не сплю, ломая голову, что делать дальше и чем помочь Жоржу в этой ужасной ситуации. Можно ли и как помешать намерениям этого дикого варвара? Разумеется, я понятия не имею — даже в виде предположения, — кто бы мог написать его знакомым эти письма о том, что он — рогоносец. Я не до такой степени любопытна! С другой стороны, если Жорж угрожал мадам Пушкиной публичным скандалом за два дня до этих писем, у г-на Пушкина, узнавшего про все и все связавшего, думаю, не возникло сомнений, откуда они пришли.

На меня вы можете положиться, я сделаю все, чтобы мнение общества повернулось в сторону Жоржа самым решительным образом. Окончательный разрыв с домом Пушкиных в некотором смысле развязывает мне руки, до сих пор несколько связанные отдаленным родством. Разумеется, от Катрин Гончаровой, наверное, находящейся в страшном смятении и беспокойстве, я буду иметь все интересующие меня и вас сведения, когда захочу.

Я сожалею, что теперь, когда есть некоторая возможность осмыслить произошедшее, вы пришли к выводу, что пистолет, окончательно затмивший разум мадам Пушкиной, был лишнее. Поверьте, что я и понятия не имела о пистолете и до сих пор не знаю, был ли он заряжен. Я, признаться, не люблю историй с пистолетами вообще, а после одного случая личного характера тем более. Увы, все мои усилия и все внимание, как вы понимаете, были сосредоточены на другом: вовремя исчезнуть из дома, чтобы в мое отсутствие точно и вовремя пришли посторонние свидетели этого злополучного свидания и ключ от ситуации оказался в наших руках. Причем нужны были люди из дома, самостоятельные и разумные, готовые потом дать связные показания и уже, конечно, не кучера и не крепостные. Как вы помните, у меня была точная договоренность, что ждущая своей минуты нянька, весьма преданная мне особа, зайдет в самый *громкий* момент объяснения Жоржа. Как раз когда он раскашляется как бы от последствий недавней легочной болезни. Что же произошло на самом деле с этим пистолетом? По словам Жоржа, видя, что мадам упирается и делает вид, что не понимает, что он от нее хочет, он пошел ва-банк: начал уверять Натали, что готов застрелиться, если она не отдастся. И как будто достал злополучный пистолет. Она же при виде оружия еще больше впала в панику и уже перестала что-либо соображать. В свою очередь Жорж мгновенно ожесточился, подозревая, что с ее стороны это обыкновенная игра — и сам впал в аффектированное состояние.

Бедный Жорж заявил ей, что она его завлекла и довела до такого безумия страсти, что он стал всем смешон. И теперь у него нет иного выхода, как для спасения своей чести и достоинства проучить ее. А именно: отомстить за ее кокетство и игру публичным, громким скандалом.

Вот этого совсем не надо было делать! Она так испугалась, что у нее легко мог отняться язык, как уже было в детстве. Напрасно Жорж не прислушался к моим советам. Вышло, как я и говорила. Пистолет Жоржа отнял у нее последнюю способность соображать. Совсем ошалев, как дурочка, и уже решительно не понимая, что делает (что я говорила, в ней ума, что в моей пятилетней Лизе!), она не придумала ничего лучше, как отчаянно закричать и позвать на помощь. Жорж закашлялся, и тут появился наш «Бог из машины» — нянька вбежала в комнату якобы с неотложным ко мне вопросом, для верности ведя за руку Лизоньку. Ей открылась выразительная сцена: Жорж все еще на коленях, Натали ломает руки...

Сцена, барон, удалась красноречивая, что и требовалось. Жорж рассудил верно — любая форма огласки этой истории отрезает путь к отступлению. Но кто же знал, что она расскажет все мужу?! Это и во сне не приснится — подставить под пули мужа и кавалера сразу. Поэтому, барон, не упрекайте себя и меня, что все пошло не так, как предполагалось. Мы все в хлопотах о милом Жорже, получившем от грубияна Гринвальда (он всегда завидовал Жоржу) сразу пять дежурств вне очереди. Если тут нужны детали, муж говорит, что противный дурак генерал-майор Гринвальд был в бешенстве, видя, что во время инспекции полка Жорж еле держался в седле и пропустил несколько команд.

Я ни на минуту не сомневаюсь в мужестве вашего сына. Он держится великолепно. Еще неизвестно, каков был бы сам Гринвальд, переживь такое волнение с этим вызовом на дуэль! Я-то, разумеется, постараюсь сделать, чтобы его грядущие внеочередные дежурства не стали каторгой. Надеюсь, когда все уляжется, вы еще оцените мою дружбу и расположение к вашему семейству.

«Почему вы не известили меня о пистолете заранее? — настойчиво спрашиваете вы. — Оружие всегда может внезапно выстрелить...» Если Жорж убедил вас, что идея с пистолетом принадлежала мне — я его прощаю. Ведь он не знает теперь, что делать, как оправдаться перед вами, что подставил под пули свою жизнь, и сам в полном отчаянии.

Подумайте, барон, и взвесьте: могла ли я даже мысленно допустить, что в доме раздастся какой-то выстрел? Да Жорж меня и не предупредил, что будет иметь при себе оружие. И разве я бы позволила холостой выстрел, помилуйте! В доме дети и прислуга! Ни на минуту не допускаю мысли, что *дорогой Жорж на самом деле мог выстрелить даже в экзальтации. И уж тем более — выстрелить в Натали. Он же не сумасшедший Жюльен Сорель из романа Стендаля, и она не мадам Реналь (я не уверена, что Жорж читал «Красное и черное» месье Стендаля, а если бы и читал, то скорее всего отказался бы от идеи с пистолетом, там конец истории ужасный).*

Вы говорите: «тут существовал риск для его жизни...». Нет, этот риск появился только теперь, с безумной вспышкой г-на Пушкина, готового взяться за настоящее оружие. А свидание в моем доме была всего лишь романтическая попытка, досада воспаленного самолюбия, плод горячего воображения, жажда опасного приключения.

И не спрашивайте, *кто автор этого плана с пистолетом, сам Жорж или, не дай Бог, какие-то его приятели в полку, о которых вы хотели бы узнать как можно больше.* Вы не поверите, барон, но, боюсь, автора этого дерзкого плана с пистолетом надо искать в другом месте. Ведь это давно скончавшийся месье... де Лакло. Ваш милый Жорж, в сущности, увлекающаяся натура, ему всегда хотелось следовать романтичным образцам! Я сегодня проверила свою догадку, и она подтвердилась. Теперь и вам рекомендую открыть настольную книгу

Жоржа (она, быть может, до сих пор лежит у него под рукой, у изголовья или на ближайшей книжной полке). Это некий модный роман «Опасные связи». Вам все станет ясно на странице 238 парижского издания. Прочтите, как герой книги месье Вальмон добился того, чтобы ему наконец-то отдалась замужняя г-жа Турвель! Вас удивит совпадение двух тактик: той, что была так отчаянно и неосторожно применена теперь Жоржем и куда более успешно в романе — Вальмоном. (Что еще раз доказывает, что живая французская женщина своим изяществом души, вкусом к жизни намного превосходит неловкую русскую даму.)

В романе (вот отрывок для вас, если вы не отыщете книгу) сказано устами Вальмона: «Когда хочешь покорить женщину, любое средство хорошо, достаточно вызвать в ней изумление каким-нибудь сильным порывом. И вот за недостатком чувствительности я решил прибегнуть к запугиванию. С этой целью я продолжал, изменив только звук голоса, но оставаясь в прежней позе (бросившись на колени): «Здесь, у ваших ног, клянусь я либо обладать вами, либо умереть!». Не знаю, что это робкая особа увидела в моих глазах, но она с испуганным видом вскочила с места и вырвалась из моих рук, уже обвивших ее. Я пробормотал зловещим шепотом: «Итак, значит, смерть!».

Герой романа, имевший среди дам немалый успех, так и не достал в этой сцене оружия: оно ему не понадобилось — мадам де Турвель тут же ему отдалась! Отчего, замечу, как и следовало ожидать, страсть героя быстро увяла вместе с насыщением самолюбия. Мне кажется, что Жорж, увлеченный поступком героя романа, разумеется, таясь от вас и от меня, захотел повторить яркую и эффектную сцену, которая сулила ему столь увлекательное приключение.

То есть я хочу сказать, ему казалось, что она сулила, а наша героиня так провинциально спасовала, что все смазала....

Я говорила вам несколько раз кряду, что самолюбие Жоржа было воспалено этот месяц до крайнего предела, что он был подстрекаем. Я имею сведения, что некоторые молодые кавалергарды, пытающиеся обратить на себя внимание мадам Пушкиной на балах, кто с завистью, а кто с надеждой посмеяться над Жоржем, ждали развязки сего громкого романа. Сами можете догадаться, каково соревнование в тесном кругу молодых, горячих юношей, как они воздействуют на самолюбие друг друга и без денежных ставок. Что вам сказать барон: кавалергарды порой идут в отношении отвергнувших их дам на невозможные мстительные вещи. Например, на ночь для одного только вида посылая свой пустой экипаж с дремлющим кучером к дому равнодушной дамы, чтобы каждый мог убедиться, где ночует его владелец. Это невероятно дерзкая шалость, однако, как говорят, на войне, как и в любви, все средства хороши. Особенно когда честь оказывается дороже страсти.

Теперь вы говорите, что мне лучше было бы «во что бы то ни стало задержать и успокоить мадам Пушкину». Каким же образом я могла это сделать в свое... отсутствие (предпринятое из сохранения последних приличий)? А потом, какое там — «задержать»! Она вылетела из дома и помчалась даже не домой, к сестрам, что можно было бы как-то понять, а к известной сплетнице, взбалмошной княгине Вяземской, которой я бы не доверила и тайны горничной, не то что своей собственной! Эта дама не знает, как ей справиться со своими семейными неприятностями, лазает по письменным столам и шкатулкам любвеобильного мужа, ищет там любовные записочки, недаром говорят, что он ее в глаза называет мерзавкой, канальей и пакостницей, и едва ли — зря. Как это по-московски, как провинциально — кинуться, как под икону Иверской Богоматери, к светской даме, истосковавшейся по свежим сплетням. Княгиня и недели бы не прожила с этими новостями наедине. Конечно, как и вы, я считаю, что мадам Пушкина заслужила наказание за свое редкое и преступное легкомыслие.

Такая глупость поднебесная редко встречается. Я просто умолкаю и не знаю, что думать об этой женщине.

И все-таки надо действовать быстрее! Я готова написать, *по крайней мере два наброска писем*, якобы посланных вам Жоржем еще зимой и живописующих взаимные чувства Жоржа и Натали. Вы совершенно правы, говоря: «Нужно сделать так, чтобы столь долгое обожание женщины тронуло любое следствие...». Я согласна: давняя и тем более разделенная страсть послужит для Жоржа надежным оправданием. Нужно не жалеть красок и чувств. А списки с этих писем рукой Жоржа достаточно показать двум известным нам обоим дамам, я имею в виду княгиню Б. и г-жу Нессельроде. Чтобы об их существовании узнал весь свет и сама императрица через Бобринскую, большего не потребуется. И как благоразумно рассудят в гостиных: молодого человека замужняя кокетка всегда может довести до крайности!

А вы наверняка имеете тем временем и какой-то запасной план, не сомневаюсь — самый удачный и оригинальный.

Княжна Мари Барятинская — подруге в Москву,
5 ноября.

Милая Сашенька! Поздравь: сегодня, за месяц до моего 18-летия — день в день! — пришли ко мне свататься!

Да не кто-нибудь, а модный красавец француз, кавалергард Дантес — на глазах у всего Петербурга давно влюбленный в госпожу Пушкину!!! Это так странно, так внезапно, так дерзко, что голова пошла кругом. И у меня все время чувство, что я попала в какую-то историю! Конечно, я ему отказала! Но до сих пор ни о чем другом думать не могу. И маменьке я сказала только половину, что на сердце, и в дневнике не все могу писать. Какой-то сумбур в голове. Разумеется, я потрясена и взволнована.

Для девушки это всегда событие, что там ни говори. Но лучше бы этого сватовства не было! У меня до сих пор руки дрожат и колотится сердце, но вовсе не от «радостного волнения», а от негодования и обиды. Что Дантес посватался, это больше, чем дерзость! Все говорят, мадам Пушкина его отвергла, вот он и... Что же мне думать еще, как не то, что он решил ей отомстить громким образом? Еще вчера они вальсировали, он от нее ни на шаг не отходил, о них не злословил только ленивый и слепой, а сегодня он хочет «навеки соединить наши судьбы»! Как только он посмел! У меня чуть не случился обморок — он стоит, что-то говорит по-французски, а у меня в ушах звенит, я далее слов не слышу: «могу ли я надеяться, что...», «позвольте унести в своем сердце надежду на...», «как только я увидел вас зимой на балу...»

Какая наглая ложь! У меня не хватает, Сашенька, слов! Не только я, мои кузины, тетки, маменька, братья, весь свет были заняты его романом с женой Пушкина. Какая же роль мне отводится? Я чувствую так, будто меня собрались выставить совершенной дурочкой. Это все брат Александр виноват, они с Дантесом знакомы, вот последний и решил, что можно запросто войти к русской княжне и предложить себя. Но он забылся! Я, которая имеет такой успех, что не стоит у колонны на балу ни одного танца, слава Богу, не бесприданница и познатнее новоиспеченного барона Геккерена и уж как-нибудь обойдусь без его руки и сердца. А с Александром я еще поговорю, и если братец в самом деле поддержал эту идею в самонадеянном кавалергарде, то он дорого за это заплатит.

Уф, дай отдышаться!

Ты, конечно, хочешь узнать какие-то подробности, но все произошло так быстро и неожиданно, что даже не знаю, что еще сказать. Романтики, Саша, никакой не было, и не жди! Я бы хоть что-то почувствовала, но нет! Одно учтивое притворство. Так что особенно не настраивайся на романтический лад. Это совсем не то, что ты думаешь, читая стихи своего обожателя М.Д.

Сторонними глазами это выглядело примерно так. Сегодня, 5 ноября, ближе к вечеру, ВНЕЗАПНО и явно впопыхах к нам пожаловал Жорж Дантес; впрочем, нарядный, как всегда, и как всегда — элегантный, но весь в лихорадке нетерпения. Мне показалось, что он весь дрожал, даже кудри на висках слегка прилипли. Для начала попросил позволения со мной уединиться в соседней с гостиной комнате. Сказал, что давно с робкой страстью лелеет сладостные надежды. Что его давно очаровали моя красота и грация и те редкие душевные качества... Словом, сказал все, что только может сказать француз, да еще кавалергард с хорошо подвешенным языком и привыкший иметь успех у дам. Я не настолько наивна, чтобы предположить, что его внезапная лихорадка волнения и весь запыхавшийся вид имеют ко мне хоть косвенное отношение.

Успокоившись, я утешила себя одной мыслью. Если есть слабое утешение для моего раздражения, только одно: он решил отомстить своей даме сердца по всей форме уязвленного самолюбия. Выбрал, прости за нескромность, не самый худший предмет отмщения. Я моложе этой красивой дамы, весьма недурна, если не врет зеркало, к тому же много ее знатнее и богаче. Это знают все молодые люди в Петербурге, каждый блестящий офицер, а не только этот француз. Только на ЧТО этот Дантес рассчитывал — не знаю. Что он неотразим? Не настолько же он наивен! Что мне лестно будет с ним породниться? Вот уж, право, не думаю... Что я без ума от него? Мы с ним и пары танцев не протанцевали в этом сезоне, а если и обменялись какими-то тремя словами за год, и то, помнится, я сказала, что очень жарко в зале, потому что сказать было особо нечего. Но ты не знаешь главное оскорбление. Ведь он умолял сохранить это сватовство и мой отказ в тайне, потому что, видите ли, по его словам, все и так смеются над его страстью... ко мне!

Это вранье, Сашенька, каких свет не видывал. А вечером Александр, братец, со слов Дантеса, стал меня уверять, что старик Геккерен мешает сыну жениться, а тот давно хочет именно... на мне. И оттого вся эта тайна со сватовством. Ну, что ты об этом думаешь? Тут интрига. Я это чувствую, и маменька тоже так считает.

Твоя Мари.

«...Мое счастье безвозвратно утеряно, я слишком хорошо уверена, что оно и я никогда не встретимся на этой многострадальной земле, и единственная милость, которую я прошу у Бога, — это положить конец жизни столь малоценной, если не сказать больше, как моя. Счастье для всей моей семьи и смерть для меня — вот что мне нужно, вот о чем я беспрестанно умоляю Всевышнего...»

Любезный граф!

Что за письмо Пушкина к министру финансов Канкрину о погашении долга за счет передачи в казну нижегородского его имения? Он взаправду ума лишился — или мы с тобой, шутя, накаркали? И я узнаю обо всем случайно! Что отказал наш Канкрин — правильно, это наследственное детей имущество, не хочет же он их голыми по свету пустить.

Меня беспокоит другое: нет ли тут подоплеки тайной — например, что задумал сбежать за границу налегке по подложному паспорту? Спроста ли приехал и крутится рядом друг его, известный Тургенев из Парижа? Я, любезный Александр Христофорыч, от тебя же наслышан, что Тургенев поехал мзду собирать с симбирских своих имений, сейчас, сказывают, уже в Москве, не сегодня-завтра снова в Петербурге. Нет ли между двумя фактами связи? Положим, наш камергер снова в заботе, чтобы перезаложить свое добро и прочее, а потом снова уехать в Париж. А если прихватит тайно и Пушкина? Под видом слуги? Не говори, не говори — был случай. И не один.

Надо бы с Тургеневым быть поласковее в этот приезд, ибо нам писака опальный и оппозиционер за границей не нужен. И однако же, собери в записке все по этому делу с решением Пушкина. Чем черт не шутит, может, они и сговорились.

Не пустая же Пушкин голова совсем. Наверное, что-то серьезное задумал. Вот это и беспокоит. Неужели же жену решил нам в столице оставить? Тогда дурак. Одно могу сказать: я бы за него ни в чем не поручился.

Слышал и о письмах каких-то анонимных. Доставь копию хотя бы.

Следом ответ Бенкендорфа.

Ваше Величество! Вы, как всегда, правы, постигая все и на расстоянии. С Пушкиным и впрямь дело серьезное — он помышляет о дуэли! И видно, что не исключает своей погибели, раз решил перед поединком «откупиться» от всех своих долгов такою странною ценою. Это так в его фрондерском духе! Я не исключаю, что тут есть план и другой — в случае удачи на дуэли увезти жену из столицы в деревню и самому уехать. Событие сугубо личное, касаемо чести жены. Ваше Величество! Я доподлинно знаю: пока у нас есть еще время — между сторонами остановка на переговоры. О подробностях дела, если позволите, доложу завтра лично. И анонимное письмо доставлю... у меня не то что копия, подлинник имеется.

Идалия Полетика — Луи Геккерену
со вложенной записочкой Жоржу Дантесу,
8 ноября, со слугой.

Барон!

Право слово, если бы не печальное предисловие, не вынуждающие обстоятельства, следовало бы теперь вам рукоплескать. Это настоящий и твердый выход из положения. Не оставляющий противной стороне никаких шансов праздновать победу. Я имею в виду намерение Жоржа посвататься к мадемуазель Катрин Гончаровой. Даже не спрашивайте моего мнения. *Я всецело на стороне любых ваших решений.* Г-н Пушкин теперь пусть исходит желчью, но непременно отзовет вызов. Не может же он помешать такому блистательному счастью своей бельсёр (да его все Гончаровы потом со свету сживут). Он теперь смешон как никогда, а Жорж навсегда останется романтической жертвой обстоятельств, настоящим рыцарем без страха и упрека, спасшим свою возлюбленную от позора ценой женитьбы на старшей сестре. Хотела бы я видеть желтое лицо Пушкина в эту минуту! *Вы можете не сомневаться, что я совершенно уверена в том, что Жоржем двигало только нежное чувство к мадемуазель Гончаровой. Как могло быть иначе!*

Мы уже говорили с нашим общим другом графиней Нессельроде, и она сказала, что знает ваше дело и всегда готова подтвердить в свете истинную правду. А она состоит в следующем: молодой человек принес себя в жертву во имя спасения чести любимой женщины. Что до Пушкина, то она, давно знающая цену его языку и злобе, совсем не удивилась бы, если бы узнала, что такой безнравственный человек устраивал на дому шашни со своей свояченицей...

Мне кажется, к словам этой опытной в свете женщины стоит прислушаться.

Лично же вам скажу, что понимаю, какая это на самом деле жертва для вашей семьи. Ведь Жорж мог рассчитывать на самый блистательный брак! Но с другой стороны, вы правы, говоря leve fit, quod bene fertur onus — груз становится легче, когда несешь его с покорностью. Можно найти и здесь свои положительные стороны. Катрин безумно любит Жоржа. Так неожиданно получив от судьбы царский подарок, о чем вчера она и мечтать не смела, наверняка станет ему верной и не капризной спутницей. Правда, она не молода, у нее нет приданого. Но в тени красивой пальмы несомненные достоинства скромного и прелестного куста жимолости многое теряли. Так всегда бывает от ненужного сравнения. Теперь под вашей заботой этот скромный куст будет благоухать, как роза.

Нет, право, Катрин мне всегда больше нравилась, чем ее младшая богомольная сестрица. В ней куда больше трезвости, сознания своего положения. Она отнюдь не глупа, неплохо воспитана, у нее статная фигура, чудесные волосы и зубы, высокий рост, она ловка в седле, хорошо танцует и обладает отменным здоровьем. Все это говорит, что не заставит себя ждать появление милых, как Жорж, здоровых наследников. А главное, на стороне Жоржа навеки будет сочувствие всего общества, благосклонность всех мужей, привет и ласка наших самых недоверчивых матрон. Он пребудет в глазах любых суровых и злых судей жертвой обстоятельств (у нас в России, барон, вы заметили? всегда почему-то любят жертв обстоятельств и не прощают победителям).

Однако, барон, вы правы: хочешь мира — готовься к войне. Пока дело не кончено и не все громы отгремели, посылаю, как и обещала, два сочиненных отрывка для «зимних» писем Жоржа. Он произвольно может поправить их по своему усмотрению, отредактировав мой «дамский стиль». Но не думаю, что стоит слишком усердствовать. Чем больше чувствительности в этой истории, чем выше тон — тем убедительнее блюдо.

Теперь, если позволите, несколько слов вашему милому, доброму сыну.

Дорогой Жорж! Бедный друг мой! Мы с вами уже обо всем переговорили, но прошу вас, не будьте слишком строги к моему эпистолярному стилю. Смешно было бы учить вас, француза, писать такие письма. Я немного старше вас. И на моей стороне знание нашего света, его потребностей, его слабостей. Больше ничего. Дорогой Жорж! Если бы вы знали, что я сейчас переживаю. Еще никак не могу привыкнуть к тому, что произошло. Все — как дурной сон, если не сказать кошмар и наваждение. Мне не верится, что совсем недавно мы безмятежно шутили в моей маленькой гостиной над моим Полетикой и его страстью к новому мундиру, который он был готов САМ чистить белой бархоткой.

Да, числа вы проставите сами, как и остальные детали. Вот мое сочинение, которое вам остается только немного исправить и дополнить, а потом переписать своей рукой.

С.-Петербург, ... января 1836 г.

«Дорогой Луи! Я поистине виноват, что не сразу ответил на два дружественных и забавных твоих письма, но, понимаешь, — ночи танцуешь, утро проводишь в манеже, а после обеда спишь — вот тебе моя жизнь за последние две недели. Мне предстоит ее вынести по крайней мере еще столько же, а хуже всего то, что я влюблен как безумный. Да, как безумный, ибо просто не знаю, куда от этого деться. Имени ее тебе не называю, вдруг письмо потеряется по дороге, но ты припомни самое очаровательное создание Петербурга и ты поймешь, кто это.

А всего ужаснее в моем положении, что она тоже меня любит, видеться же нам невозможно, ибо ее муж безобразно ревнив. Вверяюсь тебе, дорогой мой, как лучшему другу, знаю, что посочувствуешь моей беде. Но, ради Бога, никому ни слова и не расспрашивай кого-либо, за кем я ухаживаю. Потому что случайно можешь погубить этого ангела и меня доведешь до полного отчаяния. Потому что, понимаешь ли, я ради нее готов на все, лишь бы ей угодить. (*Здесь, барон, и дальше надо непременно оставить как есть. Эти места наилучшим образом согласуются с сегодняшними событиями. Да мне нет причины вам объяснять. Ведь вы все и сами увидите. Idalie.*) Это какая-то невероятная пытка. Это ужасно — любить и не иметь возможности сказать об этом друг другу иначе, как между двумя ритурнелями в контрдансе.

Может, напрасно я поверяю тебе все это, и ты назовешь это глупостями. Но сердце мое так переполнено, что кому-то надо излить свои чувства. Я согласен, что это безумство и это безрассудно. Но не могу внять голосу рассудка, хотя это было бы очень кстати, ибо эта любовь отравляет мне жизнь. Не беспокойся. Я веду себя благоразумно и был до сих пор столь осторожен, что тайна эта известна только ей и мне...»

Барон! Далее добавьте что-то сами, характерные для ваших писем слова и обороты. Мне кажется, что, поскольку письма остаются БЕЗ КОНВЕРТОВ И ШТЕМПЕЛЕЙ ПОЧТЫ, остается упомянуть для пущей верности в них по крайней мере еще 2 вещи: что идет январь, потом февраль (время балов) или, положим, осталось 4 месяца до приезда барона в Россию. И как-то тонко, но безошибочно сделать намек на фамилию возлюбленной дамы. Через ее мужа? Гончаровых? Или другую схожую фамилию, вашей дальней родни — Мусиной-Пушкиной? Прямо называть бестактно, не назвать совсем — невозможно. Мне больше ничего стоящего не приходит в голову, но сделать это надо, иначе какой в письмах смысл, если очевидных, ясных для всех в свете намеков не будет? Не забудьте также, что Натали удалилась из света накануне Масленицы донашивать ребенка. И еще: необходимо сохранить этот высокий стиль писем. Для света это великая, возвышенная страсть, тут сбиваться на расхожие или бытовые подробности никак нельзя! Поэтому я так старалась окутать эти письма дымкой рыцарской почтительности.

А пока вариант второго письма:

«Дорогой друг мой! Вот и Масленица миновала, а с ней и часть моих мучений. Право же, мне кажется, что я несколько спокойнее с тех пор, как уже не вижу ее каждый день и всякий уже не вправе брать ее за руку, касаться ее талии, танцевать и беседовать с ней так же, как и я. Но другим это было бы просто, потому что у них более спокойная совесть. Глупо говорить, но ведь то состояние раздражения, в котором я все время находился и которое делало меня таким несчастным, оказывается, просто ревность. А затем у нас с ней произошло объяснение в последний раз, когда я ее видел. Ужасно тяжелое, но после мне стало легче. Эта женщина, которую считают не слишком умной, уж не знаю, может быть, любовь прибавляет ума, но невозможно проявить больше такта, очарования и ума, чем проявила она в этом разговоре. А ведь он был труден, потому что речь шла ни больше ни меньше, как о том, чтобы отказать любимому и обожающему ее человеку нарушить ради него свой супружеский долг. Она обрисовала мне свое положение с такой искренностью, она так простодушно просила пожалеть ее, что я поистине был обезоружен и ни слова не мог найти в ответ.

Знал бы ты, как она меня утешала, ибо она видела, как я задыхался, в каком я был ужасном состоянии после того, как она мне сказала: я люблю вас так, как никогда не любила, но никогда ничего не требуйте от меня, кроме моего сердца. Потому что все другое принадлежит не мне, и я не могу быть иначе счастлива, как выполняя свой долг. Пощадите меня и любите всегда так, как любите сейчас, и да будет вам наградой моя любовь...

Прости, дражайший друг, что письмо свое я начинаю с разговора о ней, но она и я — это нечто единое. И, говоря о ней, я говорю о себе. А ты во всех письмах коришь меня, что я недостаточно о себе пишу... Я, слава Богу, вновь начал свободно дышать. Ведь это была невыносимая пытка — выглядеть оживленным, веселым на людях, перед теми, кто видит тебя ежедневно, в то время как душа твоя полна отчаяния...»

Мне кажется, тут, как говорит русская пословица, и комар носа не подточит. Каждая дама была бы счастлива от таких признаний. Каждый кавалер захотел бы повторить такое и про себя самого. Когда пишешь такие письма, невольно думаешь о том, что все *это вполне могло бы быть и в твоей жизни*. И это придает силы воображению и достоверности переживаниям. Проставьте реальные числа — Жоржу они лучше памятны, а если нет, можно восстановить что-то и по полковому журналу, как мне кажется.

До свидания, надеюсь, что очень скорого. Меня не покидает надежда, что я и мой Александр Михайлович чем-то пригодимся вам и вашему милому доброму сыну в эти трудные дни. Не отнимайте у нас этой надежды.

Остаюсь вся ваша, Idalie.

*Горничная Лиза — барону Геккерену-старшему,
20-е числа ноября.*

Барон! Пишет за меня вначале по-французски знакомая модистка. А я говорю вот что — не давайте больше Петеру переводить мои письма! Он еще неизвестно что вам напереведет, я теперь в нем сильно сомневаюсь, рыжие все обманщики, правильно говорят, чертово племя, так я в нем разочаровалась. И про мызу он свою врет, и про десять тыщ, что скопил. А хоть бы и не врал, я коров доить у него в служанках не буду. Ишь чего выдумал. Бесплатную работницу ему подавай. Я не крепостная какая, меня мамзелью в лавках свободно зовут. А в доме нехорошие дела и, видно, что-то к большой ссоре идет, слуги тоже всполошились, не знают, что делать и за что хвататься, о чем говорить и чего ожидать. Неужто правду говорят, что сынок ваш посватался к нашей старшей барышне? То-то она совсем как бы немного, по-простому скажу, ополоумевши слегка. Вчера чуть ногу не подвернула на лестнице, так летела куда-то. Сегодня так и вообще зашибла плечо о косяк, чего сроду не бывало, и лежит теперь с примочкой и пятаком по очереди. Зато теперь поняла, что вы хотели узнать. А то все в толк не возьму — что, мол, этот иностранный барон хочет знать, что такие деньги платит. Уж я и так, и эдак... Конечно, каждому в семью порядочную девушку хочется взять. Это мы понимаем. И в этом можете не сомневаться — у нас дом приличный, может, и бывает в нем все вверх дном, но все люди порядочные, скромные, хорошего воспитания, ко всему привыкшие, и к достатку, и без.

Делов много разных, говорю же, неспокойно. Сам изменился — это точно. Пожелтел с лица. Да и исхудал, бедный. На одном месте и за столом обеденным ему не сидится, если звонок и письмо несут, так вскакивает и сразу распечатывает. А уж если ложка упадет, или стук какой, или музыка, или крик детский — так страшно вздрагивает, что сама вздрогнешь в ответ. Ничего ему не любо, даже когда нянька с детскими какими там вопросами, кричит, чтобы не приходила больше и детей не приводила попусту. И вообще-то сказать, его таким еще никто не видел. То голову мочит холодной водой, то свистит несколько часов подряд, счастье из дома высвистывает. А сказать ничего нельзя. Какое там сказать!

В деревню и в Москву у нас никто не собирается. С чего вы взяли? Да еще в метель? В холода с дитями? Да кто ж поедет? Тут разве мороженая птица али жмурик какой на дрогах сдюжит, тьфу-тьфу.

Промежду хозяйкой и хозяином нельзя сказать, чтобы ссоры какие, вы просили присмотреться, но и благодати особой нетути, как будто в доме кто-то помер, и люди шепотом говорят. Ожидание такое. Вот какой аффект сватовство-то вашего сынка произвело! А и то правда — всполошишься, жених завидный. У нас все девушки в доме столбенели, когда он в новом мундире на лошади своей подъезжал. Лошадь играет копытами, эполеты сверкают. Никого красившее не видали! Настоящий принц Карл из сказки! Но мы что, люди маленькие. Помалкиваем.

Это правда, что наша барышня Катерина будет теперь женой посла в вашем доме, как говорят? Так возьмите меня к ней! Я девушка верная, порядочная, чистоплотная, и на первое время, чтобы как-то соответствовать, капитал имею, чтобы платье нарядное пошить не осрамиться для господ высокого рангу. А если Петер серьезно намерен, так вам лучше, чтобы семья порядочная служила вместе. Али не так говорю?

Идалия Полетика — подруге в Баден-Баден,
23 ноября 1836 г.

Милый добрый друг мой! Ты жалуешься, что в таких местах одна беда: зимой — тоска, льют дожди, хочешь только Италию, а представь, что было бы с нами в холодном и сыром Петербурге, если бы не светские развлечения и не сплетни. Много говорят о брюшке одной вдовушки от Тютчева, о комеражах графини Растопчиной в связи с князем Мещерским. Много глупостей слышно и о других смешных и забавных случаях, но все перекрывает одна новость: Дантес объявлен женихом мадемуазель Катрин Гончаровой!!! Ты правильно прочла, а я не сделала ошибки.

За этот ноябрь пронеслось столько событий, что только успевай записывать, мучиться с новостями никому не придется, они сами летят в окно к ликованию наших кумушек! Меня саму распирает, как ту вдовушку, только от новостей и сплетен. Говорят столько глупостей, что, право, не знаю, с какой самой вкусной начать. Ибо история перекрывает своим прихотливым сюжетом Бальзака и Шекспира вместе взятых! Я теперь только ею и увлечена, но чтобы описать все в подробностях, мне нужно выбрать полдня, а то и целый день, а их пока у меня нет. Потерпи, Зинаида, ты узнаешь все из первых рук. Поверь, история того стоит, чтобы подождать финала!

Миллион благодарностей за твои молитвы Богу о моем и моего семейства здравии. Я всегда говорила: верные друзья — это все, что человеку нужно на этой грешной земле! Целую тебя, мой милый, искренний друг!

Павел Миллер — Петру Тульчицкому в Рим,
23 ноября 1836 г.

Дорогой Петруша, я рад, что в Бельгии пустили первую в мире железную дорогу, о чем только и говорит пораженная достижениями прогресса Европа. Что твои наставники поражаются твоим успехам и дело иллюминатов отнюдь не умерло, а напротив, расцвело в избранном кругу. Я также не против, что ты будешь называться теперь Пьетро Тулли, а также что у тебя необыкновенные достижения в магнетизме и месмеризме. У нас не такие высокие, а другие, страшные российские дела. Я весь в тревоге, в страшном смущении и затруднении, как посоветоваться с тобой о деле крайне деликатном и в то же время необыкновенно важном. Я бы даже сказал, смертельно и неотложно важном.

Помнишь, ты все стращал меня описанием каких-то чисел и знаков, в которых я ни черта, признаться, не понял? Не мог бы ты как-то яснее выразиться на этот счет, в смысле — в чем все-таки опасность для обладателя этой восьмерки, для той личности, которую мы меж собой называем АП?

Вынужден поделиться с тобой кое-какими запрещенными к огласке подробностями, уповая на твою скромность, и единственно с надеждой, что твоя кулинария астрологическая выпечет какое-то приличное съедобное блюдо. Случились события из ряда вон выходящие. Сейчас едет через Варшаву мой родственник, двоюродный братец, я взял с него слово, что когда он тронется в Париж, то сделает крюк и передаст письмо и некоторые вещи. Да, у меня предчувствия. Во-первых, я совершенно уверен, что АП намерен стреляться. Всего, чем я располагаю лично, да и по долгу службы, пересказать не могу, это все долго. Прими мои слова как истину.

Во-первых, друзья АП получили по почте именно 8 (!) грязных писем, порочащих светлое имя его жены, и сразу же переслали их поэту, не распечатывая. 4 (!) ноября, а я вспомнил, что ты говорил, что это соподчиненное число восьмерке, поэт уже держал их в руках.

17 ноября все опять повернулось вроде бы к благополучному концу. Его уговорили отказаться от дуэли.

Но тем не менее 17-го числа — снова вынырнула чертова восьмерка! — он зачем-то настаивает, чтобы я взял копию письма, для пущей сохранности, если что-то случится и дом его будет обыскан, или сам он умрет. А письмо, говорящее, что ничего не кончено. Бог знает, что будет в ближайшее время, если так и дальше пойдет! — мое дело сохранить его для потомков, как он велел.

Видишь ли, я тебе говорил, что у него молодая жена — красавица? По-моему, говорил. Ну, не просто красавица, а такая, знаешь ли, редкая красавица, на которую многие заглядываются. Я тебе о ней писал, но повода не было отдать должное ее красоте, а теперь вот появился. Совершенно поэтической внешности дама: легкая, стройная, высокая, как пальма, с невообразимо тонкой талией, роскошными плечами, густыми черными гладкими и блестящими волосами над матовым личиком, нежным таким голосом, правильными чертами мадонны... Словом, что-то необыкновенное, из разных достоинств состоящее, хоть лепи сейчас статую. От кончиков пальцев до мочек ушей — все совершенно, все правильно и тонко, да еще одухотворено какой-то грустью длинных детских бровей... так ее красящих... так трогающих за сердце...

Нашелся один прощелыга — кавалергард, француз, из блестящих наших танцоров на паркете, декоративный военный, бальный шаркун... тьфу. Даже противно писать. Это не значит, что она дала повод! Совсем не значит! Красивая женщина всегда найдет мерзкого и злого преследователя, который от страсти легко перейдет к мщению, если она не уступит. А ты знаешь, как сам поэт раздражает своей свободой этот образованный свет... Тут целый заговор, как в «Макбете». Вот и выслали по городской почте друзьям Пушкина оскорбительные письма с грязными намеками на жену его. Поэт вычислил авторство без труда и послал французу вызов. Тот шустро посватался к свояченице поэта, чтобы избегнуть дуэли: не станет, мол, Пушкин стрелять в свояка, хотя вчера не помышлял о таком неравном браке. Но мерзость поступка и наглость семьи этого француза остались неотомщенными. Особенно отличился папаша или так называемый дядя этого Дантеса, умело направлявший сынка. Поэтому АП весь свой гнев сосредоточил на старом бароне, плешивом дипломате, и решил все-таки старикана осрамить.

Он мне это пересказал второпях, и в крайне деликатной форме, единственно из тех соображений, что должен кому-то надежному оставить письмо, все объясняющее, на случай, если его убьют или посадят под арест, тогда это надлежало передать через Бенкендорфа прямо царю.

Видишь, как печально я пригодился! Я просто не мог вымолвить ни слова. Пушкин решился на дуэль с военным, а не было сомнения, что тот примет вызов. Офицеру, который наверняка хорошо, даже отлично стреляет, терять нечего! У меня даже ноги похолодели от нехорошего чувства.

Что делать? Я как-то сразу потерялся. Что я мог советовать самому Пушкину, да еще в таком деликатном деле? «БЕРЕГИТЕ СЕБЯ И ЧЕРТ С НЕЮ, ЭТОЙ ЧЕСТЬЮ?..» Так он не раз говорил, что себе не принадлежит, и, как человек общественный, «числится по России». Я давно заметил, что он не мыслит свое существование без истинного благородства, что он придает должную форму, чего не коснется. Это постоянный сознательный труд души. И замысел его среди нашего бесчестья и беспринципности — понятен. Мне ли давать ему уроки?

Видя мое замешательство, АП сказал: «Я бы вас не утруждал, Павел Иванович, но знаю вас как человека исключительного...» (тут он напомнил мне, как я изъял из почты графа Бенкендорфа его письмо к жене, укрывал рукописи в Отделении, и другие мои скромные подвиги в этом роде).

«К тому же, — добавил он не без горечи, — мне не в ком быть сейчас уверенным. Мои добрые знакомые, как воспитанные люди, церемонятся с посторонними, и сохраняют там правила чести, долга и приличия, и даже участия, но почему-то не очень спешат перенести эту милую привычку на своих близких друзей. И если лучшие из них считают своим долгом сохранять в моей истории беспристрастие... что ж! Мне приходится просить одолжения у других».

Сказать, что я был поражен его словами в самое сердце, значит мало сказать.

Поэт одинок в этот час! Я отказываюсь в это верить. Но на сердце моем тяжело, и меня гнетут тяжелые предчувствия. Не скажешь ли ты что-нибудь философское, успокоительное?

Единственное светлое пятно, что царь при Бенкендорфе днями все же взял слово с Пушкина не драться ни при каких обстоятельствах, но это тайна.

Петр! Скажи — неужели по твоим числам можно что-то предугадать? Если так — не медли... меня смущает, что письмо он писал 17-го, а ты намекал...

Жорж Дантес — Екатерине Гончаровой,
22 ноября.

«Милая моя Катенька, я был с бароном, когда получил вашу записку. Когда просят так неясно и хорошо — всегда уверены в удовлетворении, но, мой прелестный друг, я менее красноречив, чем вы. Единственный мой портрет принадлежит барону и находится на его письменном столе. Я просил его у него. Вот его точный ответ: «Скажите Катеньке, что я отдал ей «оригинал», а копию сохраню себе».

*Катрин Гончарова — Жоржу Дантесу
в записке 24 ноября.*

Милый Жорж! Ваша Катенька, а я еще не могу поверить, что могу написать «ваша», только что узнала новость, которая нас всех должна успокоить совершенно, особенно вашего папеньку, нашего милого большого друга, который не может прийти в себя. Государь днями, кажется, что даже вчера, принял Пушкина и ВЗЯЛ С НЕГО СЛОВО не драться ни под каким предлогом! Так что будьте совершенно спокойны — никаких резких выходок с его стороны БОЛЬШЕ не будет, ему просто ЗАПРЕЩЕНО делать какие-то шаги, не спросившись государя, и ваша гордость не будет испытана чьим-то злым характером и чужой вспыльчивостью.

НО ЭТО САМАЯ БОЛЬШАЯ ТАЙНА! Смотрите же, никому ни слова. Я знаю, как вы отважны, как дорожите честью, именем своим, всем, чем может дорожить прекрасный человек, но это все же лучше, много лучше — оставить в покое г-на Пушкина и вздохнуть совершенно свободно, всей грудью перед нашей свадьбой, не чувствуя себя «под дулом желтых от бешенства зрачков» и чьей-то ненависти!

Знаете ли, я как узнала эту важную новость, первую ночь заснула спокойно и спала как младенец. У вас нет теперь нужды, как прежде, просить Натали, чтобы она написала вам письмо с просьбой не драться на дуэли. Я понимаю, это для чести, это нужно было, и не ревную, потому что вы мне оба все объяснили, и я вам верю, но не хотелось бы прибегать к услугам сестрицы, потому что создается впечатление, что между нами все еще стоит тень прежнего вашего увлечения.

Только помните: слово Пушкина, данное Государю, — это совершенная тайна гордости — прежде всего от вас! Которая и должна остаться таковой, чтобы все кончилось хорошо.

Мне не верится, что скоро можно будет выразить свои чувства, совершенно не скрываясь. Когда вы уходите после наших утренних свиданий у тетушки, где слово нельзя сказать лишнего в ее присутствии, а что делать, мне кажется, это все привиделось. Я все время боюсь, что это все исчезнет, как дым, настолько волшебно прекрасно настоящее. И только ваши записки, самые нежные, самые искренние, которые я покрываю поцелуями, говорят, что я любима и будущее — светло. Вы говорите: «Верьте: при помощи нашего прекрасного друга я достигну всего того, что обещает нам безоблачное счастье...». И я хочу этому верить. Скажите — не сон ли это?

Жорж Дантес — Екатерине Гончаровой.

«Завтра я не дежурю, моя милая Катенька, но я приду в двенадцать часов к тетке, чтобы повидать вас. Между ней и бароном условлено, что я могу приходить к ней каждый день от двенадцати до двух, и, конечно, мой милый друг, я не пропущу первого же случая, когда мне позволит служба; но устройте так, чтобы мы были одни, а не в той комнате, где сидит милая тетя. Мне так много надо сказать вам, я хочу говорить о нашем счастливом будущем, но этот разговор не допускает свидетелей. Позвольте мне верить, что вы счастливы, потому что я так счастлив сегодня утром. Я не мог говорить с вами, а сердце мое было полно нежности и ласки к вам, так как я люблю вас, милая Катенька, и хочу повторять об этом сам с той искренностью, которая свойственна моему характеру и которую вы всегда во мне встретите. До свидания. Спите крепко, отдыхайте спокойно: будущее вам улыбается. Пусть все это заставит вас видеть меня во сне... Весь ваш, моя возлюбленная.

P.S. Если Бог, производя на свет два существа, которые вы называете вашими статс-дамами, хотел доказать своему созданию, что он может сделать его уродливым и безобразным, сохраняя ему дар речи, я готов преклониться и признать его всемогущество. Во всю мою жизнь я не видел ничего менее похожее на женщину, чем та из вашей свиты, которая говорит по-немецки...»

Глава V

«Белый человек
на Черной речке»

*А.С. Пушкин, из неопубликованных записок,
оставленных «для себя»...*

«Несмотря на великие преимущества, коими пользуются стихотворцы (признаться, кроме права ставить винительный вместо родительного падежа после частицы не и кой-каких еще так называемых стихотворческих вольностей, мы никаких особенных преимуществ за стихотворцами не ведаем), — как бы то ни было, несмотря на всевозможные их преимущества, эти люди подвержены большим невыгодам и неприятностям. Не говорю об их обыкновенном гражданском ничтожестве и бедности, вошедшей в пословицу; о зависти и клевете братьи, коих они делаются жертвами, если они в славе, о презрении и насмешках, со всех сторон падающих на них, если произведения их не нравятся...

Однако же и сие горе, как оно не велико, не есть крайнее для них.

Зло самое горькое, самое нестерпимое для стихотворца есть его звание, прозвище, коим он заклеймен и которое никогда его не покидает. Публика смотрит на него, как на свою собственность, считает вправе требовать от него отчета в малейшем шаге. По ее мнению, он рожден для ее удовольствия и дышит для того только, чтобы подбирать рифмы. Требуют ли обстоятельства присутствия его в деревне, при возвращении его первый встречный спрашивает его: не привезли ли вы нам чего-нибудь нового? Явится ли он в армию, чтобы взглянуть на друзей или родственников, публика требует от него поэмы на последнюю победу, и газетчики сердятся, почему долго заставляет он себя ждать. Задумается ли он о расстроенных своих делах, о предположении семейственном, о болезни милого ему человека — тотчас уже пошлая улыбка сопровождает пошлое восклицание: верно изволите сочинять! Влюбится ли он, — красавица его нарочно покупает себе альбом и ждет уже элегии. Приедет ли он к соседу поговорить о деле или просто для развлечения от трудов, сосед кличет своего сынка и заставляет своего сынка читать стихи такого-то, и мальчишка самым жалостным голосом угощает стихотворца... его же изуродованными стихами.

А это еще называется торжеством...

Каковы же должны быть невзгоды?..»

А.Х. Бенкендорф — Н.Н. Пушкиной,
4 января 1837 г., С.-Петербург.

«Его Величество, желая сделать что-нибудь приятное вашему мужу и вам, поручил мне передать вам в собственные руки сумму при сем прилагаемую по случаю брака вашей сестры, будучи уверен, что вам доставит удовольствие сделать ей свадебный подарок».

*Идалия Полетика — подруге в Баден-Баден,
21 января 1837 г.*

Коротко если, о чем сейчас только и говорят: драма страстно влюбленного — оставим все сомнения и будем считать, что это так! — молодого и прекрасного существа, доброго и красивого Жоржа Дантеса, слава Богу, перерастает в человеческую комедию. Женившись так неожиданно на совершенно нелюбимой и случайной в его жизни старой деве, Дантес, на радость нашему обществу, не посыпал голову пеплом, не удалился в пустыню, не надел шлафрок, а дерзко возобновил прежние проказы возле мадам Пушкиной. Он по-прежнему не отходит от своей новой родственницы, жадно пожирает ее глазами, пьет за ее здоровье, теперь уже по семейному праву. На нее, само собой разумеется, жалко смотреть. Если там и был остаток ума, он весь вылетел. Мадам Пушкина настолько ополоумела от всех этих событий — внезапного сватовства к своей сестре, шитья приданого, этой спешной свадьбы, — что, сказывают, даже у своего ревнивого мужа спрашивала, возможны ли такие внезапные перемены в сердце молодого человека. Это мне по секрету и с большой досадой поведала наша «молодая» Catherine, с которой мы еще *больше сблизились*. Она страшно довольна, живет в посольстве на Невском в уютном розовом гнездышке, которое старый Геккерен убрал так дорого, так модно и изящно, с такой заботливостью, чуть ли выстлал пухом, что серой курочке ничего не остается, как *нести теперь золотые яйца*. В известном смысле потомства. И я отчего-то уверена, что это совсем не за горами. Так ведь всегда бывает, когда в событиях есть своя логика.

Милый Жорж как никогда весел. Он похудел от волнений и страшно возбужден. Но ему это идет. Я думаю, он почти искренен в своем приподнятом настроении, ведь последние полгода я только и слышала, что старик запрещал ему жениться *в принципе*, даже и по расчету, уговаривая «погодить», а кому не хочется свободы? Однако тут особый случай мести и насмешки. Так что Жорж, как ни странно, угадал: вытворяет настоящие штуки, желая показать обществу, что его никто не заставлял жениться, это шаг добровольный, ради Большой Любви, и что он совсем не боится «желтоглазого тигра» и ревнивца Пушкина! Стоит эти штуки описать, да, боюсь, мое перо бессильно... Последняя шутка, которую на ходу бросил Жорж в лицо отвергнувшей его красавицы, несколько мстительна. И тем не менее так удачна по игре слов, что рискую ее привести. Он сказал своей новоиспеченной невестке Натали: «Я теперь знаю от мозольного оператора, что ваша мозоль куда красивее мозоли моей жены...» (непереводимая игра слов: «сог» — «мозоль» и «corps» — «тело» по-французски звучат почти одинаково. — *Примеч. авт.*)

Само собой, даже сейчас поставить себя должным образом Натали не удается. Она не знает, что делать в ситуации, когда Жорж пьет за ее здоровье. Она краснеет под его недвусмысленным взглядом и вынуждена отвечать и быть любезной. По-моему, их уже кто-то видел вместе танцующими. Короче говоря, все ключи в руках у Дантеса, и я думаю, он вполне удовлетворен таким ходом событий. Если он мечтал о мести, то она полная!

Многие, кто не любил Пушкина, откровенно потешаются над глупой ролью, которую он вынужден играть. Есть доля злорадства и во мне. Тот, кто любил подмечать смешное в других, не может рассчитывать на сожаление, сам оказавшись в глупой ситуации. Версии ходят в обществе самые разные. Некоторые говорят, что у Пушкина все это время был на дому роман с другой свояченицей — Александриной. Почему бы и нет? Он так безнравствен.

Зинаида, словом, это такой спектакль, что дух захватывает. А Пушкин так жалок в своем бессильном бешенстве, попал в такой переплет, что даже близкие друзья разводят руками. А князь Петр Вяземский так и вообще сказал, что отвращает свое лицо от его дома!

Нашему обществу еще никогда не были представлены такие яркие актеры: яростный поэт, чуть ли не грызущий ногти от гнева, красавец француз, нарядный, интересный, с романтическим ореолом жертвы обстоятельств, его молодая жена, не смеющая поверить своему счастью, но уже отчаянно ревнующая. И наконец, бледная мадонна, героиня любовного романа, которая уже так запугана этими взаимоисключающими обстоятельствами — любовью к сестре, симпатией к Жоржу, боязнью мужа, своих неверных шагов в свете, что, кажется, ей легче было бы провалиться сквозь землю, чем находиться за обедами или в гостиных. Дантес отчаянно в моде из-за своей романтической и возвышенной жертвы, принесенной на брачный алтарь, чтобы спасти честь любимой женщины. Его встречают так, как никогда не встречали. Он стал самой интригующей фигурой сезона!

И ведь, Зизи, представь, благородство его не оставило, он открыто, едва став женихом, написал письмо Натали, что отказывается от каких-либо видов на нее. Это возвышенный стиль. Это поступок честного человека, который руководим самыми чистыми, искренними мотивами и был готов идти до конца, вплоть до бегства из России со своей возлюбленной! Я читала его зимние письма к отцу в Париж — какой пример романтической страсти! Сколько чувств и самопожертвования!

А что касается реноме Натали в глазах царской четы, оно упало так низко, что, как сказывала мне одна особа, близкая к императрице, наслышанный об этом неприличном семейном положении «втроем» (или даже впятером?), государь хорошенько вымыл ей голову на недавнем придворном балу.

Я совсем не против, чтобы об этой истории княгиня Д. и мадам Б. узнали от тебя со всеми подробностями.

Ну все, дорогая, больше сплетничать нет сил, столько разнообразных и раздирающих душу впечатлений! Да и спешу к тому же, сегодня вечер у княгини Бутера, придет парикмахер, хочу попробовать крупные локоны — ты мне сама говорила, они как раз снова входят в моду...

Прощай, мой ангел!
Твоя навек Idalie.

А.С. Пушкин. Из статьи «Вольтер».
1836 г.

«Вольтер, во все течение долгой своей жизни, никогда не умел сохранить своего собственного достоинства. (...) Клевета, преследующая знаменитость, но всегда уничтожающаяся перед лицом истины, вопреки общему закону, для него не исчезала, ибо всегда была правдоподобна. Он не имел самоуважения и не чувствовал необходимости в уважении людей. (...)

Что из этого заключить? Что гений имеет свои слабости, которые утешают посредственность, но печалят благородные сердца, напоминая им о несовершенстве человечества; что настоящее место писателя есть его кабинет и что, наконец, независимость и самоуважение одни могут нас возвысить над мелочами жизни и над бурями судьбы».

*Джон Клей — брату в Филадельфию,
февраль—март 1837 г.*

Брат! Неожиданные новости! Тут, в Петербурге, убит на дуэли — в десяти шагах и сразу, с одного выстрела — литератор Пушкин, я тебе писал про этот необычный, развитый, выдающийся ум. И кем — тем самым молодым поручиком французом, дружком или уж сынком старого Геккерена — нидерландского посла, о котором я тебе упомянул летом в весьма раздраженном письме. Тем не менее светское общество оказалось на их стороне и после дуэли подъезжало в каретах к посольству нидерландскому на Невском выразить свое сочувствие «страдающему отцу» и слегка раненому в мякоть руки сынку-кавалергарду...

А все же парочка развязалась с Россией не без позора и скандала. Без надежды на возобновление связей и службы в России старшему Геккерену Николай I подарил лишь табакерку на прощание, а это такой знак немилости среди нашего брата посольского, что все равно, что в рожу плюнуть. В городе, кстати, был какой-то шум против иностранцев. Но напрасно было бы думать, что царя разозлила собственно смерть поэта, которого он, судя по всему, не очень-то жаловал. И даже не участие старого селадона-дипломата в этой дуэли, самое деятельное и провоцирующее, несовместимое с его должностью и положением. Нет, представь, вскрылись какие-то письма Геккерена своему королю с докладом о российском царском семействе, полные грязных намеков и разных подробностей личного свойства о сестре царя. Что, впрочем, я всегда тебе и говорил: это шпион самого низкого свойства и не гнушается ничем, даже спальными подробностями в виде доноса. Вот это царя совершенно вывело из себя, потому что, по его убеждению, личная, семейная жизнь — последний оплот человека, и должен быть неприкосновенен, как рубаха нательная. Но это что касается его семьи, разумеется...

«Сынок», уложивший лучшего литератора России на кровавый снег, покинул Россию первым. Он ехал как бы под арестом, но имел, как сказывают, весьма бравый вид, сидя на облучке и принимая приветствия провожающих. «Папаша» последует за ним в Европу. Мне рассказывал советник английского посольства Магенис, которого покойный Пушкин просил быть секундантом, вещи невероятные: случившаяся история крайне грязная! Не со стороны поэта, защитившего от похотливых посягательств грязной парочки жену свою, мать своих детей, а со стороны этих расчетливых и в своем роде живописных грехом отца и сына.

Но и финал истории стоит нескольких слов. Я был в особняке Геккерена, когда он продавал остатки своих мебелей и всего остального, лишнего для вывоза. Продавались даже тарелки (по одной) и супницы тоже! Этот удивительный человек шустро обставил распродажу самых мелочей, вплоть до того, что развесил ценники на все — от тарелок до стула. На таком стуле с ценником и он сам восседал посреди бойкой распродажи. Говорят, один офицер, желая отомстить наглому Геккерену, все-таки купил стул, на котором тот сидел, и еще весьма нелюбезно выдернул его из-под его толстой разработанной ж...

Тут есть одна загадка, что касается оставшегося в живых дуэлянта. По законам Российской Империи он должен был быть повешен за ноги. Или — как принимавший присягу и т. д. — выслан в Кавказскую армию, где, разжалованный, мог бы получить обратно свои чины. Если бы уцелел. Ведь здесь и за гораздо меньшее зло легко ссылают на Кавказ под чеченские пули. Но этого не случилось! Чем откупился старый Геккерен — неизвестно, и как я теперь понимаю, высылка этого джентльмена в Европу — просто увеселительная и приятная прогулка по сравнению с тем, что могло его ожидать, окажись царь более последовательным...

Барон Геккерен-старший — матери Дантеса.

«...Жоржу не в чем себя упрекнуть: его противником был безумец, вызвавший его без всякого разумного повода, ему просто жизнь надоела, и он решился на самоубийство, выбрав руку Жоржа орудием для переселения в другой мир».

Екатерина Гончарова-Геккерен — во дни описываемых событий — брату.

«Только одной милости могу просить у неба — быть всегда такой счастливой, как теперь. Но я признаюсь откровенно, что это счастье меня пугает, оно не может долго длиться, оно слишком велико для меня, которая никогда о нем не знала иначе, как понаслышке. И эта мысль — единственное, что отравляет мою теперешнюю жизнь, потому что мой муж — ангел, и Геккерен так добр ко мне, что я не знаю, как им отплатить за всю ту любовь и нежность, которую они проявляют ко мне.

Сейчас, конечно, я самая счастливая женщина на земле!»

Павел Миллер — Петру Тульчицкому из С.-Петербурга в Рим, 10 февраля 1837 г.

Пушкина больше нет! 26 января — о, будь проклята эта твоя восьмерка и все предсказания твои! — он послал вызов французу Дантесу. Дрались беспощадно, насмерть, в десяти шагах, промахнуться военному трудно. Француз не промахнулся, тяжело ранил Пушкина, и тот умирал в мучениях почти двое суток. Ты, наверное, прочел раньше в газетах. Весь я скован каким-то ознобом и не совсем здоров. Поехал даже в Красный кабачок, чего сроду не делал, и напился единственно с целью как-то взъерошить себя. Не помогло. Третий день не хожу на службу. Вчера искал твое письмо, где ты говоришь о несчастливых предзнаменованиях, о единице завершения, каких-то сходящихся восьмерках и что-то об узлах Дракона... А нашел лишь порванные обрывки возле печки, что употребил на растопку мой Иван. Прости меня! Я уже не знал, за что хвататься в нервном ознобе, как умирающий, перебирающий в последней агонии свое одеяло.

Ну да все равно теперь. Его не вернуть. Самый живой человек теперь в могиле. Слов нужных и точных я все равно не найду, да и какие тут слова. Какие слова! Одна мука и растрава. Пал на дуэли, как на поле брани солдат, снес невыносимую боль раны, как кроткий мученик, умер с мужеством и заботой о ближних, усилием воли сохраняя ясное сознание — как праведник. Только какая-то странная тоска, больше чем боль от раны, сопровождала весь его Уход во все время страстных суток...

Он часто закидывал, сказывают, руки за голову и говорил внятно:

— Какая тоска! Какая тоска...

Ничей голос тебе это не напоминает? Ничей возглас в одиноком Саду?

Все жизненное, что было в нем, все не хотело уходить, а потом — сдалось.

Одна эта смерть вызвала бы уважение, не знай, что он гений и дух российский... Но что теперь! Уже и похоронили его. Мелких унижений этой великой смерти не счесть. Не говорю — от рук какого ничтожества он пал. Другие тоже себя показали полными ничтожествами. Шутка сказать, НОЧЬЮ, ТАЙНО государь передал с врачом Арендтом слабым карандашиком, бледно на записке начертанные свои слова — чтобы только показали умирающему, но не в руки, не в гроб! А в записке — фарисейский совет умереть по-христиански и милостивое государево прощение. Странна матушка Россия, но была надежда — не настолько же!

Решившись отдельно, в тишине проститься с усопшим, пробрался я на второй день смерти в дом его с черного хода ранним утром. И что же увидел, кроме скромного гроба в узкой проходной комнате?

Опечатаны не опечатаны были бумаги в кабинете, а я почему-то увидел часть их кучей, сваленной на столе, и каждый любопытствующий мог взять их, утопить похабное лицо в рукописях, а то и прихватить в карман что-то понравившееся. Удивительно! Прислуга, что сновала в буфетной, видела, что люди заходят, куда не надо, да больно занята была важным делом — носила посуду и укладывала заботливо для сохранности в ящики среди стружек.

Покойник был прикрыт весьма подержанным желтоватым покрывалом, взятым напрокат у гробовщиков. Все убранство гроба было тоже казенным, простым, дежурным.

Картины и зеркала тоже были наспех и очень небрежно, чужой рукой, завешаны простынями. Все было как-то слишком уж просто и буднично, наскоро, как будто смерть случилась в два часа, а в три — уже пора было хоронить, и времени ни на что не хватило. Возле покойника никого не было. Я вгляделся в дорогие черты. Лицо Пушкина уже не было так спокойно и величаво, как в первые часы смерти, оно было напряжено и озабочено — на лбу его слегка надулись вены. Как будто он нахмурился или задумался о чем-то тяжелом. Я никогда не видел, чтобы были такие сильные движения в лице у покойников. Мне стало неуютно и холодно у одинокого гроба. Кроме угнетенного состояния, была какая-то невнятная раздражающая досада на сердце.

И снова под пологом ночи, заметь, таково было высочайшее повеление, чтобы не днем, по бело-черным равнодушным молчащим полям промчался гроб, закутанный сеном, на простой подводе в сторону Пскова в сопровождении жандарма-капитана (видел его отчет у Бенкендорфа) за сто верст от Петербурга в фамильную бедную деревню. Даже лошадь по дороге задохнулась и пала, такова была спешка, почти воровская. И снова в ночь, как секретное донесение потомкам, отправили

ящик гроба в мерзлую стылую землю, кою
дворовые долбили два дня подряд. Капитан
жандарм, дубина, честно донес, что плакали
немногие крестьяне, бывшие при опускании
гроба в мерзлую землю. А что им плакать? Они
хоронили «барина», которого видели раз в два
года, и больше ничего. Не плакала и наша
знать в Конюшенной церкви... Хоть и много говорят о народности наши официальные пат-
риоты, изрядно и модно лицемеря, однако же
читают все по-французски. Как им оценить
русскую потерю?

Произошло и еще немало мелких страннос-
тей. Когда гроб с телом покойного выносили
из церкви Конюшенной, чтобы переложить на
подводу, под ноги выносящим на растоптан-
ный желтый подмокший снег вдруг бросился
друг покойного князь Петр Вяземский с какими-то неясными кликами покаяния и аффек-
тивными всхлипами.

Еще более странный случай был ранее на
квартире поэта, когда графиня Юлия Павловна Строганова, дама любопытная во всех отношениях, вдруг вздумала вызывать жандармов.
Ей померещилось, что слишком много студен-
ческого «сброда» осаждает дом, чтобы проститься с поэтом. Как бы чего не вышло! Какая
забота о своем спокойствии! И какая своевре-
менная память о том, что нужно теперь Пушкину. Кстати, царь так рад оказался, что
с Пушкиным все мирно обошлось, что погасил
его долги и дал 50 тысяч теперь на издание его
сочинений. Вот это человеческая комедия! Как
у нас любят мертвых, что, кажется, стоит умереть, чтобы что-то для себя почувствовать.

Что до меня, скромного виночерпия на
этой мрачной тризне, я во всем помогаю теперь господину Жуковскому, кто Пушкина

любил, искренне оплакал и под бдительным оком жандармов взял на себя заботу о сохранности его опечатанных бумаг. Жуковский собрал главное, и он сохранит все для потомков.

Сказывают, г-н Тургенев, вернувшись от свежей могилы, говорил, что одиноче этих похорон и печальней придумать было нельзя. Ничего не мог взять с собой на память о друге Тургенев — так пуст и беден был барский дом, скромная вотчина поэта, что, кроме крошечных простых ваз на печках, ничего в нем и не было.

А сегодня вышло не поминовение, а чистой воды анекдот.

Пришел сосед мой, мелкий чиновник Чуриков, сахару попросить. Ноет, что ребеночек у него родился, мать больна, а сам с подлой хитрецой в лице и ленью котовьей в движеньях сел уж к столу и рыщет глазами. Ну, уж куда деваться — я его угостил. И чай заварил. И рюмочку поставил. Выпил он чашку, две, а потом опорожнил и рюмочку, раскраснелся, такой довольный, и вдруг как завоет совершенно по-бабьи, с перепадами и диссонансами.

— Что, — говорю, — сделалось? Что случилось такое вдруг?

— Пушкина, — говорит, — жалко!

И снова слезы, всхлипы и неблагозвучные хрюканья маленького человечка в плисовых штанах.

— Да ты, братец, — спрашиваю, — читал ли его? Или лично знал, что так плачешь?

— Нет, — отвечает, — не имел чести ни того, ни другого иметь, а вот как не возрыдать о погубленной русской душе каким-то лощеным французом?! У меня патриотизм играет против всяких разных франкмасонов. Мало, говорит, их гнали и давили в 1812 году! Мало им досталось... Дай же мне еще ликеру или настойки, чтобы помянуть Пушкина, потому что у меня огромная духовная жажда образовалась, и нечем ее утолить! А Пушкина нашего — никому не отдадим! Вот ты, немец Миллер, вас ис дас, что ж к нашему Пушкину сейчас себя приставил?!

В конце концов Чуриков полез на меня с кулаками.

Ну, все в таком роде. Сказывал еще не без скорби в кривой личине, что только сейчас решился на неслыханную покупку — «Евгения Онегина» в лавке Смирдина. Да еще заранее пожалел 5 рублей. Удавится, а не купит, и лучше их пропьет.

Достойная тризна гению!

И тотчас же, Петр, за ничтожным Чуриковым пробралась, открыв настежь фортку, петербургская скверная мокрая метель. В плохо пригнанную раму все время бьется, тонко свищет, поет, воет и плачет ветер. Я вспомнил, Петр, как АП всегда был за все благодарен. Как он рад был благодарить за каждую мелочь, ему сделанную, как всегда помнил хорошее. А много ли хорошего ему было сделано? Кто оценит эту ребяческую, грациозную душу Моцарта, беспримерную тягу ко всему, что «славно», его доброту, летучее, особенное остроумие, гуманный, быстрый и широкий ум? Весь этот удивительный строй натуры, вызывающий восхищение именно обилием и соразмерностью начал?

Он был СОВЕРШЕНЕН. А его терзали... на равных. Видишь ли, человек так подл, что оценивает совершенство другого только по собственному удобству. Ну, разве для своего комфорта, сделает милостивое исключение для другого человека только по смерти оного.

И почему русский человек не ценит и не дорожится самым что ни на есть ценным зерном своим? Откуда такое всемирное равнодушие к славе и чести своей? Не чурке же оценить, что золото, а что нет?

Я замерзаю перед этим вопросом хуже, чем на страшном колючем ветру. Не хочется даже думать, что это обильное и богатое, светлое и урожайное зерно, могущее дать пищу на века, пало не в благодатную землю, а на равнодушный камень.

Прилагаю в посылке подаренную мне АП рукопись, трость, портрет его — с условием возврата после твоих опытов. Скажи ему... нет. Ничего. Ничего не говори. Сможешь ли ты его увидеть? НЕ БОЛЬНО ли ему там?

Петр Тульчицкий — Павлу Миллеру из Рима,
1 марта 1837 г.

Не скорби. Я видел его: он еще не сияние, еще не свет, хотя глаза его обрели бездонную глубину и облик напоен невиданным покоем Высшего Знания. Смерть его мучительная не была случайностью. Слишком живой, слишком любящий и страждущий, он должен был совершить тернистый и трудный переход, чтобы вступить в сонм небесных хранителей Духа Российского уже совершенно оттерзавшимся, сбросившим старую кожу, все разерганные и истрепанные в земной юдоли плевелы.

Вел ли его заботливый Ангел, сам ли он поднялся до мучительного решения — теперь уже не важно. Он поднялся туда, куда мало кому доступно. Он созрел и очистился совершенно, как полное, круглое, спелое, напоенное духовными соками зерно. Он упал в землю на этом пике духовного созревания, чтобы отдать нам большее и лучшее.

Это, без сомнения, провиденциальная смерть. Решение о ней принадлежало уже не ему. Он знал, что не мог стрелять первым. И он не выстрелил. Боюсь сказать тебе, пораженному болью личной утраты, что тут видна большая забота о русском духе. Страшусь высказать, но скорее всего в спешных, решительных уготовлениях, не исключающих страшный исход, поэт догадывался о Жертвоприношении, которого ждет от него Провидение.

Он задал свой вопрос Вечности — Она забрала его...

Такое размышление не умаляет его личного мужества, не делает события неотвратимыми и не накладывает печати безнадежности на все наши попытки достичь Гармонии на земле. Отнюдь! Зачем тогда жить, если не стремиться к совершенству? Но страшно представить, что творилось в смертной душе в эти последние месяцы, недели и часы, какие мучительные, страдальческие, раздирающие противоречиями сонмы чувств проносились в ней, столь понимающей, столь одаренной, и так больно шлифовали эту прекрасную душу перед уходом.

Это был еще не конец, оставались еще физические муки, где дух его снова взял верх, чтобы уж совсем отойти налегке, жаждуя избавления от тенет плоти. Вот что такое пришествие и уход гения: узнать жизнь во всей ее прекрасной и страшной наготе и ... отказаться от нее.

В сущности, жизнь гения есть таинственный волшебный ларец, где сложенные в беспорядке мелочи жизни вдруг приобретают особый смысл и сияние символов. И все потому, что нет ничего и никого вокруг, с чем бы не вступила в сношение, с кем бы не поделилась его душа, чему бы она не отдала своей дани и доли. Она и только она одна чудно преображала жизнь вокруг. Но близкие даже не поняли, кто трудился рядом с ними.

Так повелось от веку, было и будет... Вспомни страдания Невыразимого в Гефсиманском саду. И не странно ли, что смертные муки оба приняли в пятницу? И заметь, снова некий Петр предал Его еще до третьих петухов, а потом вышел публично каяться (это не САМ ОН вышел, его вынесло), бия себя в грудь! Все эти яркие намеки я бы не назвал случайностью. Как не назвал бы случайным и тот факт, что только один человек оказался рядом и все делал Ему, Василий Жуковский, и имя его звучит как Базилика, Вечный Памятник Последнего Упокоения.

Все эти намеки, знаки и символы, числа и совпадения, разбросанные по его жизни в необыкновенной для смертного человека густоте, в сущности, говорят, что он с самого начала принадлежал не только себе и знал это. Ты слышишь след восхищения в моих словах, наверное, оно кажется тебе неуместным в дни грядущей печальной 40-дневной тризны. Напрасно!

Как строен замысел высших сил! В конце концов они так жестоко и требовательно заботятся о любимом сыне своем, что ни одной черты лишней в его судьбе не будет. Но это забота не обо всех, только об ИЗБРАННЫХ, чья жизнь и смерть принадлежат только Высшей Силе. Появление такого гармоничного духа на русской земле можно сравнить с приходом Мессии, давшего народу Его Слово и Его Духовный Завет. Что большее может сделать для своего народа смертный человек? Что отдать?

Сказывают, испуская последний вздох, он вытянул руки по смерти вдоль тела, как лодочник, устав от большой работы, опустив натруженные и сильные кисти. Оставим же его теперь, Павел, в этом новом для него состоянии вечного покоя.

И последнее. Не желай мести. Обо всем позаботятся!

Post tenebras lux: после мрака — свет!

Позднее примечание Тульчицкого на черновике своего письма: «Наиболее интересна судьба приятеля Дантеса, которого есть все основания подозревать в непосредственном составлении (а слугу его в начертании оного) злонамеренного пасквиля, приведшего к трагической развязке. Некто князь Иван Сергеевич Гагарин после смерти АП основательно расстроился в уме. Он уехал на чужбину, принял католицизм и поступил в Орден Иезуитов. Я встречал этого беднягу послушника в 40-х годах в Монружском монастыре. Он брался за самые грязные и неблагодарные работы, среди которых чистка нужников и выгребных ям была не самой тяжелой. Он рвался к каждому гнойному и пораженному лепрой больному, как бы испытывая терпение небес. Так что братья-монахи, ко всему привыкшие, даже удивлялись его ретивости, и все гадали, какой же тяжкий грех его гнетет, уж не отцеубийца ли он? Не отпетый ли душегубец, замаливающий кровь невинных младенцев?

Потом он немного оправился и стал со всем смирением и кротостью учить при монастыре грамоте нищих мальчишек. Говорил ли он им о великом российском поэте, которому подарил свое перо великий Гете, неизвестно. Вернувшись в Россию, князь уже никогда не порывал с духовной и церковной деятельностью.

Другой же «подозреваемый», банкал* Петр Долгорукий, живший с Гагариным и, по слухам, также причастный к грязным письмам, бессознательно отмывал вину свою совершенно оригинальным и необычным способом, помогая Герцену сокрушать сына Николая I в свободолюбивой печати. Потомок Рюриков — Долгорукий долго и яростно воевал с преуспевшим домом принцев Голштейн-Готторпских, как нелегитимных правителей России, волею исторических судеб захвативших трон. И, между прочим, повторил в чем-то предсказания Авеля, дав в 60-х годах «совет» монарху ввести Конституцию и «отклонить от себя в будущем неприятную, но весьма возможную случайность промена Всероссийского престола на вечное изгнание». В стане врагов трона еще никогда не оказывалась личность, столь знатная и осведомленная в делах двора, грязных биографиях, неблаговидных поступках важных персоналий.

Другие глубоко подозреваемые лица этой истории, умывшие, как Пилат, руки свои, или, как Петр, до третьих петухов отрекшиеся от Него, мытарствовали сообразно доле своего участия в гибели светлого гения: у кого-то вымерло все потомство, чьи-то дети сходили с ума, кто-то всю жизнь тяжко болел и рано умер. Кто-то молился и тосковал так, будто из него живьем вытягивали жилы, кто-то под старость в немощи влачил жалкое существование

---

* Банкал — bancal (*франц.*) — колченогий, хромой, неудачный.

без всякого уважения. На всех путях их преследовала тень убиенного поэта, ибо выяснилось вскоре, что интересны и значимы они были окружающим только из-за того, что говорили с ним и знали его. И чем старее становились они, тем обреченнее суждено им было вспоминать и оправдываться, приглаживать прошлое и расцвечивать его исключительной близостью или любовью к АП, ибо он высвечивал их существование, доселе весьма скромное, если не совсем заурядное.

Черную же троицу — Геккерена, Дантеса и Полетику — провидение не трогало до исключительной, мафусаиловой старости. Все они прожили далеко под 80, а то и под 90 лет. Однако же усмешка творца была не без яду: судьба как будто нарочно сберегла их жизни, чтобы на исходе века дать увидеть во всем сиянии и блеске разгоревшееся солнце славы поэта. А дальше, дальше только демоны знают, что их ожидало за гробовой доской... Судьба нарочно провела по всем извилистым путям рыжего беса Idalie. Одинокой, потерявшей всех троих детей, не понимающей, куда катится век, злой и носатой старухой, похожей на бабочку-ночницу, она увидела полное и окончательное торжество Пушкина. В Одессе, где она доживала свои дни, как раз открыли памятник АП. Она собиралась в него плюнуть. Но, как говорил поэт, дело моего слуги — стереть плевок с моего сюртука. И точно: дворники исправно и часто мыли любимый памятник. Полагаю, что по настоянию этой ведьмы, настоящего суккуба, несколькими годами позже этого эпизода вывез далеко в море и потопил все архивы семьи Строгановых ее братец, с которым она доживала век. Сожаления достойно, что глубокая вода прикрыла все неблаговидные тайны этой странной семьи, знавшей, что такое тайные письма, шифр и депеши, розыгрыш и мистификация, ценнейший архив, изобилующий такими подробностями, которые не надо было знать потомкам...

Что до милого друга Idalie — Жоржа Дантеса, казалось бы, его долгая, счастливая и полная преуспеяний жизнь должна поставить в тупик любого человека, кто надеется, что на земле должно существовать Возмездие. Будучи не в ладах с литературным французским языком и по-прежнему не имея никакого стоящего образования, так что он до старости просил всегда составлять ему письма и прошения то близких, то секретарей (уже не было рядом умной подруги, которая бы помогла ему в писании изящных писем любви), Дантес, обладая все той же невероятной самоуверенностью и наглостью, дослужился до звания сенатора Второй французской Империи. Из болтливого bon vivant петербургских гостиных вырос зажигательный оратор и ловкий политик. Он не оставил следа в истории, но для его самолюбия и самолюбия его названного отца, дожившего до 89 лет и видевшего успехи «сына», и этого взлета было вполне достаточно (сенаторы были несменяемы и получали 30 000 франков содержания). Ранняя смерть жены Дантеса, лет через семь после описанных событий, сумасшествие и смерть дочери, унаследовавшей от деда-Гончарова тяжелую форму психической болезни и почему-то заболевшей именно на почве культа Пушкина, надо думать, не произвели на этого жизнелюбца большого впечатления. Его долгая жизнь и беспрестанная энергия — тому лишнее подтверждение. Но затянувшиеся жизни двух любителей вечного праздника нанесли чувствительный удар по наивной гончаровской семье. Оба Геккерена, сменяя друг друга в упреках и обвинениях, затеяли долгую тяжбу с нищающим семейством Гончаровых, изводя его наглыми требованиями даже после смерти Катрин и пытаясь ценой угроз и шантажа вырвать причитающуюся ей часть наследства. И тем самым, между прочим, ущемить детей Пушкина в их и без того скромных правах. Хотя речь шла о ничтожных суммах, оба упорствовали до конца. Возможно, Провидение сардонически ухмылялось, направив события именно в такое русло, ибо дешевый романтический флер был грубо изорван в клочья, и светлая пушкинская трудолюбивая и чистая натура осталась без ложных соперников на балу жизни.

Что касается доброго друга моего Миллера, то, закончив службу, он поселился в своей любимой уютной Москве, исповедуя настоящий культ Пушкина, помогая исследователям и биографам, не решаясь, впрочем, обнаружить до конца свою благородную долю участия в этой истории. Он полагал, что слишком незначительны были его усилия для сохранения великой жизни поэта...

Но как бы он ни считал в своей скромности, именно от него, и ни от кого другого, поступили современникам наиболее достоверные сведения о трагической гибели поэта. В числе прочих, что жандармы в день дуэли, опять же не без подачи государя, но якобы — по недомыслию Бенкендорфа, который просто верно УГАДАЛ, что хочет государь, были посланы совсем в другую сторону от Черной речки... Друг мой Павел в отличие от Бенкендорфа направил многие биографические розыски по верным следам, сопротивляясь созданию малодостоверных апокрифов. Я же, сторонний и далекий наблюдатель, завершил, среди прочих, свой скромный труд об участии Сакральных Чисел в судьбах гениев, изумляясь властной силе Рока и безупречной, как уравнение, логике, ведущей их по путям испытаний.

Ничто не появляется и не исчезает на земле просто так и тем более зря...»

Дневник орловского гимназиста Миши Салькова,
1837—1844 гг.

8 марта 1837 г. Сегодня швырялись снежками на горе Будиске, а потом пошел мокрый снег. Вернулись с братом — хоть башлыки выжимай, получили нагоняй от мамаши за грязные боты и шинели. За обедом ели телятину с мочеными яблоками, сосед Тепляков рассказывал про историю с убитым поэтом Пушкиным. У него верные сведения из первых рук, потому что он только что вернулся из Москвы. Сказывают, у Пушкина жена была красавица, и нашелся француз, который уговорил ее бежать с ним за границу. А Пушкин погнался за ними, до самой Польши, избил француза, отобрал жену и еще вызвал обидчика на дуэль. Только француз был военный и хорошо стрелял. Поэтому в дуэли одержал верх.

Мы подслушали, что словесник Виктор Иванович Мещерский сказывал инспектору совсем другое: что француз жил с пушкинской женой, потом жена родила от него белокурую девочку, когда сам Пушкин и его жена были черноволосые, так все и раскрылось, и некуда было деваться, как вызвать француза на поединок...

ОГЛАВЛЕНИЕ

Литературно-художественное издание

Шатохина Елена Михайловна
СЧАСТЬЕ ЗЕМНОЕ,
КАРА НЕБЕСНАЯ

Роковые тайны окружения Пушкина

Выпускающий редактор А.В. Чубрикова
Мл. редактор П.В. Булахова
Художественный редактор И.А. Кирсанова
Технолог С.С. Басипова
Оператор компьютерной верстки М.Е. Басипова
Оператор компьютерной верстки переплета
В.М. Драновский
Корректоры С.Е. Корепанова, Л.А. Станкевич

Подписано в печать 10.11.05
Формат 84х90/32. Тираж 3 000 экз.
Заказ № 2253.

ЗАО «Вагриус»
107150, Москва, ул. Ивантеевская, д. 4, корп. 1
E-Mail: vagrius@vagrius.com

Получить подробную информацию
о наших книгах вы можете на сайте издательства в сети
Интернет: http://www.vagrius.ru

Отпечатано в полном соответствии с качеством
предоставленных диапозитивов в ОАО "Тульская типография".
300600, г. Тула, пр. Ленина, 109.